Queueing Systems for Engineers

공학도를 위한

대기행렬 시스템

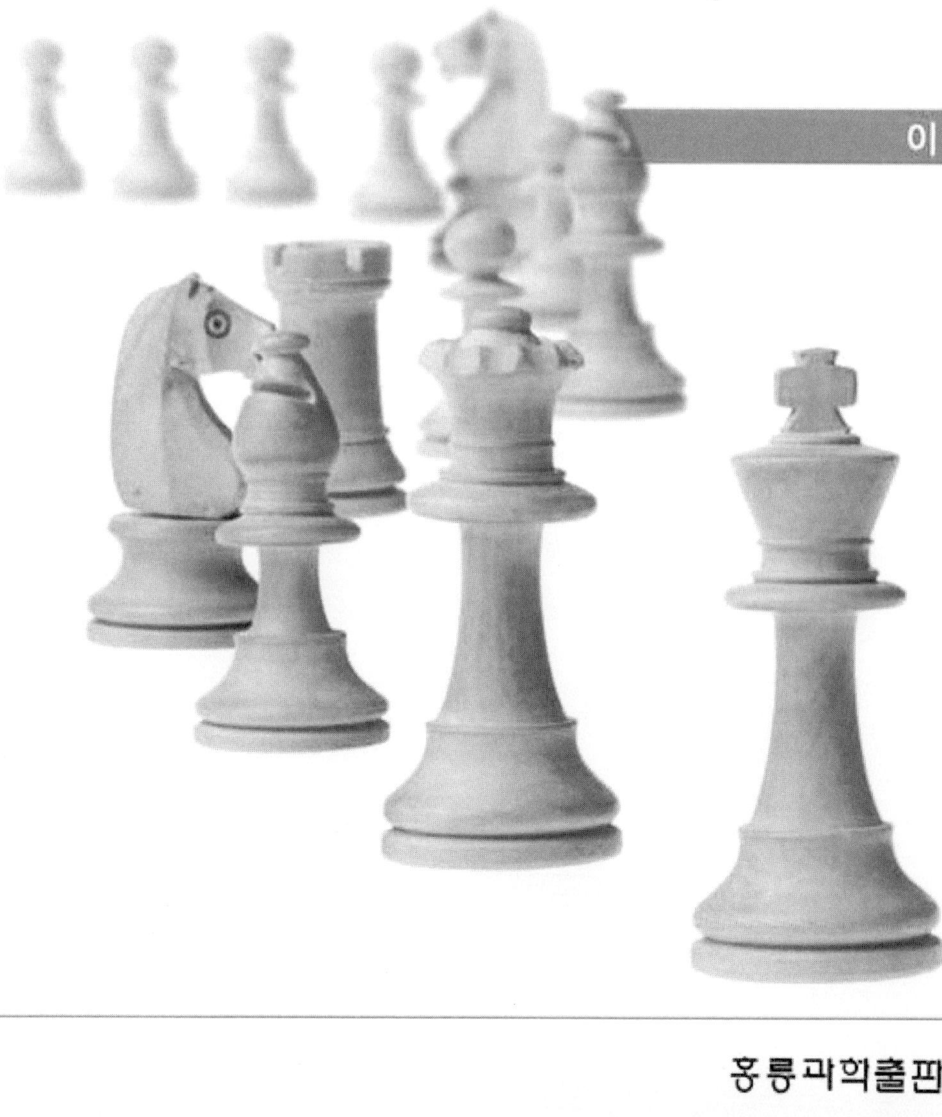

이 훈 저

홍릉과학출판사

저 자 서 문

Preface

산업현장에서 대기행렬을 이용하여 네트워크의 설계와 성능해석에 관한 연구를 하다가 학교로 옮겨와서 학부 4학년 학생 및 대학원 학생에게 대기행렬이론을 가르쳐 온지 어느덧 20여년의 세월이 흘렀다. 그 과정에서 대기행렬이론이 우리의 삶과 아주 밀접한 관계가 있으며, 특히 이 이론이 다양한 분야의 공학적 모델링에 아주 유용하게 사용될 수 있다는 것을 실감하면서도 한편으로 늘 아쉽게 생각한 것은 많은 사람들이 대기행렬이론은 아주 어려운 수학의 응용분야이며, 연구를 하고 논문을 쓸 때 이용하면 편리한 점이 많기 때문에 알고는 싶으나 단기간에 배우기도 어렵고 또 막상 공부를 하려고 하여도 혼자서 공부하기에는 이해가 되지 않는 분야라고 여겨서 많은 사람들이 배우기를 포기하거나 막상 배우려고 관련 서적을 보아도 이해가 쉽지 않다는 점이다. 저자는 그 이유중의 하나가 시중에 나와있는 많은 대기행렬이론 책들이 대부분 대기행렬을 전공한 수학자나 Operations Research를 전공한 학자에 의해서 쓰여진 바 수학적 이론의 전개를 중심으로 책을 저술하였고 또 다루고 있는 내용이 아주 방대하며 다양한 내용이 많이 나열되어 있어서 공학을 전공한 사람이 꼭 필요한 부분만 간추려내어서 읽기도 쉽지 않고 또한 수식이 의미하는 바를 물리적으로 쉽게 이해할 수 있게 쓰여지지 않아서 그 이론을 실제로 적용하는 것이 힘들다고 생각하였다.

실제로 필자도 대학이나 대학원에서 대기행렬을 배우지 않은 상황에서 석사를 마치고 산업체에 연구원으로 일하면서 필요에 의하여 대기행렬을 공부하면서 겪은 어려움은 이루 말로 다 할 수 없었다. 다행히 필자가 20대 후반인 때 필자의 주변에는 대기행렬에 관심을 가지고 같이 공부를 할 수 있는 사람이 많은 환경에 있어서 그들과 일과후 몇 권의 대기행렬 서적을 가지고 세미나를 한 아주 값신 기회가 있었다. 결국 필자는 그것을 계기로 박사과정에 진학하여 대기행렬을 이용한 논문을 써서 공학박사학위까지 받게 되었다.

이상과 같은 필자의 경험으로부터 우리나라의 공학도가 대기행렬을 공부하는데 조금이라도 도움이 되었으면 하는 마음에서 수학을 전공하지 않은 공학자, 그 중에서도 특히 시스템을 확률적으로 모형화하기를 원하는 공학도나 네트워크 엔지니어 및 컴퓨터시스템 엔지니어가 풀고자 하는 시스템의 모형을 수학적으로 표현할 수 있는, 그리고 수식의 전개에 있어서 단순한 수학적 증명의 나열이 아니라 풀고자 하는 문제가 가지고 있는 물리적 의미를 고려하는 이해하기 쉬운 내용의 대기행렬 이론 및 응용이 가능한 책을 하나 써야겠다는 생각을 늘 가지고 있었다.

그러나, 평소 게으른 탓에 그 동안 연구를 하면서 기록하고 남겨둔 노트가 있음에도 불구하고 그 내용을 책으로 묶을 기회가 없었다. 마침, 2005년 봄부터 2006년의 여름까지 안식년을 얻어서 미국의 UMKCUniversity of Missouri-Kansas City에서 방문연구자로서 머무를 기회가 생겼는데 이 기간 동안 조용히 사색을 할 수 있는 기회를 많이 가질 수 있었다.

이 책은 정보통신공학 및 컴퓨터공학, 시스템공학 등을 전공하는 학부 4학년 학생, 그리고 대학원생 및 네트워크와 관련된 일을 하는 연구원과 현장 엔지니어에 이르기까지 어느 누구나 쉽게 읽을 수 있도록 하기 위하여 만들었다. 그래서, 내용의 선택에 있어서 가장 보편적으로 사용이 가능하고 현실문제에 바로 적용이 가능하도록 하기 위하여 가장 많이 사용되고 필요한 내용만 간추려서 이론을 가능한 한 쉽게 설명하였으며 이론을 실제로 활용이 가능하도록 이론을 전개하는데 있어서 물리적 의미를 고려한 논리를 전개하고 그 이론에 가장 적절한 예제를 들어서 이론이 공학적으로 활용이 가능하도록 하는데 주안점을 두었다.

이 책을 읽기 위하여 필요한 최소한의 지식은 학부 수준에서 공부하는 확률에 대한 최소한의 이해와 신호해석에서 배운 함수의 정의 및 변환에 관한 지식, 그리고 대학원에서 배우는 확률랜덤과정에 관한 몇 가지 기본적인 사실만으로도 충분히 내용을 소화할 수 있도록 하였으며, 자주 사용되는 몇 가지 간단한 확률분포함수에 관한 지식을 리뷰를 함으로써 전반적인 수식의 전개를 이해하기 쉽도록 하였다.

이 책은 어느 과정에서나 한 학기에 소화를 할 수 있도록 총 7장으로 구성되어 있으며 각 장의 내용은 다음과 같다. 먼저, 제 1장에서 대기행렬이론의 기초를 공학적 측면에서 설명을 하였다. 제 2장에서는 대기행렬시스템의 모델링 및 해석에 자주 사용되는 확률이론의 기초지식을 나열하였다. 특히, 제 2장 이후 7장에서 나오는 수학적 전개에 필요한 사항을 중심으로 구성하였다. 제 3장은 대기행렬이론의 가장 중요한 모형인 단일서버 대기행렬 시스템에 대하여 기술하였다. 먼저 생성소멸과정의 개념을 소개하고 그 이론을 이용하여 M/M/1 큐 계열의 몇 가지 대표적 시스템을 해석하는 방법을 기술하였다. 제 4장은 제 3장의 확장개념으로 복수서버 대기행렬시스템인 M/M/c 큐에 대하여 기술하였다. 이 장에서 가장 중요한 개념은 얼랑-B 및 얼랑-C공식으로 불리는 결과이다. 제 5장은 제 3장의 모형을 확장하여 서비스시간이 일반적인 M/G/1 큐 모형을 기술한다. 특히, 서비스시간이 단순한 지수함수분포를 따르지 않는다는 가정은 공학적 측면에서 현실적인 다양한 문제를 모형화하게 한다는 점에서 중요한 의미를 지닌다. 제 6장에서는 여러 명의 고객이 하나의 서버를 공유하는 서버공유대기행렬 시스템의 해석을 다룬다. 이 모형은 특히 컴퓨터시스템이나 현재의 인터넷 서비스환경과 유사한 모형으로 시스템 성능 설계 및 네트워크의 성능해석에 아주 유용하게 쓰이는 모형이다. 제 7장은 대기행렬 네트워크에 관한 내용으로서 앞의 내용이 모두 단일 대기행렬시스템Single node system에 대한 해석인 반면 여기서는 대기행렬이 연속적으로 연결되어 있는 탄뎀노드 시스템Tandem-node system으로서 여러 개의 노드가 직렬 혹은 병렬로 연결이 되어서 어느 노드에서나 고객이 들어오고 나가는 환경을 가정한 시스템의 해석을 한다. 이 모형 역시 현재의 인터넷 서비스환경과 유사한 모형으로 네트워크의 단대단 성능해석End-to-end performance evaluation에 아주 유용하게 쓰이는 모형이다.

그리고, 마지막으로 부록에서 표준정규분포표, 얼랑-B 및 얼랑-C공식의 계산결과를 첨부하여 간단한 모형에 대한 성능의 예측을 쉽게 하도록 하였다.

이 책에서 다루는 내용은 공통적인 특징으로서 고객의 도착이 푸아송분포라는 것이다. 한편, 실제의 물리계의 특성 및 네트워크에서의 고객의 도착행태는 반드시 푸아송분포를 따른다고 할 수는 없다. 그런데, 대기행렬모형에서 중요한 한 가지 사실은 모형의 정확성과 모형의 복잡도가 밀접한 관계가 있다는 사실이다. 즉, 모형을 정확하게 하려고 할수록 수학적 복잡도는 엄청나게 커진다. 따라서, 현실의 세계와 꼭 맞게 가장 실제적으로 모형화를 하려고 하면 할수록 수식으로 표현 가능한 해답을 찾기가 거의 불가능해진다. 이와 같은 문제를 해결하기 위하여 크게 두 가지 방법이 존재한다. 하나는 현실과 유사하게 환경을 시뮬레이션 하거나 현실의 상황을 사실적으로 측정하여 모형화하는 방법이고 또는 하나는 그래도 이론적인 바탕 위에서 근사적으로 모형화하여 해를 찾아내는 것이다.

그런데, 앞의 방법은 시뮬레이션을 위한 툴의 사용능력을 길러야 하며 툴을 다룰 줄 안다고 하더라도 실험을 위하여 많은 시간과 노력이 필요한 문제이고 자신이 원하는 모형을 이론적으로 서술하는데 어려움이 많다. 그리고 두 번째 방법인 이론적 접근법은 근사화가 많이 되면 될 수록 수학적으로 표현하기가 쉬워지는 반면에 이번에는 모형의 정확도가 떨어진다. 따라서, 이들 두 문제 사이에는 균형의 문제가 존재한다.

저자의 다년간의 연구 결과에 의하면 대기행렬을 이용한 근사적 해법은 정확도는 조금 떨어질지 몰라도 자신이 원하는 환경과 유사한 모형을 이론적으로 모형화하여 시스템을 설계할 수 있고, 또 간단한 프로그래밍으로 수치결과를 쉽게 얻어낼 수 있다는 점에서 여러 가지로 유리한 점이 많이 있다. 따라서, 비록 정확한 해는 구할 수 없어도 시스템의 성능의 예측이나 네트워크 성능 디멘져닝 등 목적에 따라서는 근사적 해법에도 장점이 많다.

이 책의 내용의 난이도는 앞에서 뒤로 가면서 조금씩 복잡한 문제를 다루고 있기는 하지만, 목적에 따라서는 독립적으로 읽어도 이해에는 문제가 없도록 매 장마다 등장하는 문제를 독립적으로 기술을 하였으므로 어느 장을 먼저 읽더라도 어려움은 없을 것으로 사료된다. 아무쪼록 이 책을 이용하여 자신이 연구하는 분야에 활용이 가능하도록 하는 것이 저자의 조그만 바람이다.

2008년 7월
봉림산 아래에서
저자 씀.

차　　례

Contents

대기행렬공학의 기초

01 Chapter

요약

제 1장에서는 대기행렬에 대하여 기본적인 사실을 알아본다. 우선, 대기행렬이란 무엇인지를 우리의 일상생활과 연관을 지어서 설명을 하고 각각의 경우가 이 책에서 다루고자 하는 내용과 어떤 연관이 있는지를 설명한다. 이어서 수학 및 공학의 세계에서 일반적으로 통용되는 방법으로 대기행렬을 표기하는 방법과 분류법을 이야기 하고 마지막으로 대기행렬에서 가장 많이 사용되고 또 반드시 알고 있어야 할 리틀의 공식을 소개한다.

1 대기행렬이란

대기행렬(待機行列, Queue)이란 말 그대로 "사람이나 물건이 줄지어서 기다리는 것"을 나타낸다. 사람이나 물건이 줄지어서 기다리는 데에는 그 만한 이유가 있을 것이다. 우리는 버스를 타기 위해서도 줄지어서서 기다리고, 식당에서도 줄을 지어 기다린다. 그리고 도로에는 차들이 줄을 지어서 신호를 기다리고, 화장실 앞에서는 사람들이 줄을 지어 기다린다.

그럼, 왜 이와 같은 줄을 지어 기다리는 현상이 일어나는가? 그것은 수요보다 공급이 더 적은 물리계 및 경제계의 가장 기본적인 현상에서 비롯된다. 즉, 서비스를 받기를 원하는 사람은 많은데 물리계의 한정된 서비스 능력은 그 요구를 동시에 모두 충족시켜주지 못하기 때문이다.

그럼 수요보다 공급을 더 크게 하면 문제는 해결되지 않겠는가? 이론적으로는 그렇다고도 할 수 있다. 예를 들면, 사람이 필요로 하는 물건의 양보다 더 많은 양을 만들어서 제공하면 된다. 그러나, 사람이 필요로 하는 양이라는 것이 예측이 확실하지도 않을 뿐만 아니라 그

양이라는 것이 시시 각각으로 변화하는데 그 값을 평균값으로 구하는 경우와 최악의 경우를 고려해서 구하는 경우에 따라 수요공급이 원활할 수도 있고 그렇지 않을 수도 있다. 그리고 오지 않은 미래의 수요를 정확하게 예측하는 일은 쉬운 일이 아니다.

한편, 수요를 정확히 예측할 수가 있다고 하더라도 수요보다 더 큰 공급을 하는 데는 그만큼 비용이 많이 든다.[1] 따라서, 대부분의 경우에 평균 수요에 아주 근접한 수치를 기준으로 공급량을 결정한다. 그러나, 가끔은 예측했던 것보다 더 큰 값의 수요가 발생하는 일이 생겨나기 마련이고, 따라서 수요와 공급은 늘 균형을 이루기가 어렵다. 이와 마찬가지 이유로 물리계나 공학적인 문제에서도 수요와 공급은 늘 균형이 맞지 않게 되고 따라서 대기행렬이 생기게 되는 것이다.

한편으로는 대기행렬이 오히려 효율적일수도 있다. 가령, 댐을 한 번 생각해 보자 댐은 왜 만드는가? 이 책이 토목공학개론 책이 아니므로 내가 여기서 댐의 이론에 대해서 아는 체를 하려고 하는 것은 아니다. 그러나, 예를 들기 위해서 이야기를 하자는 것이다. 댐은 전기를 만드는 발전용으로도 건설하지만 보통 물의 양을 조절하기 위해서 만든다는 것은 초딩만 지나도 알 것이다. 우리나라와 같이 산이 많은 나라에서는 우기인 여름에 장마가 나면 많은 산으로부터 물이 모여들어서 강으로 흘러가버리고 건기인 봄에는 물이 없어서 농사를 짓기가 힘이 든 곳이 많다. 이럴 때 깊고 긴 계곡이 있는 곳에 댐을 만들어서 물을 모아두었다가 비가 오지 않을 때 그 물을 끌어다가 농사를 지을 수가 있다. 따라서, 댐은 강의 큐가 된다.

아래와 같은 문제로 대기행렬의 예로 어떤 것이 있는지를 좀 더 알아보기로 한다.

질문 1

누구나 경험하는 일로 역의 매표소나 대형할인점의 계산대에서 자기의 차례가 오기를 기다린 적이 있을 것이다. 특히, 연휴를 앞두고 예약도 없이 급히 찾은 주말 오후 역 매표소에서 자신이 타고자 하는 시간의 기차가 출발할 시간은 점점 다가

[1] 평소 차가 거의 다니지 않는 길을 10차선으로 만들었다고 생각을 해보라!

오는데 길게 늘어선 행렬에 서서 자신이 원하는 기차표를 살 수는 있을지, 그리고 그 기차에 앉을 좌석은 남아있는지 마음을 졸이면서 괜히 매표원의 수가 평소보다 적어 보이기도 한 적이 있을 것이다. 왜 그럴까?

코멘트 역의 매표소의 부스의 개수는 여러 가지 요인을 고려하여 설치를 하지만, 가장 일반적으로는 평균적으로 역의 규모 (오고 가는 기차의 수, 그리고 방문하는 고객의 수 등)를 바탕으로 부스의 수를 결정하므로 평상시와는 다른 연휴를 앞 둔 주말의 오후와 같이 승객이 특별히 붐비는 시간에는 평상시의 예측을 바탕으로 설치한 부스의 수가 모자라는 것은 당연한 것이 아니겠는가? 이것을 대기행렬이론에서는 일정 시간간격을 기준으로 볼 때 도착하는 평균고객의 수가 전체 부스에서 처리하는 직원의 수를 훨씬 능가하기 때문에 일어나는 폭주현상 (Congestion) 이라고 한다.

질문 2

철수는 감기가 걸려서 동네의 한 병원에 갔다. 그런데 환자 대기실에는 환자들로 발 디딜 틈도 없었다. 그래서, 철수는 진찰을 포기하고 집에 돌아왔다. 왜 그럴까?

코멘트 이런 일은 주변에서 자주 보는 일이라 이유가 많을 것이다. 그러나, 그래도 추측을 해보면 먼저 이 동네에는 병원이 많이 없고 인구가 많을 가능성이 있다. 따라서 의사는 한 명인데 환자가 많이 찾아오므로 의사의 진찰을 받는 사람을 제외한 나머지 사람은 자신의 차례가 올 때까지 대기실에서 기다릴 수 밖에 없다. 이건 좀 말도 안되는 이유라면 이번에는 철수가 찾은 병원의 의사가 명의일 가능성이 있다! 치료를 잘하면 환자가 몰리는 건 당연한 게 아닌가? 평소 수학을 많이 푼 사람들은 문제에서 힌트를 잡기도 한다. 문제에 철수가 감기에 걸려서 병원에 갔다고 하였으므로 마침 그 동네에 감기가 유행하여 철수가 간 병원 뿐만 아니라 모든 병원에 감기에 걸린 환자가 많을 수도 있다. 즉, 철수네 동네에 감기가 유행하여 환자의 수요가 공급을 초과한 것이다. 그러니까, 의사가 쉬지 않고 환자를 돌보아도 밀려오는 환자를 다 돌보기가 어려운 것이다. 마지막으로 또 한가지 가능성은 철수가 간 그 병원에는 대기실의 규모가 적은 것인지도 모른다.^^. 이건 또 말도 되지 않는 궤변인가? 그렇다면 이 말은 취소한다.^^ 음, 그 이외에도 여러 가지 이유가 있을 수 있겠지만 더 이상 이야기를 하지 않는다. 하여간, 이 병원에 대해서는 면밀한 연구(?)가 필요하다.

참고 이 문제에 관심이 있는 사람은 제 3장 단일서버대기행렬의 해석을 보기 바람.

질문 3

준엽네 가족은 엄마, 아빠, 그리고 누나 이렇게 4명이다. 어느 주말 만두를 만들어 먹기로 하고 가족 모두가 식탁에 둘러앉아서 만두를 만들고 있었다. 만두피와 만두소를 큰 접시에 담아두고 만두소를 넣을 숫가락을 3개를 가지고 와서 만두를 만드는데 별 문제없이 만두를 잘 만들었다. 그런데, 누나의 친구가 놀러 와서 만두를 같이 만들기 시작했다. 그러자 만두소가 담긴 그릇에 숫가락이 없어서 누군가가 숫가락을 놓을 때까지 기다려야 하는 일이 벌어졌다. 왜 그럴까?

코멘트 처음에는 준엽네 가족 4명이 3개의 숫가락으로 별 무리 없이 만두소를 넣었다. 왜냐하면 가족 네 명이 동시에 숫가락을 집어드는 일은 그리 흔하지 않기 때문이다. 우리 집에도 주말에 만두를 잘 만들어 먹는데 만두를 만드는 공정은 대개 다음과 같다.

1. 만두피를 한 장 손위에 얹어서 가장자리에 물을 살짝 찍어 바른다. 이러는데 약 10초가 걸린다.
2. 숫가락을 집어서 만두소를 떠서 그것을 만두피에 얹어서 만두소가 만두피의 안쪽으로 모이도록 다독인후 숫가락을 원래의 자리에 놓는다. 이러는데 약 20초 정도가 걸린다.
3. 만두피를 잘 보듬어서 가장자리가 완전히 달라붙도록 손으로 누른다. 이러는데 약 15초가 걸린다.
4. 만든 만두를 접시위에 가지런히 놓는다. 이러는데 약 5초가 소요된다.

위의 과정을 보면 하나의 만두를 만드는 전체 공정에 약 50초가 걸리는데 그 중에서 숫가락을 사용한 시간은 약 20초 정도이므로 나머지 30초 동안에 숫가락은 다른 사람이 사용할 수 있음을 알 수가 있다.

하여간 이렇게 준엽이네 가족은 평화롭게 만두를 만들고 있었던 것이다. 그런데, 한 사람이 더 늘어나면서 숫가락을 차지하는 빈도가 높아지면서 동시에 3개의 숫가락이 모두 사용되는 일이 잦아지고 급기야 누군가는 집을 숫가락이 없어진 것이다. 이는 고속도로에서 2차선도로가 계속되다가 어느 대도시를 지나게 되면서 그 도시로부터 나온 차선의 차들이 2차선도로로 유입하는 상황과 유사한 상황이다. 즉, 손님은 늘어났는데 서버의 용량은 그대로이므로 도로가 늘어난 차량을 감당을 못하게 된 것이다. 위의 문제로 돌아가서 숫가락을 한 개만 더 가져와도 숫가락이 나올 때까지 기다리는 빈도는 확연히 줄어들 것이다. 이 문제는 또 전화회선의 결정문제와도 같은 문제이다. 즉, 가입자가 늘어남에 따라 전화회선의 수를 늘여야 함을 말한다.

참고 이 문제에 관심이 있는 사람은 제 4장 복수서버대기행렬의 해석을 보기 바람.

질문 4

휴일을 앞 둔 어느 날 밤 진수네 가족은 회식을 하고 집에 돌아오다가 근처에 있는 대형할인매장에서 다음날 아침에 먹을 음식을 조금 산 뒤 어느 계산대가 줄이 짧은지 이리 저리 둘러보고 가장 짧다고 생각하는 어느 한 줄을 찾아서 섰는데 유독 자신이 서 있는 줄만 더디게 진행이 되어 마음이 상하였다. 왜 진수는 가장 짧은 줄에 섰는데도 불구하고 다른 계산대의 사람들에 비해 가장 먼저 계산을 마칠 수 없었을까?

코멘트 사람들은 일반적으로 휴일을 앞두고 많은 양의 음식물을 사는 경향이 있다. 어떤 사람은 1주일 먹을 것을 사기도 하고, 어떤 사람은 당장 주말에 손님을 치르기 위해 음식을 많이 준비하기도 한다. 그래서, 1인당 구입한 물건의 양이 사람마다 각기 다르며, 또 주말에는 구매한 양이 평균적으로 평소보다 훨씬 많다. 그런데, 진수네는 다음날 아침에 먹을 음식을 조금 산 것에 불과하며 또 진수네는 사람의 수만 헤아려보고 줄을 섰지 각각의 사람이 산 물건의 양까지는 자세히 관찰하지 못한 모양이다. 왜냐하면 사람마다 사는 물건의 양이 다른데 계산대 앞에 서있는 사람의 수가 같다고 그 사람들이 산 물건의 양이 모두 같지않을 것이고 따라서 모든 줄이 같은 속도로 줄어들지는 않지 않은가? 게다가 만약 계산대가 10개이고, 모든 줄에 서있는 사람의 숫자가 꼭 같고, 각 사람이 산 물건의 양이 거의 같은 이상적인 상황이라고 할 지라도 진수가 맨 먼저 계산을 마치고 나갈 확률은 운이 아주 좋다고 하더라도 10%밖에 되지 않는다. 그것도 운이 아주 좋을 때의 이야기.

대기행렬이론에서는 이 문제를 서비스시간의 분포의 변이가 큰 문제로 해석을 한다. 즉, 각 고객이 요구하는 서비스시간이 다르고 그 분포가 심하게 큰 차이를 보일 때 고객의 서비스 완료시간에 큰 변화가 일어난다는 의미이다.

참고 이 문제에 관심이 있는 사람은 제 5장 M/G/1 큐의 해석을 보기 바람.

질문 5

준엽은 꿈에도 그리던 에버랜드에 갔다. 그런데, 하필 어린이날에 맞추어서 가게 되었다. 그래서, 놀이시설마다 사람들이 장사진을 이루고 있었다. 시간도 많지 않고 또 자주 오기도 어려운 준엽은 어떻게 하면 놀이시설을 모두 한 번씩 타 볼 수 있을까?

코멘트 엽에게 돈을 더 주고 급행표 (Express ticket)를 구하라고 권하고 싶다. 급행표는 일반표와 달리 입구가 따로 있으며 일반인들과 분리시켜서 우선적으로 놀이기구를 타도록 해준다. 물론 급행표를 탄 사람끼리는 먼저 온 순서대로 타게 하지만…. 이렇게 하는 이유는 급행표는 일반표 보다 비싸고 따라서 놀이시설에 온 사람들은 보통 시간이 많다고 생각하므로 추가비용을 부담하지 않으려 하기 때문에 급행표를 많이 구입하지는 않을 것이므로 급행표를 가진 줄이 일반표를 가진 줄보다 늘 짧을 것이고 이들을 따로 모아서 급행표를 가진 사람을 먼저 받아들이면 그들은 먼저 서비스를 받을 확률이 커진다. 단, 어린

이날과 같이 특별한 경우에는 워낙 사람이 많아서 대부분의 사람이 급행표를 사버리면 문제는 좀 복잡해진다.

참고 이 문제에 관심이 있는 사람은 제 6장 우선순위가 있는 대기행렬 시스템을 보기 바람.

질문 6

준엽이는 어느날 또 에버랜드에 갔다. 지난 번에는 급행표를 끊었음에도 불구하고 사람이 너무 많아서 놀이기구를 모두 타지 못하였다. 그래서, 이번에는 일부러 사람이 별로 없는 평일에 온 만큼 놀이시설을 모두 다 타보기로 하였다. 그런데 그 넓은 에버랜드를 다 돌아다니려면 시간이 많이 걸리는데 준엽은 놀이시설을 모두 한 번씩 타는데 시간이 도대체 얼마나 걸릴까?

코멘트 이건 좀 복잡한 문제이다. 왜냐하면 준엽이가 놀이시설을 모두 한 번씩 타는데 걸리는 시간을 계산하기 위해서는 너무나 많은 변수가 존재하기 때문이다. 즉, 그 당시 에버랜드에 사람이 얼마나 많이 있느냐? 준엽이가 어떤 루트를 가지고 놀이기구를 한 바퀴 도느냐? 어느 놀이기구가 인기가 있고 어느 놀이기구는 인기가 없느냐? 음, 그리고 놀이기구 사이에 거리는 얼마나 떨어져 있느냐? 등등. 그러나, 다행히 준엽이의 아빠가 대기행렬을 좀 아는 사람이어서 변수를 간단히 하면 대충 예측이 가능하기는 하다.

참고 이 문제에 관심이 있는 사람은 제 7장 대기행렬 네트워크를 보기 바람.

위에서 살펴본 바와 같이 우리생활 주변에는 같은 일을 동시에 하려는 사람들로 누군가가 기다려야 하는 상황이 많음을 알 수 있다. 한편, 삶의 질을 높이기 위해서는 사람들이 기다리는 시간을 줄여줄 필요가 있다. 이와 같은 문제는 공학에서 아주 많이 일어난다. 당장 여러 분이 사용하는 인터넷이 느린 이유를 보자. 어떤 사람은 초고속회선을 사용할 것이고 어떤 사람은 저속회선을 사용할 것이다. 이 때 저속회선을 쓰는 사람은 당연히 초고속회선을 사용하는 사람보다 일을 처리하는데 많은 시간을 소요할 것이다. 또 인기가 많은 웹사이트에 접속을 하려는데 접속이 되지 않아서 화가 나는 경우도 있을 것이고, 운이 좋을 때는 큰 파일을 금새 다운로드 받는 일도 있을 것이다. 이것도 결국은 여러분의 집에서 서버가 있는 멀리 떨어진 곳의 사이에 수도 없이 많은 경로를 거치는 동안에 기다려야 할 곳이 많고 그 요소마다 다양한 환경이 있기에 접속이 느리거나 빠르거나 할 확률이 다르기 때문이다.

대기행렬이론은 이와 같은 다양한 물리적인 현상 및 공학적 문제를 모형화하고, 최적의 답을 얻기 위하여 다양한 상황을 모형화하여서 주어진 조건에 가장 적절한 서버의 수나 적절한 대기공간을 결정하기 위한 수학적 방법을 제공하는 학문이다. 대기행렬이 이용되는 분야를 나열해 보면 먼저 통신망공학분야에서는 통신망의 해석 및 설계, 서비스품질보장문제의 해결, 시스템의 성능평가 등에 많이 쓰인다. 한편 인터넷에서 웹서버의 용량설계나 회선용량의 예측에도 사용되며 대형 컴퓨터시스템의 모형화에도 사용된다. 그리고 다른 분야에서는 공장 자동화 시스템의 모형화, 산업체에서 생산라인의 설계 등에서도 사용된다. 한편 도로교통분야에서는 공항의 비행기 이착륙 스케줄링, 도로의 신호체계, 항만의 물류체계, 기차의 발차시간의 결정 등에 쓰인다. 그리고 비즈니스분야에서는 슈퍼마켓의 카운터의 수의 결정, 레스토랑의 종업원의 수의 결정, 그리고 심지어(이렇게까지 정확히 할 사람은 없겠으나, 하여간) 이발소나 병원의 대기석의 자리의 수의 예측 등에도 사용할 수 있다.

제 2장부터는 이와 관련된 다양한 문제를 생각해본다.

2 대기행렬이론의 기초

1 대기행렬의 정의

대기행렬이란, 한마디로 어떤 일을 하려고 또는 서비스를 받으려고 자기 차례가 오기를 기다리고 있는 고객(물건도 포함)의 행렬을 말한다. 고객은 서서 기다릴 수도 있고 의자에 앉아서 기다릴 수도 있으며 물건의 경우에는 선반 위나 창고에 놓인 채 기다릴 수도 있다. 하여간 기다리는 모든 행렬이 대기행렬이다. 아래의 그림은 사람들이 줄지어 서서 차를 기다리고 있는 모습을 나타내고 있다. 이것이 바로 대기행렬이다.

그림 1-1 사람들이 차를 타려고 줄지어 서서 기다리고 있는 모습

그림 1-1을 추상적으로 나타내면 다음과 같다. 즉, 사람들은 차를 타러 버스정류장에 와서 차가 올 때까지 줄을 지어 기다리다가 차가 오면 타고 간다.

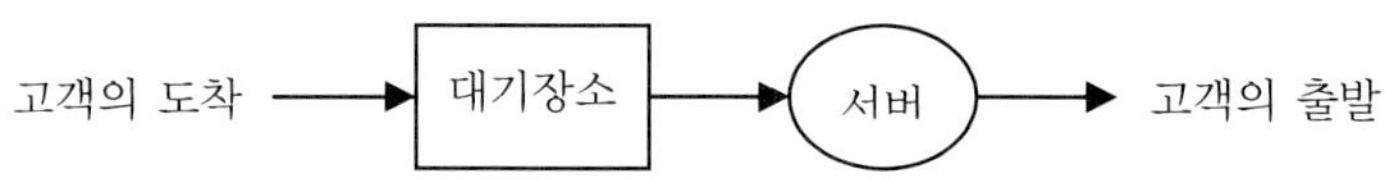

그림 1-2 대기행렬 모형

대기행렬을 표기하는 방법은 켄달(D. G. Kendall)이라는 사람이 고안한 것으로서 대기행렬 시스템의 특성을 다섯 가지 항목으로 나누어서 A/B/c/K/P로 표기하였다. 이 때, 각 항목은 다음을 정의한다.

- A는 고객의 도착에 관한 정보를 나타내며 특히 고객의 도착간격의 분포를 나타낸다. 즉, 인접해서 도착하는 고객간의 시간간격이 어떠한 분포를 따르는지를 나타낸다. 고객은 고정된 시간간격을 가지고 한 명씩 규칙적으로 들어올 수도 있을 것이고, 또는 아무런 연관성을 가지지 않고 임의의 간격으로 독립적으로 도착하거나, 어떤 경우에는 여러 명이 동시에 도착할 수도 있을 것이고, 어떤 때는 인접하는 고객간에 상호 밀접한 연관성이 있는 경우도 있다. 각각에 대해서는 나중에 좀 더 자세히 다룰 예정이다.
- B는 고객의 서비스시간의 분포를 나타낸다. 병원을 생각해보자. 병원에서는 환자의 상태에 따라 의사가 진찰하는 시간이 크게 다를

수 있다. 어떤 환자는 간단히 의사와 몇 마디 이야기만 나누고 진찰을 마치기도 하고 어떤 환자는 의사와 길게 이야기를 하며 다양한 도구를 사용하여 진찰을 받을 수도 있다. 한편, 점심시간의 칼국수 집에서 고객이 국수를 먹는 시간은 각기 다르지만 그렇다고 크게 차이가 나지는 않을 것이다. 반면에 동전을 넣고 공을 치는 야구장에서 야구공이 나오는 간격은 거의 일정한 간격을 가지고 있다. 따라서 사람이 아무리 다르다고 하여도 500원짜리 동전을 넣고 10개의 공이 다 나와서 한 게임이 끝날 때까지의 시간은 거의 같다고 할 수 있다. 이와 같이 우리 주변을 둘러보면 서비스시간에 대한 환경은 상황에 따라 다양한 경우가 있음을 알 수 있을 것이다.

- c는 시스템이 가지고 있는 서버의 수를 나타낸다. 개인병원에서 의사가 한 명뿐이면 환자는 그 의사로부터 진찰을 받을 수 밖에 없고 자기보다 먼저 온 환자가 서비스를 받을 때까지 기다려야 할 것이다. 이런 경우 서버의 수는 하나이다. 반면에, 친구 셋이서 합쳐서 큰 병원을 개업을 한 병원에서는 의사가 세 명이기 때문에 동시에 진료를 받을 수 있는 환자의 수는 세 명이고 서버의 수도 3이 된다.
- K는 시스템이 수용할 수 있는 고객의 수를 나타낸다. 가령, 버퍼의 크기가 K–1이고 한 고객은 서버에 의해서 서비스를 받고 있다면 시스템이 수용할 수 있는 고객의 수가 K라고 한다. 이 때 간혹 이 항목이 생략된 경우가 있는데 그 경우에는 K의 값이 무한대인 경우이다.
- P는 고객의 규모를 나타내는 것이다. 즉, 앞에서 예를 든 병원에서는 그 병원을 찾아올 수 있는 잠재고객의 수라고 할 수 있다. 일반적으로 대도시의 경우에는 병원을 찾는 고객의 규모는 충분히 크다고 가정할 수가 있다. 반면에 아주 조그만 시골에 있는 의원을 예로 들면 그 동네에 사는 사람의 수가 아주 작으므로 이 경우에는 잠재고객의 수가 유한하다고 할 수 있다. 일반적으로 대기행렬을 해석할 때 충분히 큰 규모의 고객이 있다고 가정을 하고 이 항은 생략한다. 즉, 고객의 규모가 무한히 클 때 이 항목은 생략한다.

이 때 A와 B를 나타내는 분포로는 다음과 같은 것이 있다.

- M: Memoryless(무기억성) 혹은 Markov의 약어로서 고객의 도착간격이 지수분포를 나타낸다. 지수분포함수에 대해서는 제 2장에서 소개한다.
- E_k: Erlang의 약어로서 이 분포함수는 고객의 도착간격이 k차 감마 분포를 나타낸다. 이에 대해서도 제 2장에서 소개한다.
- D: Deterministic(확정적)의 약어로서 이 분포함수는 고객의 도착간격이 고정간격을 가진다.
- G(혹은 GI): General(GI는 General independent)의 약어로서 일반 혹은 임의 분포를 나타낸다. 즉, 어떠한 분포도 포함할 수 있는 일반적 분포라고 보면 된다.

아래에서는 이 기호를 이용한 대기행렬 시스템의 예를 든다.

예1 M/M/1 큐

- 도착과정: 고객의 도착간격이 지수함수적으로 분포하고 있고 임의의 관측시간 동안 도착한 고객의 수가 푸아송(Poisson)분포함수로 표시된다. 푸아송 분포함수는 제 2장에서 자세히 다룬다.
- 서비스과정: 고객의 서비스시간이 지수함수분포를 따른다. 지수함수는 제 2장에서 자세히 다룬다.
- 서버의 수: 하나, 즉 단일 서버이다.

문제 1-1 위와 같은 대기행렬시스템의 구체적인 예를 주변의 실생활에서 찾아보자.

위의 대기행렬시스템의 해석에서 가장 관심을 가지는 것은 시간 t 에서 시스템 내에 있는 고객의 수이며, 이를 $X(t)$ 로 나타내면, 이 값은 생성소멸과정(Birth and Death Process: 이하 BDP라고 함)의 해석방법을 통하여 구할 수 있다. BDP에 대한 자세한 설명은 제 3장에서 다룰 예정이다.

예2 M/M/∞ 큐

- 도착과정: 고객의 도착간격이 지수함수적으로 분포하고 있고 임의의

의 관측시간 동안 도착한 고객의 수가 푸아송 분포함수로 표시된다.

- 서비스과정: 고객의 서비스시간이 지수함수분포를 따른다.
- 서버의 수: 서버의 수가 무한히 많은 서버이다.

문제 1-2 위와 같은 대기행렬시스템의 예를 주변의 실생활에서 찾아보자.

예3 M/G/1 큐

- 도착과정: 고객의 도착간격이 지수함수적으로 분포하고 있고 임의의 관측시간 동안 도착한 고객의 수가 푸아송 분포함수로 표시된다.
- 서비스과정: 고객의 서비스시간이 일반적인 함수분포를 따른다.
- 서버의 수: 단일 서버이다.

위의 M/G/1 대기행렬시스템의 해석에서 가장 관심을 가지는 것은 정상상태에서 시스템 내에 있는 고객의 수, 그리고 고객이 기다려야 하는 평균 지연시간, 혹은 시스템에 폭주가 발생하여 고객이 시스템으로부터 거부당할 확률 등이며, 이 값은 Embedded Markov Process (EMP)의 해석방법을 통하여 구할 수 있다. EMP에 대한 자세한 설명은 제 5장에서 다룰 예정이다.

문제 1-3 위와 같은 대기행렬시스템의 예를 주변의 실생활에서 찾아보자.

문제 1-4 아래의 각 상황에서 고객의 도착간격과 서비스시간에 대하여 어떠한 분포가 가장 적절한지 논하라.

고객의 종류	고객의 도착간격분포	서버의 종류	서비스시간분포
환자		의사	
자동차		주차장	
패킷		라우터	
비행기		활주로	
사람		화장실	

2 대기행렬의 분류

대기행렬은 위에서 정의한 켄달의 표기에서 알 수 있는 바와 같이 고객의 도착과정, 서비스과정, 서버의 수, 버퍼의 크기 등 크게 네 가지 요소에 의해서 다양한 종류를 가진다. 그 중에서도 특히 공학에서 중요한 의미를 가지는 것이 고객의 도착과정과 서비스과정이다. 한편, 서비스과정에 대해서는 여러 명의 고객에 대하여 서비스의 방법에 따라 오직 도착순서에 따른 서비스(FIFO: first in first out), 공평하게 배분되는 차례에 의한 공정한 서비스(Round robin 혹은 Processor Sharing), 우선순위에 따른 차별화된 서비스(Strict priority) 등 다양한 종류가 있다. 이에 대한 구체적인 설명은 2장 이후에서 자세히 다루기로 한다.

3 Little의 공식

리틀(Little)의 공식은 1961년 J.D.C. Little이 Operations Research라는 저널에 발표한 이론으로서 대기행렬이론의 해석에 있어서 아주 유용하게 사용되는 이론이다. 간단히 말하면 정상상태에서 시스템 내에 있는 고객의 평균 수는 고객의 평균 도착률과 고객의 시스템 내 평균 대기시간의 곱으로 주어진다는 내용이다.

이와 같이 간결한 Little의 공식은 대기행렬의 이론적 해석에서 아주 중요한 의미를 지닌다. Little의 공식은 이론적으로 설명할 수도 있고, 그림으로도 설명을 할 수 있다. 이 공식은 대기행렬이론에서 아주 중요한 개념이기 때문에 두 가지 방법을 동원하여 설명을 한다.

1 이론적 설명

먼저 Little의 공식을 이론적으로 설명하기 위하여 다음과 같이 변수를 정의한다.

$Q(t)$: 시간 t에서 시스템 내에 존재하는 고객의 수(큐에서 기다리는 고객의 수와 서버에 의하여 서비스를 받고 있는 고객의 수의 합)

T : 시스템의 상태에 대하여 관측한 기간

L : 시스템 내에 있는 평균 고객의 수

λ : 고객의 평균 도착률

W : 시스템 내 체재시간(큐에서 기다린 시간과 서버에 의해서 서비 스를 받는데 걸린 시간의 합)

$C_1, C_2, \cdots$: 시각 $t_1, t_2, \cdots$ 에 도착하는 고객을 나타냄.

$N(T)$: 관측기간 T 동안 도착하는 고객의 수, $N(T) = \text{Max}\{n : t_n \le T\}$

d_j : C_j 의 출발시점

s_j : 고객 j 의 시스템 내 체재시간, $s_j = d_j - t_j$

먼저, 처음에는 시스템 내에 고객이 없다고 가정을 하고 $Q(0) = 0$ 이라고 둔다. 그리고, 임의의 고객이 시간 t 에서 시스템에 있는지 아닌지를 나타내기 위하여 다음과 같은 인식함수를 정의한다.

$$I_j(t) = \begin{cases} \text{만약 } C_j\text{가 시각 } t\text{에 시스템 내에 존재하면 } 1 \\ \text{그렇지 않으면 } 0 \end{cases}$$

위의 정의를 이용하면 시각 t 에서 시스템 내에 존재하는 고객의 수는 관측기간동안 도착한 고객 모두에 대하여 어느 고객이라도 시스템 내에 존재하는 경우에 그의 인식함수가 1이 되므로 다음과 같이 나타낼 수 있다.

$$Q(t) = \sum_{j=1}^{N(T)} I_j(t)$$

한편 $(t_j, t_j + s_j]$ 구간의 밖에 대해서는 $I_j(t) = 0$ 이므로, 고객 j 의 시스템 내 체재시간 s_j 에 대하여 다음의 식이 성립한다.

$$s_j = \int_0^T I_j(t)dt$$

한편, 위의 정의에서 시스템 내에 있는 평균 고객의 수 L 은 다음과 같이 구할 수 있다.

$$L = \lim_{T \to \infty} \frac{1}{T} \int_0^T Q(t)dt$$

그리고, 다음의 관계식을 주목하자.

$$\int_0^T Q(t)dt = \int_0^T \sum_{j=1}^{N(T)} I_j(t)dt$$

한편 적분과 덧셈의 순서는 바꿀 수 있으므로

$$\int_0^T \sum_{j=1}^{N(T)} I_j(t)dt = \sum_{j=1}^{N(T)} \int_0^T I_j(t)dt = s_1 + s_2 + \cdots + s_{N(T)}$$

따라서, L에 대하여 다음과 같은 결과를 얻을 수 있다.

$$L = \frac{1}{T} \int_0^T Q(t)dt = \frac{s_1 + s_2 + \cdots + s_{N(T)}}{N(T)} \frac{N(T)}{T}$$
$$= E[W]\lambda$$

결과적으로 우리는 아래와 같이 표현되는 Little의 공식을 얻는다.

$$L = \lambda E[W]$$

고찰 Little의 공식이 가지는 물리적 의미를 논하라.

2 그림을 이용한 설명

아래의 그림과 같이 시간 t에 대하여 고객이 도착하는 사건(고객의 도착)과 고객이 서비스를 받고 나가는 사건(이를 고객의 출발이라고 한다)을 나타낸다. 가로축은 시간이고 세로축은 고객의 수를 나타낸다. 고객이 어느 시점에 시스템으로 들어오면 고객의 도착을 나타내는 좌측 곡선이 위로 하나가 증가하고 고객이 시스템으로부터 나가면 출발을 나타내는 우측 곡선이 하나 증가한다.

이렇게 고객의 도착과 출발사건이 일어날 때마다 시스템내의 고객의 수가 변화하므로 이들 사건을 모두 기록을 하여야 한다.

그리고, 두 사건이 만들어낸 그래프를 적절한 함수로 선형모형화하여 얻은 그래프를 점선으로 표시한다. 이 때 고객의 도착과 출발은 랜덤한 사건으로 도착간격과 출발간격이 일반적인 확률분포를 따른다고 가정할 수 있다. 그리고, 적어도 시스템이 안정적으로 동작을 하도록 설계되었다면 도착과 출발의 비율이 일정한 유형을 따를 것이며(물론 평균도착률이 평균 출발률보다 크지는 않아야 한다. 그렇지 않으면 시스템은 계속 고객이 쌓이게 되어서 결국은 영원히 폭주상태에 빠지기 때문이다), 평균적으로는 뚜렷한 유사성을 가지고 있을 것임을 알 수 있다. 따라서, 그림에서 고객의 도착과 출발에 대한 이산적인 그래프를 선형함수로 모형화 할 때 고객의 도착과 출발의 기울기가 거의 같은 패턴을 따른다고 볼 수 있다.

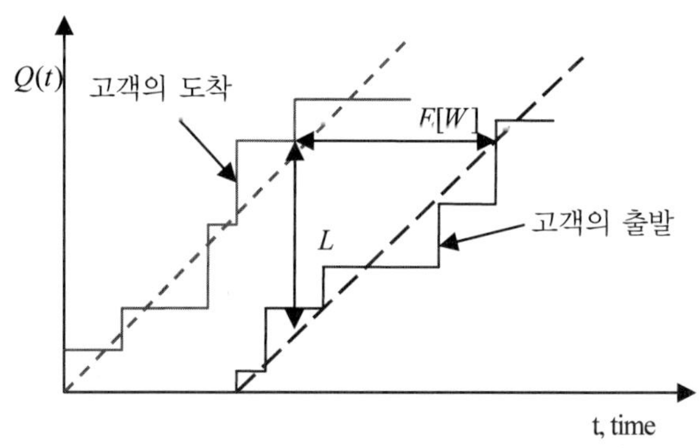

그림 1-3 시간에 대한 시스템 내 고객의 수의 변화

그림에서 충분히 긴 시간 T 동안 다음과 같이 생각해보자.

- 시스템으로 들어온 평균 고객의 수 $=\lambda T$
- 시스템을 나간 평균 고객의 수 $=\lambda(T-E[W])$
- 시스템 내에 남아있는 고객의 수 $L=\lambda T-\lambda(T-E[W])=\lambda E[W]$

결국, 시스템 내에 있는 고객의 수는 $L=\lambda E[W]$ 로서 앞에서 수학적으로 증명한 Little의 공식과 일치함을 알 수 있다.

위의 이야기를 종합해 보면 시스템이 안정적으로 동작하는 정상상태에서 시간축에 대하여 고객이 시스템으로 들어오고 나가는 상태를 각각 따로 나타낸 다음 두 개의 그래프를 선형함수로 모형화한 뒤 x 축간의 거리가 고객이 시스템 내에서 소비한 평균 시간($E[W]$)이고 y 축간의 거리가 시스템 내에 있는 평균 고객의 수(L)이며 이들 두 값의 사이에는 고객의 평균도착률 λ를 계수로 하는 Little의 공식이 성립한다고 말할 수 있다.

그런데 여기서 두 가지 방법을 비교하여 보면 뒤의 방법이 훨씬 더 간단한 것처럼 보일 것이다. 실제로 그럴까? 앞의 수학적 방법에서는 변수를 정의하고 순수하게 계산에 의하여 구한 결과이고 뒤의 그림에 의한 방법은 실험(혹은 시뮬레이션)에 의하여 얻어진 결과를 그래프로 나타냄으로써 증명을 하였다. 그래서 어느 쪽도 쉬운 일은 아님을 알 수가 있다. 하여간, 여기서 우리는 어느 방법을 사용하였는지 보다는 그 결과를 잘 이해해 둘 필요가 있다. 예제를 통하여 리틀의 공식을 사용해 보자.

예제 1-1

고객이 시간당 평균적으로 5명이 도착하는 병원이 있다. 이 병원에는 보통 병원에 도착하여서 진료를 받고 병원을 나서기까지 평균적으로 30분은 소요된다고 한다. 그렇다면 진료를 받기 위하여 병원에 온 고객이 기다리는 동안 모두 앉을 수 있도록 하기 위하여 최소한 몇 개의 의자가 필요한가?

풀이 고객의 평균도착률 λ 가 5이고, $E[W]$ 이 0.5(단위:시간)이므로, 이 병원에 있는 평균 고객의 수는 $L = \lambda E[W] = 5 \times 0.5 = 2.5$.

그런데, 고객의 수는 정수이므로 $\lfloor 2.5 \rfloor = 3$ 명이다. 여기서 $\lfloor x \rfloor$ 는 x 보다 작지 않는 최소정수를 나타낸다.

따라서, 이 병원에는 최소한 2개 이상의 의자를 준비하여야 한다. 단, 한 명은 의사선생 앞의 의자에 앉아있다.^^

문제 1-5 신발을 만드는 기계는 컨베이어 벨트처럼 되어 있어서 왼쪽 끝에서 신발이 들어와서 오른쪽 끝으로 나가면서 신발이 완성된다고 한다.

이 때 컨베이어벨트의 왼쪽 끝에서 평균적으로 분당 5개의 신발이 들어오고 컨베이어벨트 상에는 신발이 50켤레가 있다고 한다면 하나의 신발이 제조공정을 완전히 마칠 때까지 시스템 내에서 머무르는 시간을 얼마일까?

답 50/5=10 분

확률변수와 기대치

02 Chapter

요약

제 2장에서는 이 책의 3장 이후에서 사용될 몇 가지 확률변수에 대하여 소개하고, 대기행렬시스템의 해석을 위하여 사용되는 몇 가지 근사해석 기술을 소개한다. 우선, 확률변수에 대하여 정의하고, 기대치를 구하는 방법을 소개한다. 그리고, 마지막으로 대기행렬의 해석에서 사용되는 몇 가지 근사 해석법을 소개한다.

여기서 한 가지 일러두는 것은 이 장에서 소개하는 것은 이 책을 읽기 위하여 필요한 최소한의 확률지식을 소개하는 것이며 공학적으로 의미가 있는 확률이론에 대한 보다 더 자세한 사항은 저자의 다른 저서인 "공학도를 위한 확률론(홍릉과학출판사 간, 2008년)을 참고하기 바란다. 참고로 이 장에 나오는 대부분의 식은 "공학도를 위한 확률론" 에 모두 증명이 되어 있다.

1 확률변수

확률변수(Random variable)란 확률실험에 의해서 임의의 확률을 가지고 일어나는 사건을 정의하는 변수이다. 즉, 어떤 객관적인 규칙을 가진 확률에 의하여 일어나는 사건을 나타내는 변수이다. 예를 들면, 주사위를 던졌을 때 나올 수 있는 값은 1, 2, 3, 4, 5 및 6이다. 이 때 이 각 값이 확률변수이다. 그런데, 주사위를 수도 없이 많이 던지면 각 값이 나올 확률이 1/6임을 쉽게 알 수 있다. 이 때 이 값이 바로 어떤 확률변수, 가령 6이 가지는 확률값이다. 그래서, 이와 같이 사건의 결과가 정수의 값으로 나타나는 확률변수를 이산확률변수(Discrete random variable)라고 하며, 이때 각 결과에 대한 확률값을 나타내는 것이 확률질량함수(Probability mass function, 이하 pmf로 부르기로 함)라고 하고 x 라는 사건이 일어날 확률을 $p(x)$ 라고 나타내기로 한다. 즉, 위의 주사위 던지기에서 $p(6)=1/6$ 이다.

한편, 어떤 경우에는 확률변수가 유리수의 값을 가지는 경우가 있다. 가령, 집 앞을 지나가는 버스가 있다고 하자. 이 버스는 평균적으로 3분 간격으로 오는데 도중에 교통사정에 따라 집 앞을 지나가는 시간이 변한다고 하자. 그래서, 아침 8시부터 9시까지 지나간 시간간격이 1분30초, 2분40초, 5분, 3분15초, 10분, 4분20초, 등등 이렇게 다양한 값을 가진다고 하자. 이 경우 시간단위를 분으로 통일하면 버스가 지나간 간격은 1.5, 2.67, 5, 3.25, 10, 4.33과 같이 유리수의 값을 가진다. 그리고, 이렇게 며칠간 집앞을 지나간 차들에 대해서 차간 도착간격을 조사해 보면 버스가 지나간 간격이 임의의 상한과 하한의 값 사이의 거의 모든 유리수의 값을 가짐을 알 수가 있다. 이와 같은 확률변수를 연속확률변수(Continuous random variable)라고 한다. 연속확률변수에서는 확률의 값을 나타내는 함수를 확률 밀도함수(Probability density function, 이하 pdf라고 부르기로 함)라고 하며 보통 사건 x가 일어날 확률을 $f(x)$로 표시한다.

여러분은 이 때 이산확률변수에서의 질량함수와 연속확률변수에서의 밀도함수의 차이를 구분할 줄 알아야 하며 표기법도 다름을 알아두어야 한다. 아래에서 이들 두 확률변수에 대해서 좀 더 자세히 알아보자.

1 연속확률변수

연속확률변수는 확률변수가 가지는 값이 유리수인 경우를 말한다. 즉, 어떤 사건에 대한 결과치가 정수뿐만 아니라 소수의 값도 가질 수 있는 확률변수이다. 우리 주변에서 가장 널리 사용되는 연속확률변수는 지수확률변수(Exponential random variable)와 정규확률변수(Normal random variable, 혹은 Gaussian random variable)이다. 아래에서는 이 두 가지 확률변수를 정의한다.

(1) 지수확률변수

매개변수 λ를 가지는 어떤 확률변수가 다음과 같은 pdf를 가질 때 그 확률변수는 지수함수분포를 따른다고 한다.

$$f(x)=\begin{cases}\lambda e^{-\lambda x}, x \geq 0 \\ 0, x<0\end{cases}$$

여기서 매개변수 λ는 지수확률변수의 특성을 나타내는 아주 중요한 역할을 하는데 위에서 언급한 버스의 도착을 예를 들면 버스의 평균 도착률과 같은 것이다. 즉, 버스가 평균 3분 간격으로 지수함수분포를 따라서 도착을 한다면 버스의 분당 도착률(도착대수/분)은 위의 식에서 λ에 해당하며 1/3이 된다. 그런데 버스가 1분에 평균적으로 1/3대씩 도착한다는 것은 말이 되지 않을 것이므로 결국 버스는 평균 3분에 1대씩 도착한다고 말하는 편이 더 정확하다.

한편, 위의 $f(x)$ 는 무엇을 의미하는가? 다시 버스의 도착을 예를 들면 관측자가 버스가 오는지를 관측하기 시작해서부터 x 시간이 지나도 버스가 오지 않을 확률이다. 그리고, $1-f(x)$ 는 관측자가 버스가 오는지를 관측하기 시작해서부터 버스가 x 시간이 지나기 전에 도착할 확률이다. 이를 더 쉽게 설명하기 위하여 아래의 함수를 정의한다.

위의 pdf를 아래의 값에서부터 임의의 값 x 까지 누적하여 적분한 확률값을 누적 확률분포(Cumulative distribution 혹은 그냥 분포)라고 부르며 $F(x)$ 로 표기한다. 즉, $F(x)$ 는 다음과 같이 정의한다.

$$F(x)=\int_0^x \lambda e^{-\lambda t} dt = 1-e^{-\lambda t}, x \geq 0$$

다시 버스의 이야기로 돌아가면 $F(x)$ 는 0부터 x까지 합한 모든 x에 대하여 x시간이 지나도 버스가 오지 않을 확률의 합이다. 즉, 고객이 버스가 올 때까지 기다린 모든 시간들에 대한 확률이다. 반대로 $1-F(x)$ 는 고객이 버스가 올 때까지 기다려야 할 시간이 x보다 클 모든 확률의 합이다.

물론, $F(x)$ 를 0에서 ∞까지 적분한 값은 1이다. 즉, 버스는 무한정 기다리면 언젠가는 온다!

예제 2-1

버스의 도착간격이 평균 1분, 2분 혹은 3분 간격으로 지수함수분포를 따라서 도착을 한다고 가정을 할 때 고객이 버스정류장에 가서 차가 올 때까지 기다려야 할 시간이 1분에서 10분일 확률을 각각 구하여 그래프로 그려라.

풀이 $f(x)$ 에서 매개변수 λ 는 1, 1/2, 혹은 1/3이며, x 는 1부터 10까지의 값을 가지므로, 각 경우에 대하여 계산을 하여 그래프로 그리면 다음과 같다.

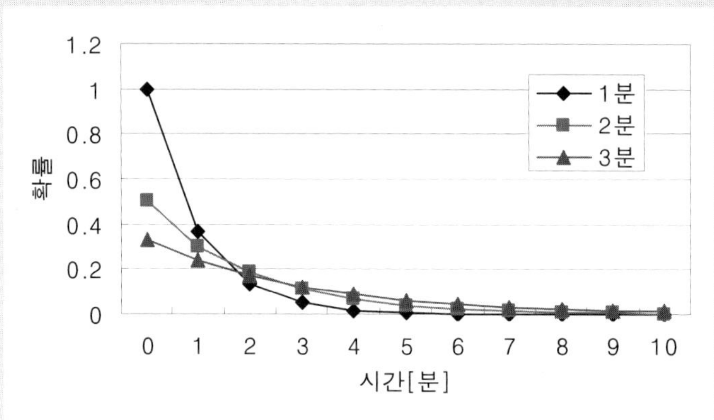

그림 2-1 고객이 기다려야 할 시간에 대한 확률

문제 2-1 위의 예제 2-1에서 버스의 도착간격이 평균 1분, 2분 혹은 3분 간격으로 지수함수분포를 따라서 도착을 한다고 가정을 하고 구한 고객이 버스정류장에 가서 차가 올 때까지 기다려야 할 시간이 1분일 확률과 4분일 확률에 대하여 세 가지 파라미터에 대해서 확률의 크기의 순서가 바뀐 것을 알 수 있을 것이다. 그 이유에 대하여 물리적인 의미를 논하라.

(2) 정규확률변수

평균 μ 및 분산 σ^2 를 가지는 정규확률변수(Normally distributed random variable) X는 다음과 같은 pdf를 가진다.

$$f(x) = \frac{1}{\sqrt{2\pi}\sigma} e^{-\frac{(x-\mu)^2}{2\sigma^2}}, -\infty < x < \infty$$

이 때 정규확률변수 X는 $X \sim (\mu, \sigma^2)$로 표기하기도 한다.

정규확률변수는 위의 pdf에서도 볼 수 있는 바와 같이 함수의 값이 평균값인 μ를 중심으로 좌우로 대칭의 값을 가짐을 알 수 있다. 보다 더 정확히 말하면 정규확률변수의 확률값은 평균 μ를 중심으로 좌우대칭인 종의 모양(Bell shape)을 하고 있다. 정규확률변수는 일명 가우스 확률 변수(Gaussian random variable)라고도 불리는데, 그것은 수학자 Gauss가 이 확률변수를 발견하였기 때문이다.

정규확률변수는 주변에서 볼 수 있는 물리계에서 가장 많이 사용되는 확률변수인데, 그 이유는 크게 두 가지로 나눌 수 있다.

첫째, 아주 많은 양의 샘플을 가지고 관측을 하는 경우 대부분의 물리현상이 어떤 평균값을 중심으로 좌우대칭의 값을 가지는 경우가 많다. 우리가 즐겨먹는 사과를 예를 들어보자. 사과의 크기는 사과나무의 종류, 그리고 한 가지에 몇 개의 과일이 달리느냐, 나무의 영양상태가 어떠냐, 기후, 온도, 수분 등 수많은 요소들에 의하여 결정되겠지만, 동일한 조건에서 열리는 한 그루의 사과나무의 사과의 크기도 제각각 다르다. 그래서, 한 나무에서 열린 모든 사과를 크기 별로 구분하여 아래와 같이 나열할 수 있다. 물론 아래의 그림은 작위적이고 꼭 그렇게 대칭적이라고 할 수는 없기는 하지만, 대충 이렇게 나타낼 수 있다는 것을 보여주고자 함이다.

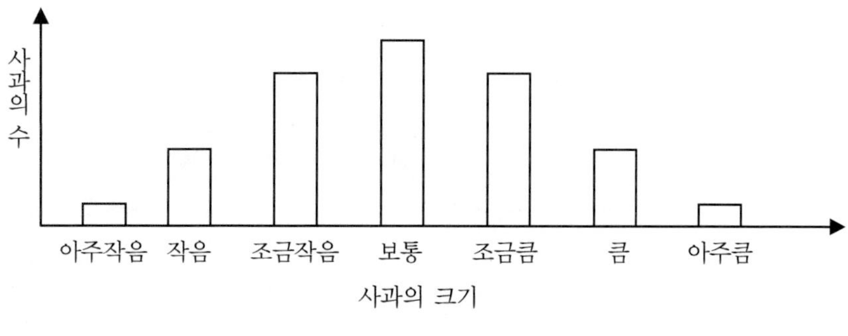

그림 2-2 사과의 크기와 수의 분포

정규확률변수가 물리계에서 가장 많이 사용되는 또 다른 한 가지 이유는 평균 μ 및 분산 σ^2를 가지는 특성이 다른 여러 가지 정규확률변수 X를 잘 가공하면 평균 0 및 분산 1을 가지는 아주 간단한 표준 정규확률 분포(Standard normal distribution)로 바꿀 수 있고 표준 정규확률분포의 값은 이미 계산을 하여 표로 활용을 할 수 있기 때문에 다양한 실험대상의 모형을 통일된 하나의 모형으로 쉽게 나타낼 수 있다는 점이다.

가령, 평균이 170센티미터인 남자의 키와 평균이 50킬로그램인 여자의 몸무게는 서로 완전히 다른 크기의 값을 가지는 확률변수이지만, 만약 두 확률변수가 정규분포를 따른다고 가정을 하면 어느 확률변수도 표준 정규확률 분포로 나타낼 수가 있다. 구체적으로 물리적 의미를 알기 위하여 아래와 같은 예를 든다.

예제 2-2

평균이 170이고 표준편차가 10인 어떤 정규확률변수의 pdf를 $x = [115, 225]$에 대하여 구하라.

풀이 위의 식으로부터 아래의 함수를 얻을 수 있다.

$$f(x) = \frac{1}{\sqrt{2\pi}10} e^{-\frac{(x-170)^2}{200}}, -115 < x < 225$$

아래의 그림은 그 결과를 나타낸 것이다.

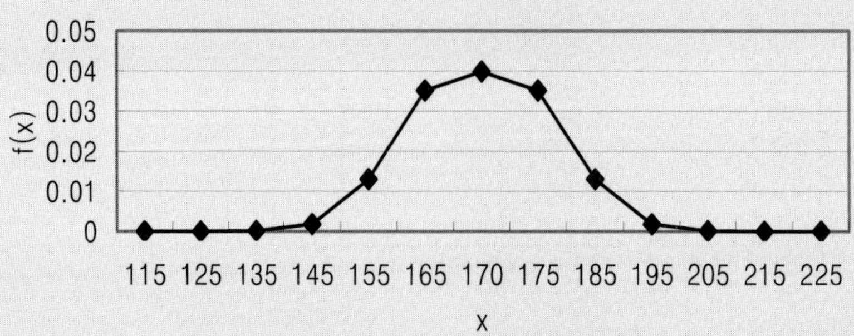

그림 2-3 정규확률변수의 확률밀도 함수

그림 2-3에서 x의 값을 간격을 10으로 두었기 때문에 그래프가 곡선처럼 보이지 않는데 x의 간격을 아주 작게 하면 곡선은 아주 부드러운 종모양을 가지게 될 것이다. 단, 그래프에서도 볼 수 있듯이 정규확률변수의 pdf는 평균값 170을 중심으로 좌우대칭이고 평균값에서 멀어질수록 그 값이 급격히 감소함을 알 수 있다.

문제 2-2 위의 그림에서 어떤 확률의 값이 평균을 중심으로 대칭을 이루는 것의 물리적인 의미를 논하라.

한편, 평균 μ 및 분산 σ^2를 가지는 정규확률변수 X를 변수로 하는 함수 $Y = \alpha X + \beta$ 는 $Y \sim (\alpha\mu + \beta, \alpha^2\sigma^2)$ 로 표기할 수 있는데, 아래에 그 이유를 밝혀둔다.

$$F_Y(x) = P\{Y \le x\} = P\{\alpha X + \beta \le x\} = P\{X \le \frac{x-\beta}{\alpha}\} = F_X(\frac{x-\beta}{\alpha})$$

한편, 확률밀도함수의 정의에 의해서

$$f_Y(x) = \frac{d}{dx}F_Y(x) = \frac{1}{\alpha}F_X'(\frac{x-\beta}{\alpha}) = \frac{1}{\alpha}f_X(\frac{x-\beta}{\alpha})$$

따라서, 위의 결과로부터 다음과 같은 결과를 얻을 수 있다.

$$f_Y(x) = \frac{1}{\sqrt{2\pi}\alpha\sigma}e^{-\frac{(x-(\alpha\mu+\beta))^2}{2\alpha^2\sigma^2}}$$

따라서, 확률변수 Y는 평균치가 $\alpha\mu + \beta$ 이고 분산이 $\alpha^2\sigma^2$ 인 정규분포를 가지는 확률변수가 된다.

위에서는 정규확률변수에 대하여 정의를 하고 정규확률변수의 1차 함수의 확률밀도함수에 대해서도 알아보았다. 그래서, 어떤 표본의 평균과 분산을 안다면 그 표본이 가지는 확률밀도함수를 구할 수 있음을 보였나. 그런데, 우리가 접하게 되는 물리현상이 가지는 평균값과 분산의 값이 모두 다른데 이럴 경우 일일이 확률을 구하는 일은 번거로운 일임을 금새 알 수 있다. 그래서, 지금부터는 랜덤변수가 어떠한 값을 가지든지(가령, 남자고등학생의 키, 혹은 초등학교 6학년 학생의 수학점수, 혹은 대학생의 신발의 크기 등 전혀 다른 특성을 가지는 랜덤변수를 가정함) 모든 랜덤변수가 정규분포를 따르기만 한다면, 그 랜덤변수가 가지는 평균치와 분산치에 대한 정보로부터 그 랜덤변수의 확률분포를 구하는 방법을 알아본다.

앞에서 정의한 정규확률변수 X를 다음과 같이 변형하여 Z라고 두면 Z와 X간에는 다음과 같은 관계가 성립함을 염두에 두자.

$$Z = \frac{X-\mu}{\sigma} \leftrightarrow X = \mu + \sigma Z$$

한편, X와 Z의 pdf 간에는 다음과 같은 변화가 있다.

$$f(x) = \frac{1}{\sqrt{2\pi}\sigma} e^{-\frac{(x-\mu)^2}{2\sigma^2}} \leftrightarrow f(z) = \frac{1}{\sqrt{2\pi}} e^{-\frac{z^2}{2}}$$

위의 식을 잘 관찰해 보면 오른쪽 식은 왼쪽 식에서 평균이 0이고 분산이 1인 결과임을 알 수 있다. 우리는 이와 같은 pdf를 표준정규확률밀도함수라고 하고 이와 같은 분포를 따르는 랜덤변수를 표준정규분포(Standard normal distribution)를 따른다고 한다. 그리고 표준정규분포를 따르는 랜덤변수의 분포함수를 다음과 같이 정의한다.

$$\Phi(x) = \Pr\{X < x\} = \int_{-\infty}^{x} f(x)dx$$

그리고, 표준정규분포함수의 pdf가 평균을 중심으로 대칭이므로 $[-\infty, 0]$ 의 분포확률의 값과 $[0, \infty]$ 의 분포확률의 값이 같다. 따라서, 표준정규확률변수에 대해서는 0을 중심으로 어느 한 쪽의 확률만 알면 어떤 확률이든지 구할 수가 있다. 가령, $\Phi(0.3)$ 을 구하기 위해서는 $\Phi(0)$ 이 0.5이므로 먼저 0.5로부터 시작하여 그 이후의 확률변수에 대한 누적확률만 구하면 된다. 한편, $\Phi(-0.3)$ 은 $1-\Phi(0.3)$ 과 같으므로 역시 위에서 구한 $\Phi(0.3)$ 을 이용하면 쉽게 구할 수 있다. 위와 같은 사실로부터 지금부터는 표현의 편의를 위하여 $\Phi^{H}(x)$ 를 다음과 같이 정의한다.

$$\Phi^{H}(x) = \Pr\{0 < X < x\}$$

$\Phi^{H}(x)$로 표시되는 표준정규분포함수의 값을 부록A에 첨부하였다.

예제 2-3

어느 마을에서 그 마을에 사는 어른 및 아이를 포함한 사람의 평균 키는 160cm이고, 표준편차는 10cm일 때 어느 한 사람을 세워 놓고 키를 재었을 때 그의 키가 190cm보다 더 클 확률은 얼마인가? 만약 다른 값은 같고 표준편차가 30cm이면 그 확률은 어떻게 되는가?

풀이 우선, X를 키를 나타내는 랜덤변수라고 두고, 표준편차가 10cm일 때 키가 190cm보다 클 확률은 다음과 같이 표현할 수 있다.

$$P\{X > 190\} = P\{\frac{X-160}{10} > \frac{30}{10}\} = P\{Z > 3\}$$
$$= 1 - \Phi(3\} = 1 - 0.9987 = 0.0013$$

따라서, 어느 한 사람을 세워 놓고 키를 재었을 때 그의 키가 190cm보다 더 클 확률은 0.13%로서 아주 작음을 알 수 있다.

이번에는 표준편차가 30cm이면 그 확률은 다음과 같다.

$$P\{X > 190\} = P\{\frac{X-160}{30} > \frac{30}{30}\} = P\{Z > 1\}$$
$$= 1 - \Phi(1\} = 1 - 0.8413 = 0.1587$$

따라서, 어느 한 사람을 세워 놓고 키를 재었을 때 그의 키가 190cm보다 더 클 확률은 약 16%이다.

문제 2-3 위의 두 결과가 의미하는 것은 무엇인가?

2 이산확률변수

이산확률변수는 확률변수가 가지는 값이 정수인 경우를 말한다. 즉, 어떤 사건에 대한 결과치가 정수의 값을 가지는 확률변수이다. 우리

주변에서 가장 널리 사용되는 이산확률변수는 이항분포, 기하분포, 그리고 푸아송분포를 따르는 확률변수이다. 아래에서는 이들 확률변수가 가지는 분포함수를 정의한다.

(1) 이항분포 함수

이항분포 확률변수를 이야기 하기 전에 먼저 베르누이시행(Bernoulli trial)에 대하여 설명을 하고 이항분포(Binomial distribution)를 정의한다. 베르누이시행은 매 실험이 상호 독립이고 실험의 결과가 두 가지의 사건으로 표시되는 표본공간을 가지는 확률실험이다. 즉, 가장 쉬운 예로는 동전던지기를 하였을 때 동전의 앞면과 뒷면이 나오는 사건이다. 동전던지기에서는 경험상 앞면과 뒷면이 나올 확률이 0.5라고 쉽게 알 수 있다. 내가 가르친 어떤 학생은 만약 동전이 세로로 서버리면 어떻게 하냐고 하였는데 그런 경우는 없다고 본다.

그러나, 좀 더 불확실한 결과가 나타나는 실험으로서 다음과 같은 예를 들어보자. 요즘도 중매결혼을 하는 사람이 있는지는 모르겠지만 만약 미혼남녀가 선을 보아서 두 사람이 서로 마음에 들어서 곧 결혼에 성공할 확률이 p라고 한다면 성공을 하지 못할 확률은 $1-p$가 될 것이다. 이 때 p의 값은 당사자간의 상호 호감도 등 복잡한 요소를 가지는 함수이기도 하고 또 사람에 따라서 조건이 모두 다르므로 정확히 어떤 값을 가진다고 할 수는 없겠지만 그래도 p는 0에서 1사이의 값을 가지는 것은 분명하다. 여담이지만, 옛날 우리 집안에는 할머니의 친정의 먼 친척뻘되는 노신사가 한 분 계셨는데 그 분은 우리 집안을 사흘이 멀다하고 드나드시면서 집안의 꽤나 많은 처녀총각(전부 우리 고모와 아재들)을 결혼에 성공시키셨다. 그런데 내가 다 커서 생각을 해보니 이 분의 결혼성사확률이 높은 이유가 다 있었던 것 같다. 이 분은 양쪽 집안에 가서 너무 심하게 상대방을 과대포장하셔서 구라를 치셔서 솔직히 당사자들의 판단을 흐리게 하시는데 소질이 다분히 있는 분이셔서 성공확률이 높았다는 생각을 한다. 하여간, 이와 같이 p의 값을 구하는 것이 간단한 문제는 아니지만 그래도 공학적인 문제는 해답이 있으므로 계속 공부를 해나가기로 한다.

베르누이시행의 또 다른 예로서 통신네트워크에서 디지털신호가 0

혹은 1의 값으로 랜덤한 순서에 의해서 생성된다고 하면 이때 0이 나올 확률을 p라고 하면 1이 나올 확률은 $1-p$가 될 것이다.

위의 예에서 공학적으로 의미가 있는 통신네트워크에서의 디지털신호에 대하여 그와 같은 베르누이시행을 n번 반복하였을 때 우리가 관심을 가지는 문제로서 0이 나온 횟수가 k일 확률이 얼마인지를 생각하고 그 값을 구해보자.

먼저 X를 통신네트워크에서 디지털신호가 0혹은 1의 값으로 랜덤한 순서에 의해서 생성된다고 하고 이때 n개의 비트를 관찰하였을 때 0이 나올 횟수라고 하자. 그러면, X가 가질 수 있는 값의 범위는 0부터 n까지의 값이 된다. 여기서, 우리의 관심은 0이 나온 횟수가 k일 확률이 얼마인지를 알아보는 것이다. 이를 위하여 i번째 관측시점에서 디지털신호가 가지는 값을 A_i라고 두자. 그리고 i번째 관측에서 0혹은 1이 나올 사건을 각각 Z_i와 O_i로 표기한다. 즉 A_i는 Z_i와 O_i 중의 한 값을 가지게 된다.

n개의 비트를 관찰하였을 때 각 관측결과는 상호독립이므로 전체의 실험결과의 확률을 아래와 같이 나타내기로 한다.

$$P\{A_1A_2\cdots A_n\} = P\{A_1\}P\{A_2\}\cdots P\{A_n\}$$

이 때 총 n번의 관측에서 k번 0을 관측할 확률은 전체 n번의 관측 중에서 0이 k번 관측되고 나머지 $n-k$번은 1이 관측되는 경우이므로 위의 식은 다음과 같다.

$$P\{k\text{번 0이 나옴}\} = p^k(1-p)^{n-k}$$

그런데, n번의 시행에서 k번 0이 나올 경우의 수는 총 $\binom{n}{k}$가지이므로 결국 0이 k번 나올 확률은 다음과 같다.

$$P\{n\text{번의 관측에서 }k\text{번 0이 나옴}\} = \binom{n}{k}p^k(1-p)^{n-k}$$

이와 같이 성공과 실패 등과 같이 실험의 결과가 두 가지중의 한가지로 나타나는 확률실험에서 그 실험을 n번 반복하여서 그 가운데 어떤 한 결과가 k번 나올 확률은 위와 같이 항이 두 개인 경우의 조합으로 얻어진다. 이와 같은 확률분포함수를 이항분포함수(二項分布函數, Binomial distribution function)라고 한다. 개념의 이해를 돕기 위하여 우리가 평소 자주 접하는 상황을 예로 들어서 예제를 하나 풀어보자.

예제 2-4

기차를 타고 놀러를 가는 사람이 있다고 한다. 그들은 심심하여서 윷놀이를 하기로 했다. 그런데 물론 놀러갈 때 윷을 들고 다니는 사람은 없을 것이다. 이 때 유용하게 쓰는 것이 바로 동전이다. 왜냐하면 윷이나 동전이나 던지면(단, 사기 치지 말고 공정하게 던진다는 가정하에서…) 앞 아니면 뒤가 나오는 것은 같은 이치이기 때문이다. 하여간 이렇게 해서 앞면과 뒷면이 나올 확률이 같은 500원짜리 동전을 4개 이용하여 윷놀이를 한다고 하자. 이 때 도, 개, 걸, 윷 그리고 모 중에서 나올 확률이 높은 순서대로 나열하라.

풀이 동전에서 앞면과 뒷면이 나올 확률이 같으므로 $p = 1 - p = 0.5$ 이다. 그리고 도, 개, 걸, 윷 그리고 모가 나올 경우와 그 때의 확률은 각각 다음과 같다.

도: 앞면이 3개, 뒷면이 하나가 나옴 $\rightarrow$ $P\{\text{도}\} = \binom{4}{3}\left(\frac{1}{2}\right)^4 = \frac{1}{4}$

개: 앞면과 뒷면이 각각 2개가 나옴 $\rightarrow$ $P\{\text{개}\} = \binom{4}{2}\left(\frac{1}{2}\right)^4 = \frac{6}{16} = \frac{3}{8}$

걸: 앞면이 1개 뒷면이 3개가 나옴 $\rightarrow$ $P\{\text{걸}\} = \binom{4}{1}\left(\frac{1}{2}\right)^4 = \frac{1}{4}$

윷: 모두 뒷면이 나옴 $\rightarrow$ $P\{\text{윷}\} = \binom{4}{4}\left(\frac{1}{2}\right)^4 = \frac{1}{16}$

모: 모두 앞면이 나옴 $\rightarrow$ $P\{\text{모}\} = \binom{4}{4}\left(\frac{1}{2}\right)^4 = \frac{1}{16}$

위의 실험결과를 보면 나올 확률이 높은 순서대로 나열하면 개가 나올 확률이 가장 높고 그 다음으로 도와 걸이 나올 확률이 같은 값을 가지며, 마지막으로 가장 나오기 어려운 경우는 윷과 모이다.

위의 결과로부터 우리는 왜 윷이나 모가 나올 때 윷말이 가장 많이 나아갈 수 있는지, 그리고 우리가 또 윷이나 모가 나올 때 왜 그렇게 좋아하는지 알 수 있을 것이다. 무엇이든지 귀할 때 그 가치가 더 커지는 것이다.

이와 같이 확률실험의 결과로 얻어지는 확률변수가 가지는 확률 질량함수가 이항분포함수를 따를 때 이 확률변수를 이항분포를 따르는 확률변수라고 한다.

(2) 기하분포 함수

기하분포(Geometric distribution)함수는 이항분포에서와 같이 베르누이시행을 한 결과로부터 유래한다. 따라서, 각 관측간에 상호 독립인 사건이 나오는 확률실험에서 이야기를 전개한다. 이야기의 전개를 쉽게 하기 위하여 앞에서와 같이 미혼인 남자와 여자가 선을 보아서 두 사람이 서로 마음에 들어서 곧 결혼에 성공할 확률이 p라고 한다면 결혼에 성공을 하지 못할 확률은 $1-p$가 되는데 이와 같은 실험을 베르누이시행이라고 정의한 바 있다.

이 때 우리가 관심을 가지는 것은 한 남자가 결혼에 성공할 때까지 선을 보아야 하는 횟수에 관한 것이다. 여기서 결혼에 성공하는 사건은 사실 매번 독립적인 사건이므로 선을 볼 때 과거의 일이 현재에 아무런 영향을 미치지 못한다고 할 수 있다. 단, 실 생활에서는 가끔은 이런 일도 일어날 수 있다. 즉, 선을 많이 본 사람 중에는 옛날에 선을 본 사람과 다시 만나는 적도 있다고 한다. 그래서, 누구는 그 자리에서 바로 헤어진 사람도 있는가 하면 누구는 '이건 우리가 함께 살 운명이야!'하면서 성공도 했다나 어쨌다나! 하여간, 이런 감정적인 요소를 배제하고, 우리는 베르누이시행으로부터 기하확률분포함수를 이끌어내는 것이 지금의 목적이다.

여기서 확률변수 X를 남자가 결혼에 성공할 때까지 보아야 하는 선의 횟수라고 하자. 그리고 $X=n$일 확률 $P\{X=n\}$을 구해보자. 이를 위해서 명심을 하여야 할 것은 $X=n$이라는 말은 이 남자가 n번 선을 보았는데 $n-1$번은 연거푸 실패를 하였고 마지막 n번째 드디어 결혼에 성공을 하였다는 뜻임을 아는 것이다. 즉, i번째 선을 보았을 때 성공하는 사건을 S_i 라고 하고 실패하는 사건을 F_i 라고 하면 위에서 이야기한 바와 같이 한 남자가 결혼에 성공할 때까지 보아야 하는 선의 횟수 가 n인 것을 집합기호로 나타내면 처음부터 $n-1$번 선을 보아서 계속 실패를 하고 맨 마지막인 n번째 선을 보았을 때 성공을 한 경우이며 이 때 매 번 보는 선의 상대가 다르다고 하고 이 경우에 각 사건은 상호 독립이므로 이 상황을 수식으로 표현하면 다음과 같다.

$$P\{X=n\} = P\{\bigcap_{i=1}^{n-1} F_i \cap S_n\} = \prod_{i=1}^{n-1} P\{F_i\}P\{S_n\}$$
$$= (1-p)^{n-1} p$$

위의 결과를 다시 써 보자.

$$P\{X=n\} = (1-p)^{n-1} p$$

위의 식을 보면 사실 너무 간단하다. 즉, 처음부터 내리 $n-1$번을 실패하였으므로 실패한 확률인 $1-p$ 를 $n-1$번 제곱한 뒤 맨 마지막인 n번째 성공을 했으므로 그 뒤에 p만 곱하면 되는 것이다. 사실 이런 식을 쓰지 않고도 직관적으로도 계산할 수 있었음을 아는 사람은 수리공학적 재주가 있는 사람이다. 하여간 위의 함수가 바로 기하분포함수이다. 원래 '幾何'라는 단어 자체가 '도대체 몇 번이나?'라는 의미를 가지기에 우리가 지금껏 이야기 한 내용이 이와 같은 이름을 가지게 된 것을 짐작하게 한다.

예제 2-5

어떤 남자가 선을 보아서 결혼에 성공할 확률이 50%라고 한다. 그렇다면 이 남자가 세 번 만에 결혼에 성공할 확률은 얼마인가?

풀이 위의 식에서 $p=0.5$ 이고 $n=3$ 이므로 세 번 만에 결혼에 성공할 확률은 다음과 같다.

$$P\{X=3\} = 0.5^3 = 12.5\%$$

예제 2-6

어떤 남자가 선을 보아서 결혼에 성공할 확률이 1%라고 한다. 그렇다면 이 남자가 언젠가는 결혼에 성공할 확률은 얼마일까?

풀이 우선 직관적으로 생각을 하면 이 남자가 결혼에 성공할 때까지 선을 계속 본다고 가정을 하면 결혼에 성공할 확률은 1이 된다. 그리고 수학적으로는 다음과 같다.

$$P\{X<\infty\}=\sum_{n=1}^{\infty}(1-p)^{n-1}p=\frac{p}{1-(1-p)}=1$$

결론: 이 남자는 희망을 가지고 계속 선을 보아야 할 것이다!

(3) 푸아송분포 함수

나는 어렸을 때 여름방학을 이용하여 시골의 할머니 댁에서 보내곤 했다. 그 당시 우리 집에는 소를 키웠는데 늦은 오후에는 동네아이들 모두가 소를 몰고 들로 나가서 소에게 풀을 먹였다. 우리 동네는 마을과 큰 강을 사이에 두고 국도가 지나고 있었는데 나는 소가 풀을 뜯어먹는 지루한 시간을 그늘에 앉아서 국도를 지나가는 차의 수를 헤아리면서 보내곤 하였다. 그 당시만 하여도 자가용이 귀하던 시절이라 시골에서 차를 보는 일은 큰 즐거움이었다. 당시 나는 확률이나 평균값이 무엇인지를 아직 모르던 시기였으므로 다음에 또 차가 지나가는 것이 언제인지를 막연히 궁금해 하곤 하였다.

이와 같이 일정한 관측 시간 동안 사건이 몇 개나 일어날지를 알아보는 일은 의미가 있다. 즉, 임의의 시간구간 t 동안 k개의 사건이 일어날 확률을 구하는 일은 물리적으로 중요한 의미를 지닌다. 이와 같은 문제를 풀기 위하여 다음과 같이 몇 가지 가정을 하기로 한다.

가정 1 임의의 시간구간 내에서 사건의 발생은 서로 다른 시간구간에서 발생한 사건과 상호 독립이다.

가정 2 임의의 충분히 작은 시간구간 $\Delta t \to 0$ 에서 사건은 오직 한 개만 일어나며 그때의 확률은 $p = \lambda \Delta t$ 이다. 단, 여기서 λ는 단위 시간당 사건의 평균발생률이다(단, 단위시간은 모형화를 하는데 있어서 적절한 길이의 시간으로 저정할 수 있다). 이 가정으로부터 한 가지 알 수 있는 사실은 시간구간 Δt 동안 사건이 일어나지 않을 확률 q 는 $q = 1 - p$ 이다. 따라서, 이 사건은 베르누이 과정을 따른다.

임의의 시간구간 t 동안 k개의 사건이 일어날 확률을 $P(k,t)$ 라고 하고 이를 구하기 위하여 우선, 시간 $t + \Delta t$ 동안에 사건이 하나도 일어나지 않을 확률은 구하면 다음과 같다.

$$
\begin{aligned}
P(0,t+\Delta t) &= P\{[(0,t)\text{간에 사건이 하나도 일어나지 않고} \\
&\qquad \text{시간 } (t,t+\Delta t)\text{에 역시 사건이 하나도 일어나지않음}\} \\
&= P\{(0,t)\text{간에 사건이 하나도 일어나지 않음}\} \\
&\quad \times P\{(t,t+\Delta t)\text{간에 사건이 하나도 일어나지 않음}\} \\
&= P(0,t)q = P(0,t)(1-\lambda \Delta t)
\end{aligned}
$$

위의 식을 좌우로 정리하여 아래와 같이 바꾸어 쓰기로 한다.

$$
\begin{aligned}
&\frac{P(0,t+\Delta t) - P(0,t)}{\Delta t} = -\lambda P(0,t), t \geq 0 \\
&\to \frac{d}{dt} P(0,t) = -\lambda P(0,t)
\end{aligned}
$$

위의 식에서 양변을 정리하여 적분을 하면 아래의 결과를 얻는다.

$$
\begin{aligned}
&LogP(0,t) = -\lambda t + C \\
&\to P(0,t) = e^{-\lambda t + C} = Ae^{-\lambda t}
\end{aligned}
$$

한편, 초기조건 $P(0,0) = 1$ 로부터 위의 식은 다음과 같이 단순화된다.

$$
P(0,t) = e^{-\lambda t}
$$

이번에는 시간 $t + \Delta t$ 동안에 k개의 사건이 일어날 확률을 구하기로 한다. 시간 $t+\Delta t$ 동안에 k개의 사건이 일어날 확률을 $P(k,t+\Delta t)$ 로 표기하면 그 확률은 다음과 같다.

$$\begin{aligned} P(k,t+\Delta t) &= P(k,t)q + P(k-1,t)p \\ &= P(k,t)(1-\lambda\Delta t) + P(k-1,t)\lambda\Delta t \end{aligned}$$

위의 식에서 좌항과 우항을 정리하면 다음과 같은 미분방정식을 얻을 수 있다.

$$\frac{P(k,t+\Delta t)-P(k,t)}{\Delta t} = -\lambda P(k,t) + \lambda P(k-1,t)$$

$$\rightarrow \frac{d}{dt}P(k,t) + \lambda P(k,t) = \lambda P(k-1,t)$$

위의 식을 풀기 위하여 초기조건으로 다음의 조건을 생각한다.

$$P(k,0) = 0$$

위의 방정식을 풀기 위하여 $k=1$ 일 경우를 생각하자. 그러면 위의 방정식은 다음의 식으로 나타낼 수 있다.

$$\frac{dP(1,t)}{dt} + \lambda P(1,t) = \lambda P(0,t)$$

위의 식을 풀기 위하여 우리는 위의 방정식이 두 개의 해를 가진다는 사실을 알 필요가 있다.

위의 식의 해 : $P(1,t) = P_h(1,t) + P_p(1,t)$

일반해 : $\dfrac{dP_h(1,t)}{dt} + \lambda P_h(1,t) = 0.$

단, $P_h(1,t) = 0$

특별 해 : $P_p(1,t) = \int_0^t \exp[-\lambda(t-\tau)]\lambda\exp[-\lambda\tau]d\tau$

$= \lambda t e^{-\lambda t}.$

결국 $P(1,t)$는 다음의 식으로 나타낼 수 있다.

$$P(1,t) = \lambda t e^{-\lambda t}$$

위와 같은 방법을 반복하여 k가 2인 경우에도 방정식의 해를 얻을 수 있고 그 결과는 다음과 같다.

$$P(2,t) = \frac{(\lambda t)^2}{2} e^{-\lambda t}$$

위의 결과로부터 같은 방법으로 k가 2보다 더 큰 경우에도 방정식의 해를 얻을 수 있고 그 결과는 다음과 같다.

$$P(k,t) = \frac{(\lambda t)^k}{k!} e^{-\lambda t}$$

위의 식이 바로 우리가 구하고자 한 식이다. 위의 식이 의미하는 것은 단위관측시간 t동안 k개의 사건이 일어날 확률이라는 것이다. 따라서 우리가 관측하고자 하는 어떤 대상물을 가지고 그 대상에 대하여 단위시간당 평균적으로 몇 번 사건이 일어나는지를 알고 또 우리가 관측하려고 하는 일정한 길이의 시간 t만 안다면 관심을 가지고 관측한 시간동안 일어난 사건의 수 모든 k에 대하여 그 확률을 얻을 수가 있는 것이다.

위의 식에서 관측시간을 1초, 1분, 혹은 1시간이나 하루로 가정을 하면 t의 값이 1로 정규화되어서 확률밀도함수가 아래와 같이 보다 더 간단하게 표시될 수 있다.

$$P(k) = \frac{(\lambda)^k}{k!} e^{-\lambda}$$

예제 2-7

창원시에 있는 경상남도 도청 앞을 지나가는 시내버스의 수는 1분에 평균 5대라고 한다. 어느날 도청 앞에 서서 1시간 동안 지나가는 버스의 수를 관찰하였을 때 지나간 버스의 수가 100대 이상일 확률은 얼마인가?

풀이 버스의 평균 도착률이 1분당 5대이므로 관측 시간 단위를 분으로 하면 $\lambda = 5$ 이다. 그런데 관측시간이 1분이 아니고 1시간이므로 먼저 파라미터의 값을 보정하여야 한다. 즉 1시간 동안 지나가는 버스의 평균수는 300대가 된다. 그리고 1시간 동안 지나간 버스의 수가 100대 이상일 확률은 전체 확률에서 버스가 지나갈 확률이 99대 이하일 확률을 빼면 되므로 그 결과는 다음과 같다.

$$P\{1\text{시간 동안 지나간 버스의 수가 }100\text{대이상}\} = 1 - \sum_{k=0}^{99} \frac{(300)^k}{k!} e^{-300}$$

문제 2-4 주변에서 포아송분포를 따르는 확률변수에는 어떠한 것이 있는지 찾아보고 현실에 맞게 모형화 해 보자.

3 확률생성함수

확률생성함수(Probability generating function: 이하 pgf라고 함)는 어떤 확률변수에 대한 확률값을 구할 수 있게 하는 함수이다.

X가 음이 아닌 정수의 값 0,1,2, …인 값을 가지는 이산확률변수라고 하고 이 확률변수의 확률질량함수(pmf)를 $f(k)$, 단 k는 확률변수, 라고 두자. 이 때 X의 확률생성함수 $G(z)$는 다음과 같이 정의된다.

$$G(z) = E[z^X] = \sum_{k=0}^{\infty} f(k) z^k$$

위의 식은 기호로 보아서는 복잡한 함수처럼 보이지만 실제로는 그리 어려운 함수는 아닌데 확률변수 X의 함수를 z라는 새로운 변수로 바꾸어주는 일련의 과정이라고 여겨두고 일단 계속 공부해가기로 하자.

몇 가지 확률분포에 대하여 pgf를 소개한다. 먼저, 상수확률변수, 즉, $P\{X = c\} = 1$, 의 pgf는 다음과 같다.

$$G(z) = z^c$$

그리고 매개변수가 λ인 푸아송 확률변수에 대한 pgf는 다음과 같다.

$$G(z) = e^{\lambda(z-1)}$$

위의 관계식을 이용하면 확률변수에 관한 다양한 값을 도출할 수 있는데, 먼저 확률생성함수 $G(z)$ 가 주어질 때 확률질량함수 $f(k)$ 를 다음과 같이 구할 수 있다.

$$f(k) = P\{X = k\} = \frac{G^{(k)}(0)}{k!}$$

여기서 $G^{(k)}(0)$ 는 $G(z)$ 를 z에 대하여 k번 미분한 것에다가 $z = 0$ 을 대입한 값을 의미한다.

한편, 확률변수 X의 기대치는 다음과 같이 구할 수 있다.

$$E[X] = \frac{dG(z)}{dz}\Big|_{z=1} = G^{(1)}(z)\Big|_{z=1}$$

그리고 확률변수 X의 k-차 팩토리얼 모멘트는 정의 그대로 확률변수 X와 그 이하의 수 두 $k-1$ 개를 계속해서 곱한 값(즉, $X(X-1)\cdots(X-k+1)$)에 대한 기대치인데 다음과 같이 구할 수 있다.

$$E[X(X-1)\cdots(X-k+1)] = E\left[\frac{X!}{(X-k)!}\right] = G^{(k)}(z)\Big|_{z=1}$$

위의 결과에서 만약 $k = 1$ 이면 식은 다음과 같이 바뀐다.

$$E[X] = G^{(1)}(z)\Big|_{z=1}$$

한편, 확률변수 X의 분산은 다음과 같다.

$$Var[X] = G^{(2)}(1) + G^{(1)}(1) - [G^{(1)}(1)]^2$$

예제 2-8

어떤 확률변수 X의 확률생성함수 $G(z)$ 가 아래와 같이 주어진 확률변수가 있을 때 다음에 답하라.

$$G(z) = e^{z-1}$$

(1) 이 확률변수의 확률질량함수를 구하라.

(2) 이 확률변수의 기대치는 얼마인가?

(3) 이 확률변수의 분산은 얼마인가?

풀이 (1) $G(z)$를 다음과 같이 고쳐서 생각을 한다.

$$G(z) = e^{z-1} = e^{-1}\sum_{n=0}^{\infty}\frac{z^n}{n!} = \sum_{n=0}^{\infty} z^n \frac{e^{-1}}{n!} \text{(왜냐하면, } e^z = \sum_{n=0}^{\infty}\frac{z^n}{n!}\text{)}$$

위의 식으로부터 다음의 결과를 얻는다.

$$p(n) = \frac{e^{-1}}{n!}$$

(2) 확률변수의 기대치는 정의에 의해서 다음과 같다.

$$E[X] = G^{(1)}(z)\big|_{Z=1} = e^{z-1}\big|_{Z=1} = 1$$

(3) 확률변수의 분산은 정의에 의해서 다음과 같다.

$$Var[X] = G^{(2)}(1) + G^{(1)}(1) - [G^{(1)}(1)]^2$$
$$= 1 + 1 - 1 = 1$$

2 기대치

우리는 위에서 확률생성함수를 공부하다가 우연히 기대치를 다루었다. 여기서는 그 배경을 좀 더 확실히 다져보기로 한다.

확률변수의 기대치란 어떤 확률실험을 하였을 때 실험결과로부터 얻을 수 있는 평균적인 값을 말한다. 가령, 주사위를 수도 없이 많이 던졌을 때 그 기대치는 얼마일까? 가장 단순하게 생각하여 (이런 경우는 거의 없겠지만…) 주사위를 여섯 번 던졌는데 그 값이 1, 2, 3, 4, 5, 6이 나왔다고 하자. 그러면 이들 값의 평균은 $\frac{1+2+3+4+5+6}{6} = \frac{21}{6} = 3.5$ 이므로 그 기대치는 3.5라고 할 수 있다.

그러나, 주사위를 여섯 번 던져서 이런 값이 나오기는 거의 희박하다. 그러면 주사위를 몇 번 던져야 이와 유사한 값을 얻을 수 있을까? 아니, 믿을만한 기대치를 얻을 수 있을까? 그리고, 과연 이 값을 얻기 위하여 하루 종일 주사위를 던지고 있어야 할까? 지금부터는 이와 같은 수고를 하지 않고 확률변수의 기대치를 구하는 방법을 소개한다.

기대치를 구하는 방법은 크게 두 가지로 나눌 수 있다. 한 가지 방법은 바로 확률로부터 구하는 방법이고 다른 하나는 모멘트생성함수를 정의하여 구하는 방법이다. 아래에서는 이 두 가지 방법에 대하여 기술한다.

1 확률을 바로 이용하는 방법

(1) 연속확률변수의 기대치

연속확률변수의 기대치는 확률변수가 가지는 값이 유리수이고 그에 대한 확률도 연속함수이므로 확률변수에 대하여 그 변수가 가지는 모든 가능한 값에 대하여 그 값이 나올 확률을 안다고 할 때 그 확률을 곱하여 적분을 한 것이 평균치가 된다. 따라서, pdf $f(x)$를 가지는 확률변수 X에 대하여 기대치 $E[X]$는 다음과 같이 정의된다.

$$E[X]=\int_{-\infty}^{\infty} xf(x)dx$$

예제 2-9

pdf가 다음과 같이 정의되는 확률변수 X의 기대치를 구하라.

$$f(x)=\begin{cases}\lambda e^{-\lambda x}, x\ge 0\\ 0, x<0\end{cases}$$

풀이

$$E[X]=\int_{-\infty}^{\infty} xf(x)dx=\int_{0}^{\infty} x\lambda e^{-\lambda x}dx$$

$$=-xe^{-\lambda x}\Big|_0^{\infty}+\int_0^{\infty} e^{-\lambda x}dx=-\frac{1}{\lambda}e^{-\lambda x}\Big|_0^{\infty}=\frac{1}{\lambda}$$

예제 2-10

pdf가 (μ, σ^2)로 정의되는 정규확률변수 X의 기대치와 분산을 구하라.

풀이 우선, pdf가 다음과 같으므로,

$$f(x) = \frac{1}{\sqrt{2\pi}\sigma} e^{-\frac{(x-\mu)^2}{2\sigma^2}}, -\infty < x < \infty$$

기대치는 다음과 같다.

$$\begin{aligned} E[X] &= \int_{-\infty}^{\infty} xf(x)dx = \int_{-\infty}^{\infty} x \frac{1}{\sqrt{2\pi}\sigma} e^{-\frac{(x-\mu)^2}{2\sigma^2}} dx \\ &= \frac{1}{\sqrt{2\pi}\sigma} \int_{-\infty}^{\infty} (x-\mu) e^{-\frac{(x-\mu)^2}{2\sigma^2}} dx + \mu \frac{1}{\sqrt{2\pi}\sigma} \int_{-\infty}^{\infty} e^{-\frac{(x-\mu)^2}{2\sigma^2}} dx \\ &= \frac{1}{\sqrt{2\pi}\sigma} \int_{-\infty}^{\infty} ye^{-\frac{y^2}{2\sigma^2}} dy + \mu \frac{1}{\sqrt{2\pi}\sigma} \int_{-\infty}^{\infty} e^{-\frac{(x-\mu)^2}{2\sigma^2}} dx = \mu \end{aligned}$$

한편, 분산은 다음과 같이 정의된다.

$$\begin{aligned} Var[X] &= E[(x-\mu)^2] \\ &= \frac{1}{\sqrt{2\pi}\sigma} \int_{-\infty}^{\infty} (x-\mu)^2 e^{-\frac{(x-\mu)^2}{2\sigma^2}} dx \end{aligned}$$

이 때 $y = \frac{x-\mu}{\sigma}$ 라고 두면,

$$Var[X] = \frac{\sigma^2}{\sqrt{2\pi}} \int_{-\infty}^{\infty} y^2 e^{-\frac{y^2}{2}} dy = \frac{\sigma^2}{\sqrt{2\pi}} \times \sqrt{2\pi} = \sigma^2$$

(2) 이산확률변수의 기대치

이산확률변수의 기대치는 확률변수가 가지는 값이 정수이고 그에 대한 확률도 이산함수이므로 확률변수에 대하여 그 변수가 가지는 모든 가능한 값에 대하여 각 경우의 확률을 곱하여 모두 더한 것이 평균치가 된다. 따라서, pmf가 $p(x)$인 확률변수 X에 대하여 기대치 $E[X]$는 다음과 같이 정의된다.

$$E[X] = \sum_x xp(x)$$

예제 2-11

확률질량함수가 다음과 같이 정의되는 기하확률변수 X에 대하여 기대치를 구하여라.

$$p(n) = (1-p)^{n-1} p$$

풀이 기대치의 정의에 의하여

$$E[X] = \sum_{n=1}^{\infty} np(n) = \sum_{n=1}^{\infty} n(1-p)^{n-1} p$$
$$= p\sum_{n=1}^{\infty} n(1-p)^{n-1}$$

여기서, $1-p=q$ 로 치환하면, 다음의 결과를 얻을 수 있다.

$$E[X] = p\frac{d}{dq}\left(\sum_{n=1}^{\infty} q^n\right) = p\frac{d}{dq}\frac{q}{1-q} = \frac{p}{(1-q)^2} = \frac{1}{p}$$

예제 2-12

확률질량함수가 다음과 같이 정의되는 푸아송확률변수 X에 대하여 기대치를 구하여라.

$$p(n) = \frac{\lambda^n e^{-\lambda}}{n!}$$

풀이 기대치의 정의에 의하여

$$E[X] = \sum_{n=0}^{\infty} np(n) = \sum_{n=0}^{\infty} n\frac{\lambda^n e^{-\lambda}}{n!} = \sum_{n=1}^{\infty} \frac{e^{-\lambda}\lambda^n}{(n-1)!}$$
$$= \lambda e^{-\lambda}\sum_{n=1}^{\infty}\frac{\lambda^{n-1}}{(n-1)!} = \lambda e^{-\lambda}\sum_{k=0}^{\infty}\frac{\lambda^k}{k!} = \lambda e^{-\lambda}e^{\lambda} = \lambda$$

2 모멘트생성함수를 이용하는 방법

확률변수 X의 모멘트생성함수(Moment generating function: 이하 MGF라고 함)는 어떤 확률변수의 기대치와 같은 모멘트를 구하기 위한 함수이다. MGF를 만드는 방법은 확률변수 X에 대하여 임의의 변수(주로 t로 표시함)를 곱하여 지수함수를 취한 후 그 값의 기대치를 구한 것이다. 이를 위하여 얻어진 지수함수에 확률변수의 pdf(이산확률변수의 경우에는 pmf)를 곱한 다음 그 확률변수가 가지는 모든 범위의 값에 대하여 적분(이산확률변수의 경우 합)을 하여서 구한다. 그리고 MGF를 다음과 같이 정의한다.

$$\phi(t) = E[e^{tX}] = \begin{cases} \int_{-\infty}^{\infty} e^{tX} f(x)dx, X\text{가 연속확률변수일 때} \\ \sum_{x} e^{tX} p(x), X\text{가 이산확률변수일 때} \end{cases}$$

위와 같이 MGF를 정의한 다음 우리는 이 함수를 이용하여 확률변수에 대한 기대치 및 고차모멘트를 구할 수가 있는데 그 방법은 다음과 같다.

먼저 MGF를 t에 대하여 한 번 미분하자.

$$\phi'(t) = \frac{d}{dt}E[e^{tX}] = E[\frac{d}{dt}e^{tX}] = E[Xe^{tX}]$$

이해를 명확히 하기 위하여 위의 식에서 결과만 적어보자.

$$\phi'(t) = E[Xe^{tX}]$$

위의 식을 가만히 보면(대부분의 수식은 가만히 쳐다보고 있으면 그 속에 무엇인가 말하고자 하는 의미가 숨겨져 있음을 알 수 있고 그것이 수학이 가지는 큰 매력 중의 하나이다–저자 주) 우항에서 만약 $t = 0$ 이라면 남는 것은 $E[X]$ 이다. 따라서, 우리는 이 사실을 이용하여 기대치를 구할 수 있음을 알 수 있고 다음과 같이 얻을 수 있다.

$$E[X] = \phi'(0)$$

한편, $\phi'(t)$ 를 다시 한 번 미분을 하여 보자. 미분을 하면,

$$\phi''(t) = \frac{d}{dt}\phi'(t) = E[X^2 e^{tX}]$$

이것도 결과만 연결지어서 나타내 보자.

$$\phi''(t) = E[X^2 e^{tX}]$$

자, 여기서도 위의 식을 가만히 보면 우항에서 또 $t = 0$ 이면 $E[X^2]$ 을 얻을 수 있음을 알 수 있다. 따라서, 다시 $t = 0$ 으로 하면,

$$E[X^2] = \phi''(0)$$

위의 결과로부터 우리는 MGF를 이용하여 어떤 확률변수의 분산을 쉽게 구할 수 있다는 것을 보였다. 분산이란 무엇인가? 어떤 확률변수의 2차모멘트에다가 1차모멘트의 제곱을 뺀 값이 아닌가?

예제 2-13

어떤 확률변수의 MGF가 다음과 같이 주어질 때 그 확률변수의 평균과 분산을 구하라.

$$\phi(t) = e^{\lambda(e^t - 1)}$$

풀이 정의에 의하여 우선 $\phi(t)$ 를 두 번 미분한다.

$$\phi'(t) = \lambda e^t e^{\lambda(e^t - 1)},$$
$$\phi''(t) = \lambda^2 e^{2t} e^{\lambda(e^t - 1)} + \lambda e^t e^{\lambda(e^t - 1)} = e^{\lambda(e^t - 1)}\left(\lambda e^t + \lambda^2 e^{2t}\right)$$

따라서, 평균과 분산은 각각 다음과 같다.

$$E[X] = \phi'(0) = \lambda,$$
$$Var[X] = E[X^2] - (E[X])^2$$
$$= \phi''(0) - \lambda^2 = \lambda$$

한편, MGF를 이용하여 정규분포의 합의 법칙을 증명하자. 정규분포의 합의 법칙이란, 평균과 분산이 각각 (μ_1, σ_1^2), (μ_2, σ_2^2)로 정의되는 독립적인 정규확률변수 X와 Y의 MGF를 통하여 정규분포의 합의 법칙이 성립하는지를 알아보자. 즉, $X+Y$가 $(\mu_1+\mu_2, \sigma_1^2+\sigma_2^2)$로 표현이 되는지를 알아본다.

우선, 정규확률변수 X의 MGF를 구해본다.

$$\begin{aligned}
\phi(t) = E[e^{tX}] &= \frac{1}{\sqrt{2\pi}\sigma}\int_{-\infty}^{\infty} e^{tx} e^{-\frac{(x-\mu)^2}{2\sigma^2}} dx \\
&= \frac{1}{\sqrt{2\pi}\sigma}\int_{-\infty}^{\infty} \exp\{\frac{-(x^2-2\mu x+\mu^2-2\sigma^2 tx)}{2\sigma^2}\}dx \\
&= \frac{1}{\sqrt{2\pi}\sigma}\exp\{\frac{(\sigma^4 t^2+2\mu\sigma^2 t)}{2\sigma^2}\}\int_{-\infty}^{\infty} \exp\{\frac{-(x-(\mu+\sigma^2 t))^2}{2\sigma^2}\}dx \\
&= \exp\{\frac{\sigma^2 t^2}{2}+\mu t\}\frac{1}{\sqrt{2\pi}\sigma}\int_{-\infty}^{\infty} \exp\{\frac{-(x-(\mu+\sigma^2 t))^2}{2\sigma^2}\}dx \\
&= \exp\{\frac{\sigma^2 t^2}{2}+\mu t\}
\end{aligned}$$

한편, 두 변수의 독립성으로부터 다음관계가 성립한다.

$$\begin{aligned}
\phi_{X+Y}(t) &= \phi_X(t)\phi_Y(t) \\
&= \exp\{\mu_1 t+\frac{\sigma_1^2 t^2}{2}\}\exp\{\mu_2 t+\frac{\sigma_2^2 t^2}{2}\} \\
&= \exp\{(\mu_1+\mu_2)t+\frac{(\sigma_1^2+\sigma_2^2)t^2}{2}\}
\end{aligned}$$

따라서, 독립인 두 정규확률변수의 합도 역시 정규확률변수이다.

이 사실은 단순한 사실이 아니다. 즉, 이 결과로부터 우리는 평균과 분산이 서로 다른 임의의 개수의 정규분포확률변수의 중첩으로부터 얻어지는 확률변수의 평균과 분산은 각 변수의 평균과 분산의 합과 같다는 것을 알 수 있다.

3 확률의 근사 해석법

확률 및 그의 기대치를 계산함에 있어서 언제나 우리가 원하는 정확한 해를 구할 수 있지는 않다. 이러한 경우에는 근사 해석법을 이용하여 대략의 값 혹은 상한치나 하한치를 예측하여 그 시스템의 대략적인 성능을 예측할 수 있다. 지금부터 대기행렬이론에서 자주 사용되는 몇 가지 근사 해석법에 대하여 간단히 알아본다.

1 마르코프 부등식

음이 아닌 값을 가지는 확률변수 X는 0보다 큰 어떤 수 a에 대하여 다음과 같이 표현되는 마르코프부등식(Markov inequality)을 만족한다.

$$P[X \ge a] \le \frac{E[X]}{a}$$

우선 왜 이렇게 되는지 궁금한 사람들을 위하여 증명을 해보자.

$$E[X] = \int_0^\infty xf(x)dx = \int_0^a xf(x)dx + \int_a^\infty xf(x)dx \ge \int_a^\infty xf(x)dx$$

한편, $\int_a^\infty xf(x)dx \ge \int_a^\infty af(x)dx = a\int_a^\infty f(x)dx = aP[X \ge a]$

따라서, 최종적으로 다음과 같은 관계가 성립한다.

$$P[X \ge a] \le \frac{E[X]}{a}$$

위의 식을 보면서 한 가지 느끼는 점이 있을 것인데, 이 근사식은 상당히 오차가 클 수 있다는 것이다. 특히 a의 값이 클수록 증명과정에서 보인 맨 위의 부등식에서 오차가 벌어짐을 알 수 있을 것이다.

그러나, 위의 식을 가만히 보면 아주 중요한 사실을 알게 될 것이다. 우선, 위의 관계식은 아주 간단하여 외우기가 쉽다는 것이다! 그리고 적어도 외우지 않아도 사용하기는 쉽다.

이제 본론으로 들어가서 위의 식이 왜 널리 쓰이는지 알아본다. 먼저, 위의 식의 특징은 어떤 확률변수의 평균값을 안다면 그 확률변수가 어떤 특정한 값을 가질 확률의 상한치를 알 수 있다는 사실이다. 예를 들면, 어떤 집단에 있는 사람의 평균체중이 60Kg임을 알았을 때 그 집단에 있는 사람 중에서 임의로 한 명을 지목하여 그의 체중을 물었을 때 그의 체중이 80Kg보다 적지 않을 확률은 아무리 커도 다음의 값보다는 크지 않는다.

$$P[\text{체중} \geq 80Kg] \leq \frac{60}{80} = 0.75$$

반대로 어떤 확률변수가 어떤 특정한 값보다 큰 값을 가질 확률을 안다면 그 확률변수가 가지는 평균값을 알 수 있다는 것이다.

문제 2-4 창원대학교 정보통신공학과 4학년 학생의 네트워크 설계 과목의 평균점수가 90점 이상일 확률이 30%라고 한다. 그렇다면 이 학생들의 평균점수는 최저로 얼마 이상일까?

2 체비셰프 부등식

어떤 확률변수가 평균과 분산이 각각 유한한 값인 μ 와 σ^2 이라고 하자. 이 때 실수의 값 k에 대하여 다음의 관계가 성립하는데 이를 체비셰프의 부등식(Chebyshev inequality)이라고 한다.

$$P(|X-\mu| \geq k) \leq \frac{\sigma^2}{k^2}$$

위의 식이 어떻게 해서 나오게 되었는지 증명을 해보자.

증명 증명은 의외로 간단하다.

$$P(|X-\mu| \geq k) = P((X-\mu)^2 \geq k^2) \leq \frac{E[(X-\mu)^2]}{k^2} = \frac{\sigma^2}{k^2}$$

위의 식에서 첫번째 등식은 절대치의 성질로부터 당연하고, 그 뒤의 부등식은 마르코프부등식으로부터 나온 결과이고, 마지막 등호는 계산의 결과이다.

위의 식은 참으로 간단한 식이다. 그러면서도 우리가 궁금해 하는 아주 중요한 정보를 얻게 한다. 왜냐하면 우리는 어떤 실험결과가 평균으로부터 멀리 떨어져 있을 값이 어떤 값보다 클 확률이 얼마인지 구할 필요가 있다. 예를 들면, 초고속정보통신망에서 가입자가 발생시키는 트래픽의 양[단위는 bit per second]이 평균과 분산이 각각 μ와 σ^2이라고 할 때 어느 시간동안 가입자가 발생시키는 트래픽의 양이 평균으로부터 일정치 이상 벌어질 확률을 구할 수 있다. 이 문제는 아래의 예제에서 다룬다.

예제 2-14

초고속정보통신망에서 아주 많은 수의 가입자가 발생시키는 트래픽의 양[단위는 bit per second]이 평균이 초당 1메가(메가는 백만을 의미함) 비트이고 분산이 0.5라고 하자. 이 때 어느 가입자가 발생시키는 트래픽의 양이 평균값 보다 1메가비트 이상 벌어질 확률은 얼마일까? 여기서 트래픽의 양이 평균값 보다 1메가 이상 벌어진다는 것은 그 가입자가 평균적으로 전혀 사용을 하지 않거나 혹은 반대로 평균보다 2배의 많은 트래픽을 발생시킨다는 것을 의미한다.

풀이 $P(|X-\mu|\geq k)\leq \dfrac{\sigma^2}{k^2}$ 에서, $\mu=1$와 $\sigma^2=0.5$, $k=1$ 이므로 결과는 다음과 같다.

$$P(|X-1|\geq 1)\leq \frac{0.5}{1}=50\%$$

3 대수의 법칙

확률실험에서 표본의 수가 무한대로 많아지게 되면 표본평균은 모평균에 수렴하는 성질이 있다.

매 관측시마다 관측한 확률변수 X가 가지는 값이 $X_1, X_2, \cdots$ 으로 표시되고, 이들이 공통의 분포함수를 가지는 독립적인 확률변수라고 하자. 이 때 분포함수는 어떤 특정한 함수를 지칭하지 않고 모든 분포함수를 말하며 모평균과 모분산을 각각 μ 와 σ^2 이라고 한다.

한편, 위의 확률변수 X가 나타내는 n개의 값을 더하여 아래와 같이 나타낸다.

$$S_n = \sum_{k=1}^{n} X_k$$

이 때 임의의 양의 수 ε 에 대하여 다음의 관계가 성립하는데 이를 대수(大數)의 약법칙(弱法則) (Weak law of large numbers)이라고 한다.

$$\lim_{n\to\infty} P\left(\left|\frac{S_n}{n} - \mu\right| > \varepsilon\right) = 0$$

위의 관계는 앞에서 정의한 체비셰프의 부등식으로부터 증명이 가능하다.

$$\lim_{n\to\infty} P\left(\left|\frac{S_n}{n} - \mu\right| > \varepsilon\right) \le \frac{Var[\frac{S_n}{n}]}{\varepsilon^2} = \frac{\sigma^2}{n\varepsilon^2}$$

위의 식에서 $n \to \infty$ 에 대하여 맨 우항은 0으로 수렴한다.

이번에는 대수의 강법칙(強法則) (Strong law of large numbers)을 알아보자. 충분히 큰 n, 즉, $n \to \infty$ 에 대하여 $\frac{S_n}{n} \underset{a.s.}{\to} \mu$ 가 성립하므로 다음의 관계식이 성립한다.

$$P\left(\lim_{n\to\infty} \frac{\sum_{k=1}^{n} X_k}{n} = \mu\right) = 1$$

이를 대수의 강법칙이라고 한다. 대수의 강법칙이 의미하는 물리적 의미는 상호 독립이고 동일한 확률분포 따르는 (i.i.d.) 확률변수 중 처음 n개의 랜덤변수에 대한 산술평균이 모평균 μ에 확률 1로 수렴한다는 것이므로 결국은 상대도수의 극한으로서 확률을 정의할 수 있다는 이론이 타당함을 말한다고 할 수 있다.

대수의 강법칙은 다음과 같은 경우에 유용하게 사용될 수 있다. 먼저 관찰대상으로 하는 관측치의 개수가 아주 많을 때, 그리고 그 확률변수에 대하여 분포함수를 알 수 없을 때 우선, 실험에 의하여 그 확률변수가 가지는 기대치를 구할 수 있다. 물론 이렇게 해서 구한 기대치를 가지고 앞에서 정의한 마르코프 부등식을 이용하면 분포함수의 상한치도 구할 수 있다.

대수의 강법칙은 제 5장에서 사용되는 예를 발견할 수 있다.

4 중심극한 정리

$X_1, X_2, \cdots$ 를 평균과 분산이 각각 (μ, σ^2) 로 정의되는 독립적이면서도 동일한 확률분포를 따르는 확률변수라고 하자. 이 때 (μ, σ^2) 로 표시한다고 해서 반드시 정규분포여야 한다는 의미는 아님을 유의하자. 그냥 평균과 분산이 그렇게 표시된다는 것이다. 이 때 이들 독립적인 확률변수를 여러 개($n \to \infty$) 더하였을 때 이들 더해진 확률변수가 표준정규분포를 따른다는 것을 중심극한정리(中心極限定理, Central limit theorem)라고 한다. 중심극한정리는 다음과 같다.

$$\frac{\sum_{i=1}^{n} X_i - n\mu}{\sigma\sqrt{n}} \to \text{표준정규분포}$$

$$\text{즉, } n \to \infty \text{에 대하여 } P\left\{\frac{\sum_{i=1}^{n} X_i - n\mu}{\sigma\sqrt{n}} \le a\right\} \to \frac{1}{\sqrt{2\pi}} \int_{-\infty}^{a} e^{\frac{-x^2}{2}} dx = \Phi(x)$$

한편, 위의 식의 맨 우항은 표준 정규분포함수임을 쉽게 알 수 있다.

중심극한정리는 확률분포가 정해지지 않은 임의의 일반분포를 따르는 동일한 종류의 확률변수를 아주 많이 중첩하였을 때 그 확률변수가 가지는 평균값과 표준편차를 구함으로써 그 확률변수를 간단히 가공하면 표준정규분포를 따름을 말한다.

위의 사실이 가지는 의미는 실험적으로 구한 확률변수의 평균 및 분산 등의 데이터를 통하여 그 확률변수의 분포함수를 정규분포로 근사화시킴으로써 그 확률변수가 가지는 다양한 특성을 이론적으로 모델링할 수 있다는 점인데, 이는 대기행렬과 같이 고객의 특성이 아주 추상적인 시스템의 해석을 가능하게 한다는 점에서 중요한 물리적 의미를 가진다.

중심극한정리를 이용한 다음의 예를 생각해보자. N명의 가입자가 C bps의 링크에 의하여 서비스를 받고 있는 음성전화서비스 네트워크가 있다. 이 때, X_i를 상호 독립인 i번째 플로우의 순간 비트 도착률이라고 하고 평균과 분산이 각각 m과 σ^2라고 하자. 그리고, $Y = \sum_{i=1}^{N} X_i$ 라고 하자.

그러면, 중심극한정리로부터 Y는 충분히 큰 N에 대하여 평균과 분산이 각각 Nm과 $N\sigma^2$인 정규분포를 따른다.

여기서, 만약 $Y > C$이면 회선의 전체 플로우의 순간 비트 도착률이 회선의 용량보다 큰 경우가 되어서 새로이 도착하는 비트들은 서비스를 받지 못하게 된다.

이와 같은 경우는 네트워크에서 아주 중요한 성능 결함이 되므로 네트워크를 설계할 때 이와 같은 일이 자주 일어나지 않도록 하는 것이 필요하다. 이 문제를 모형화하기 위하여 아래와 같이 목표함수를 정의하자.

$$P(Y > C) < \delta$$

즉, 위의 식은 N명의 가입자로부터 발생한 초당 총 비트율(Y)이 링크가 제공 가능한 대역폭(C) 보다 더 클 확률이 어떤 목표치(δ) 보다 작을 확률을 나타낸다. 보통 초고속정보통신망에서는 목표치 δ는 아주 작음 값을 가지는데 일반적으로 10^{-3}에서 10^{-9}까지의 값을 가진다.

여기서 보통 구하고자 하는 것은 $P(Y > C) < \delta$에서 이 식을 만족하는 적절한 대역용량 C가 얼마 이상이어야 이와 같은 목표함수를 만족시켜주느냐 하는 것이다. 즉, C의 적설한 값을 찾는 것이다.

위의 식을 아래와 같이 바꾼다.

$$P(\frac{Y-Nm}{\sqrt{N}\sigma} > \frac{C-Nm}{\sqrt{N}\sigma}) < \delta$$
$$\rightarrow 1-P(\frac{Y-Nm}{\sqrt{N}\sigma} \le \frac{C-Nm}{\sqrt{N}\sigma}) < \delta$$

위의 화살표로 표시된 식에서 부등식의 좌항의 두번째 항에서 $\frac{Y-Nm}{\sqrt{N}\sigma}$ $= z$ 라고 두면 위의 식은 다음과 같다.

$$P(z > \frac{C-Nm}{\sqrt{N}\sigma}) < \delta$$
$$\rightarrow 1-\Phi\left(\frac{C-Nm}{\sqrt{N}\sigma}\right) < \delta$$

이번에는 위의 식에서 표현의 간편을 위하여 다음과 같이 나타내자.

$$1-\Phi\left(\frac{C-Nm}{\sqrt{N}\sigma}\right) < \delta$$
$$\rightarrow Q\left(\frac{C-Nm}{\sqrt{N}\sigma}\right) < \delta$$

마지막으로 위의 화살표로 표시된 식에 대하여 아래식을 역함수를 취하면 우리가 원하는 결과를 얻을 수 있다.

$$Q\left(\frac{C-Nm}{\sqrt{N}\sigma}\right) < \delta$$
$$\rightarrow \frac{C-Nm}{\sqrt{N}\sigma} > Q^{-1}(\delta)$$

자, 이제 우리는 최종목표에 거의 도달했다. 위의 식을 다음과 같이 예쁘게 정리만 하면 된다.

$$\frac{C-Nm}{\sqrt{N}\sigma} > Q^{-1}(\delta)$$
$$\rightarrow C > Nm + \sqrt{N}\sigma Q^{-1}(\delta)$$

따라서, 위의 결과로부터 우리는 다음의 사실을 얻는다.

$P(Y > C) < \delta$ 를 만족시키기 위하여 필요한 네트워크의 회선의 크기 C는 최소한 $C > Nm + \sqrt{N}\sigma Q^{-1}(\delta)$ 의 조건을 만족하여야 한다.

문제 2-5 가입자의 수 $N = 36$ 명, 평균대역폭 $m = 1$ Mbps, 대역폭의 분산 $\sigma^2 = 0.09$, $\delta = 0.01$ 일 때 이 네트워크에서 서비스품질을 만족시켜주기 위하여 필요한 소요대역폭 C는 최소한 얼마 이상이어야 하는가?

단일서버 대기행렬 시스템

03 Chapter

요약

제 3장에서는 하나의 서버가 고객의 서비스를 담당하는 대기행렬시스템에 대하여 공부한다. 특히 고객이 푸아송분포를 따라 시스템에 도착하고, 고객당 서비스시간이 지수함수분포를 따르며, 시스템의 서버의 수가 하나인 대기행렬 시스템을 다룬다. 이와 같은 대기행렬 시스템을 M/M/1 대기행렬 시스템이라고 부르는데, 가장 기본적인 시스템을 비롯하여 조금 더 복잡한 몇 가지의 변형된 M/M/1 대기행렬 시스템을 다룬다.

시스템의 해석방법은 생성소멸과정의 해석기법을 이용한다. 그래서, 이 장에서는 가장 먼저 생성소멸과정의 해석방법을 소개하고 정상상태에서 시스템의 상태확률을 구한다. 이어서 버퍼의 수가 무한히 큰 M/M/1 큐 시스템의 정상상태에서 시스템의 상태확률을 구하고 평균 고객의 수와 시스템 체재시간, 그리고 대기시간의 평균 및 분포함수를 구한다. 그리고, 버퍼의 수가 유한한 M/M/1/K 큐에 대해서 정상상태에서 시스템의 상태확률을 구한다. 마지막으로 고객이 여러 명이 동시에 도착하는 M^K/M/1/K 큐에 대해서 정상상태에서 평균 고객의 수를 구한다.

1 생성소멸과정

생성소멸과정(生成消滅過程, Birth-Death Process)은 대기행렬시스템에서 가장 먼저 언급될 만큼 중요한 이론이다. 간단히 정의하면 대기행렬시스템에서 새로운 고객의 생성과 그 고객의 소멸이 확률적 특성을 가지고 일어나며 아주 미소한 시간구간 내에서 관찰할 경우 두 사건 중 어느 한 사건만 일어나거나 아니면 아무 사건도 일어나지 않는다고 생각할 수 있다는 것이다. 그러면, 시스템내의 고객의 수라든지 대기시간이라든지 시스템의 특성을 해석하기가 아주 쉬워진다.

예를 들어서 어느 시골 마을의 언덕 아래에 강이 하나 있는데 그 강에는 아주 작은 다리가 하나 놓여 있고 왕복으로는 2차선인 길에 한쪽 방향으로 가는 차선은 하나밖에 없다고 하자. 그런데, 시골마을

이라 차가 그리 자주 다니지는 않으나 차는 어느 정도의 간격으로 지나간다고 하자. 어떤 때는 다리 위에 차가 줄을 지어서 지나가기도 하고, 어떤 때에는 한참을 기다려도 차가 한 대도 오지 않을 때도 있을 것이다. 이 때 이 강의 조각배 위에 한 소년이 앉아서 다리를 지나가는 차를 관찰하고 있다고 하자. 그러면 그 소년의 눈에는 차가 한 대가 나타나서 다리를 건너고는 언덕위로 사라지는 광경이 반복될 것이다. 이와 같은 모습을 생성소멸(Birth and death) 과정이라고 할 수 있다. 그림 3-1은 다리를 통과하는 자동차를 예로 든 생성소멸 과정이다. 즉, 차가 다리위로 새로이 들어오는 사건은 생성사건이고 차가 다리를 통과해서 빠져나가는 사건은 소멸사건이다.

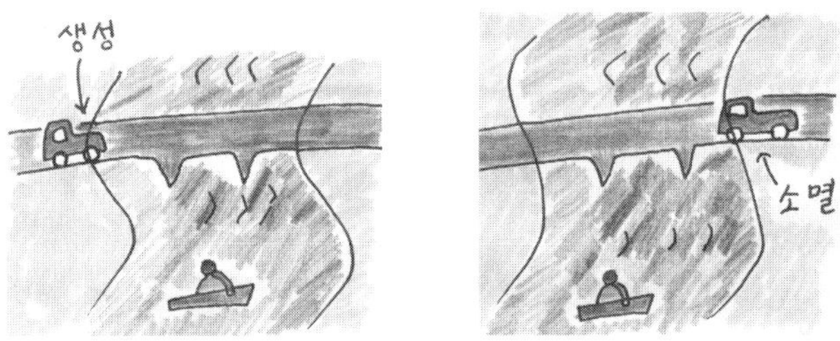

그림 3-1 다리를 중심으로 본 자동차 트래픽의 생성소멸과정

또 다른 예로는 인터넷 라우터에 패킷이 도착하여 서비스를 받고 나가는 경우나 병원에 고객이 도착하여 치료를 받고 떠나는 경우 등 다양한 예를 생각할 수 있다.

문제 3-1 우리 주변에 이와 같은 생성소멸과정의 예를 두 가지 이상 들어서 설명을 해보자.

이와 같은 생설소멸과정을 수학적으로 모형화하기 위하여 가장 일반적인 모형으로 다음과 같은 경우를 생각한다. 시간 t에서 시스템 내에 있는 고객의 수를 $N(t)$ 라고 하자. 그리고, 임의의 시간에 시스템 내에 고객이 n명이 있을 때, 다음과 같이 정의한다.

α_n : 시스템 내에 고객이 n명이 있을 때 그 시스템으로 들어오는 고객의 평균 도착률,

β_n : 시스템 내에 고객이 n명이 있을 때 그 시스템에 있는 고객의 평균 서비스율

여기서 평균 도착률이나 평균 서비스율은 단위시간당 시스템으로 들어오거나 서비스되는 고객의 평균적인 수를 말하며, 단위시간은 고려중인 시스템이나 관측대상에 따라 다르겠지만, 보통 시, 분, 초 등으로 나타낸다. 그리고 위에서 첨자 n이 붙는 이유는 고객의 도착과 서비스가 시스템내의 고객의 수에 의존하는 경우가 존재할 수도 있기 때문이다. 물론, 고객의 도착과 서비스가 시스템내의 고객의 수에 의존하지 않는 경우에는 간단히 첨자를 제거하면 된다. 이에 대해서는 뒤에서 자세히 다루기로 한다.

한편 대기행렬을 공부하는 사람들이 종종 혼동을 잘 하는 것 중의 하나가 평균 도착률과 평균 도착간격의 개념에 대한 것과 평균서비스율과 평균서비스시간의 차이인데 이 점은 분명히 알아둘 필요가 있다. 그래서 위에서 정의한 평균 고객도착률 및 서비스율을 다른 말로 표현하면 다음과 같다.

고객의 평균도착률 = 고객의 평균도착간격의 역수
고객의 평균서비스율 = 고객의 평균 서비스시간의 역수

가령, 한 시간당 고객의 평균도착률이 3명이라고 한다면 고객의 평균 도착간격이 20분이라는 말이고, 한 시간당 고객의 평균서비스율이 3명이라는 것은 고객의 평균서비스시간이 20분이라는 의미이다.

다시 원래의 이야기로 돌아와서 $p_n(t)$를 시간 t에서 시스템내의 고객의 수(큐에서 서비스를 기다리는 고객의 수와 서버로부터 서비스를 받고 있는 고객의 수의 합을 말하고 $N(t)$ 라고 나타내기로 한다. 이를 다른 말로는 시스템의 상태라고도 부른다)가 n명이 있을 확률이라고 하고 다음과 같이 나타낸다.

$$p_n(t) = \Pr\{N(t) = n\}.$$

그리고, 아주 작은 크기의 시간구간 δt 동안에 시스템에서는 고객의 새로운 도착 혹은 그 동안 서비스를 받고 있던 고객의 서비스 종료의 두 가지 사건 중 어느 한 사건밖에는 일어나지 않는다고 가정을 하자. 그러면, 시스템내의 고객의 수를 나타내는 시스템 상태 확률간에는 다음과 같은 관계식(이를 상태 천이식이라고도 한다)이 성립함을 알 수 있다.

$$\begin{aligned}
&p_0(t+\delta t) = p_0(t)(1-\alpha_0\delta t) + p_1(t)\beta_1\delta t,\\
&p_1(t+\delta t) = p_0(t)\alpha_0\delta t + p_1(t)(1-\alpha_1\delta t)(1-\beta_1\delta t) + p_2(t)\beta_2\delta t,\\
&\ddots\\
&p_n(t+\delta t) = p_{n-1}(t)\alpha_{n-1}\delta t + p_n(t)(1-\alpha_n\delta t)(1-\beta_n\delta t) + p_{n+1}(t)\beta_{n+1}\delta t.
\end{aligned}$$

위의 식이 어디서 갑자기 나온 것인지 당황할 것이다. 그래서 아래에서 한가지씩 차근히 살펴보기로 한다. 이렇게 하는 이유는 이 방법이 앞으로 대기행렬시스템에서 식을 세우는데 가장 중요한 방법론을 제공하는 시초이기 때문이며 다른 문제들도 이와 같은 단계를 거치면 대부분이 식이 구해지기 때문이다.

우선 맨 첫번째 식에서 $p_0(t+\delta t)$ 은 시간 $t+\delta t$ 에서 시스템 내에 고객이 한 명도 없을 확률인데, 이러한 사건이 일어날 경우는 두 가지 경우가 있다.

- 한 가지는 시간 t에서 시스템 내에 고객이 한 명도 없었고(이 때의 확률은 $p_0(t)$ 이다) 그 이후의 δt 시간 동안에도 시스템에 고객이 한 명도 도착하지 않을 경우(이 확률은 $1-\alpha_0\delta t$ 이다)이다. 위의 식에서 첫번째 줄의 식에서 우항의 첫번째항이 이 말을 나타낸 것이다.
- 또 한 가지 경우는 시간 t에서 시스템 내에 고객이 한 명이 있었는데(이 때의 확률은 $p_1(t)$ 이다) 그 고객이 δt 시간 동안 서비스를 받고 시스템을 떠나버린 경우(이 때의 확률은 $\beta_1\delta t$ 이다)이다. 위의 식에서 첫번째 줄의 식에서 우항의 두번째항이 이 말을 나타낸 것

이다.

한편, 위의 상태천이식에서 두번째 식 $p_1(t+\delta t)$ 은 시간 $t+\delta t$ 에서 시스템 내에 고객이 한 명이 있을 확률이며, 이러한 상황이 일어날 경우는 세 가지가 있다.

- 우선, 시간 t에서 시스템 내에 고객이 한 명도 없었는데(이 때의 확률이 $p_0(t)$ 이다) 그 이후 δt 시간 동안 고객이 한 명 도착할 경우(이 때의 확률은 $\alpha_0 \delta t$ 이다) 가 하나 있고,
- 다음은 시간 t에서 시스템 내에 고객이 한 명이 있었는데(이 때의 확률은 $p_1(t)$ 이다)그 후 δt 시간 동안 고객이 한 명도 도착하지도 않고 서비스중인 고객의 서비스가 끝나지도 않아서(이 때의 확률은 $(1-\alpha_1\delta t)(1-\beta_1\delta t)$ 이다) 시스템의 상태에 변화가 없을 경우가 있다.
- 마지막으로 한 가지는 시간 t에서 시스템 내에 고객이 2명이 있었는데(이 때의 확률은 $p_2(t)$ 이다) 그 후 δt 시간 동안 고객 한 명이 서비스를 다 받고 시스템을 떠나버린 경우($\beta_2\delta t$ 의 확률)이 있다.

위와 같이 두 가지 정도에 대하여 설명을 들었다면 이제는 남은 과정은 스스로 유추를 할 수 있을 것이다. 따라서, 위의 상태천이식에서 마지막 식은 시간 $t+\delta t$ 에서 시스템 내에 고객이 n명이 있을 확률로 두번째 식에서와 같은 방법으로 생각하면 쉽게 위와 같은 결과를 얻을 수 있다.

이제 위의 식으로부터 유용한 결과를 얻어내기 위하여 작업을 좀 더 하기로 한다. 앞에서도 이야기를 하였지만 수식은 가만히 보면 무엇인가 보인다고 했다(You can obtain a lot by watching–Yogi Berra). 먼저 위의 식을 가만히 보면 첫번째 식은 하나의 식에 대하여 두 개의 인접한 상태가 존재하고, 그 나머지 식은 세개의 인접한 상태가 존재함을 알 수 있다. 이 말은 이들 식이 상호 재귀적인(Recursive한) 관계에 있고 그것이 시간의 미묘한 변화의 함수로 되어있다는 것이다.

시간의 미묘한 차이에 따른 상태의 변화는 공학자들에게는 익숙한

환경이고 이 문제는 대부분 미분방정식으로 나타남을 여러분은 잘 알고 있을 것이다. 따라서 우리는 위의 식들을 좌우로 정리하여 미분방정식으로 나타내면 시스템의 상태 간에 나타나는 변화를 다음과 같이 나타낼 수 있는데 이를 상태천이방정식(狀態遷移方程式, State transition equation)이라고 부른다.

$$\frac{dp_0(t)}{dt} = -\alpha_0 p_0(t) + \beta_1 p_1(t),$$

$$\frac{dp_1(t)}{dt} = \alpha_0 p_0(t) - (\alpha_1 + \beta_1) p_1(t) + \beta_2 p_2(t),$$

$$\ddots$$

$$\frac{dp_n(t)}{dt} = \alpha_{n-1} p_{n-1}(t) - (\alpha_n + \beta_n) p_n(t) + \beta_{n+1} p_{n+1}(t)$$

시간이 충분히 지난 후($t \to \infty$)에는 시스템은 들어오고 나가는 고객의 평균이 같아져서 조그마한 크기의 시간의 변화에 대하여 시스템의 상태가 크게 좌우되지 않는 상태에 도달하는데(러시아워가 끝 난 뒤 평온한 오전 10시경에 집 앞을 지나가는 차의 수를 잘 관찰 해 보라) 이런 상태를 시스템 평형상태(平衡狀態, Steady state 혹은 Equilibrium state)라고 한다. 평형상태에서는 시스템의 상태가 특정 시간에 무관하게 되므로 상태함수에서 시간의 정보가 필요가 없게 되고 또 미소시간의 변화에 대한 함수의 변화율은 0이 되므로 다음의 식이 성립한다.

$$p_n(t) \to p_n,$$

$$\frac{dp_n(t)}{dt} \to 0$$

이 사실을 이용하면 앞의 상태천이방정식에서 시간을 나타내는 t를 소거하고 다음과 같이 아주 간단히 나타낼 수 있다.

$$-\alpha_0 p_0 + \beta_1 p_1 = 0,$$

$$\alpha_0 p_0 - (\alpha_1 + \beta_1) p_1 + \beta_2 p_2 = 0,$$

$$\ddots$$

$$\alpha_{n-1}p_{n-1}-(\alpha_n+\beta_n)p_n+\beta_{n+1}p_{n+1}=0.$$

위의 식을 관찰해 보면 시스템내의 고객의 수에 대하여 시스템 상태간에 상호 연관성을 가지는 것을 알 수 있는데, 다행히도 맨 첫식은 p_0만 주어지면 p_1이 구해짐을 알 수 있다. 그 다음은 p_0와 p_1이 구해졌으니 당연히 p_2도 계산할 수 있다. 이것을 이용하여 위의 식을 다시 정리하면 다음의 상태확률식이 성립한다.

$$p_1=\frac{\alpha_0}{\beta_1}p_{0,}$$

$$p_2=\frac{\alpha_1}{\beta_2}p_1=\frac{\alpha_1\alpha_0}{\beta_2\beta_1}p_0,$$

$$\ddots$$

$$p_n=\frac{\alpha_0\alpha_1\cdots\alpha_{n-1}}{\beta_1\beta_2\cdots\beta_n}p_0.$$

한편, 위의 식을 관찰해 보면 p_1은 p_0의 식이고, p_2는 p_1의 식 등으로 모든 상태확률이 p_0의 함수임을 알 수 있다. 따라서, p_0의 값만 알면 모든 n에 대하여 상태확률을 구할 수 있다. 그런데, p_0의 값은 주어지는 것이 아니고 우리가 구해야 한다. 수학에는 항상 조건을 잘 이용해야 하는데 여기서 확률의 공리를 이용하는 센스를 발휘한다. 즉, 모든 확률을 더하면 1이 된다는 확률의 공리에 의하여 다음의 식이 성립한다.

$$\sum_{n=0}^{\infty}p_n=1.$$

위의 식에서 각각의 n에 대하여 위에서 구한 p_n을 대입한 뒤 이 식을 풀면 p_0에 대하여 다음의 결과를 얻는다.

$$p_0=\frac{1}{1+\frac{\alpha_0}{\beta_1}+\frac{\alpha_0\alpha_1}{\beta_1\beta_2}+\cdots}.$$

이번에는 이 식을 위의 상태확률식에 대입하면 모든 n에 대하여 정상상태에서 시스템내의 고객의 수를 나타내는 확률 p_n, $n=0,1,\cdots$을 구할 수 있다.

그런데, 위에서 고객의 평균 도착률과 평균 서비스시간이 시스템의 상태에 따라 다르다고 가정을 한 이유로 지금까지 우리가 구해온 확률의 식이 좀 복잡해 보였다. 그런데, 대부분의 물리계 및 공학계의 문제에서 고객의 평균 도착률과 평균 서비스시간이 시스템의 상태에 의존하는 경우보다는 그렇지 않은 경우가 더 많다. 어디 미리 짜고 일어나는 일이 얼마나 되는가?

그래서, 보다 더 현실에 가까운 생각을 하기 위하여 또 실질적으로 이해하기 쉬운 함수를 도출하기 위하여 고객의 평균 도착률과 평균 서비스시간이 시스템의 상태와 무관하게 일정하다고 가정을 하기로 한다. 즉, $\alpha_n=\alpha$ 이고 $\beta_n=\beta$ 이라고 두자. 그리고 고객의 평균 도착률과 평균 서비스시간의 곱을 평균 트래픽 강도(Traffic intensity)라고 두고 $\rho=\alpha/\beta$ 라고 표현하자. 트래픽 강도는 다른 말로 시스템에 가해지는 부하(負荷, Offered load)라고도 한다.

먼저 이 사실을 이용하여 p_0을 간단히 해보면 다음과 같음을 유의하자.

$$p_0=\frac{1}{1+\rho+\rho^2+\cdots}=1-\rho$$

따라서, 정상상태에서 시스템 내에 있는 고객의 수가 n일 확률 p_n, $n=0,1,\cdots$은 다음과 같이 간단히 표현할 수 있다.

$$p_n=\rho^n(1-\rho)$$

문제 3-2 위의 식에 대하여 물리적인 의미를 논하라. 즉, 위의 함수는 무슨 함수이며 그 의미는 무엇인가?

예제 3-1

고객의 평균도착률이 시간당 2명이고 고객의 평균서비스시간이 20분인 시스템이 있다. 이 때 관측자가 임의로 관측해 본 결과 시스템 내에 고객이 한 명도 없을 확률은 얼마인가? 그리고 이 시스템에서 시스템 내에 고객이 5명이 있을 확률은 얼마인가?

풀이 먼저 시스템에 가해지는 부하를 구하면, 고객의 평균도착률에 평균서비스시간을 곱한 것이므로, $\rho = 2 \times {}^{20}\!/_{60} = {}^{2}\!/_{3}$ 임을 알 수 있다. 그리고, 시스템 내에 고객이 한 명도 없을 확률은 $p_n = \rho^n (1-\rho)$ 에서 $n = 0$ 인 경우이고, 고객이 5명이 있을 확률은 $n = 5$ 인 경우이므로 각각 다음과 같다.

$$p_0 = 1 - \rho = 1 - \frac{2}{3} = 33.33\%,$$
$$p_5 = \rho^5 (1-\rho) = \left(\frac{2}{3}\right)^5 \left(1 - \frac{2}{3}\right) = 4.39\%$$

위의 결과를 보면 시스템의 부하가 2/3 = 67%이므로 시스템이 그리 바쁘지 않음을 알 수 있다. 그래서 관측자가 임의로 관측해 본 결과 시스템 내에 고객이 한 명도 없을 확률은 33%나 되는 것이다.

한편 아무리 시스템의 부하가 67%라고 하더라도 고객의 도착과 출발이 랜덤한 이유로 운이 나쁘면 고객이 연거푸 몰려와서 서비스를 기다리는 일도 없다고는 할 수 없음을 짐작할 수 있을 것이다. 그래서 시스템 내에 고객이 5명이 있을 확률도 4%를 넘을 수도 있는 것이다.

2 M/M/1 큐 시스템

생성소멸과정의 한 예로서 M/M/1시스템을 들 수 있다. M/M/1시스템에 대해서는 앞에서 간단히 소개를 하였는데 이것을 다시 한 번 정의해보자.

- 고객의 도착과정: 고객은 푸아송과정을 따라서 도착한다. 즉, 고객의 도착간격의 확률밀도함수가 $\alpha e^{-\alpha x}$ 로 주어지고 단위시간당 고객

의 도착의 수가 평균 α 인 푸아송 확률분포 함수를 따른다.

- 고객의 서비스시간: 하나의 고객에 대한 서비스시간은 확률밀도함수가 $\beta e^{-\beta x}$ 인 지수분포를 따르며 평균 서비스시간은 $1/\beta$ 이다.
- 서버의 개수: 시스템내의 서버의 개수는 1이다.
- 버퍼의 고객의 수: 고객의 대기공간인 버퍼의 크기는 무한대이다. 따라서, 시스템내의 고객의 수는 $n = 0,1,\cdots,\infty$까지 정의될 수 있다.

따라서, M/M/1 시스템의 해석은 앞에서 논의한 생성소멸과정에서 고객의 도착간격과 서비스시간의 확률밀도함수가 지수함수를 가지는 경우이다.

M/M/1 시스템의 해석은 두 가지 경우로 나누어서 하기로 한다. 먼저 고객의 도착률이 시스템내의 고객의 수와 무관한 경우와 그렇지 않은 경우로 나누어서 이야기를 전개한다.

1 고객의 도착률이 시스템내의 고객의 수와 무관한 경우

여기서 해석의 간편화를 위하여 새로운 고객의 도착률이 시스템내의 고객의 수와 무관하고 평균 서비스율도 시스템내의 고객의 수와는 무관하다고 가정을 하자. 사실, 대부분의 물리계에서 새로운 고객의 도착률은 시스템내의 고객의 수와 무관하다. 예를 들어보자. 우리가 화장실을 가거나 쇼핑을 갈 때 미리 그곳의 사람의 수를 미리 알아보고 가지는 않지 않는가? 물론 크리스마스나 명절을 앞두고 백화점에 가면서 호젓하게 산책하는 마음으로 가려는 사람을 제외하고… 또한 조금은 웃기는 이야기이지만 우리가 친구에게 이메일을 보낼 때 그 당시 우리나라의 네트워크에 있는 패킷의 수를 확인하고 보내지는 않지 않은가? ☺

앞의 가정을 통하여 고객의 도착률과 서비스율이 일정하다고 가정을 하면 다음식이 성립한다.

$$\alpha_0 = \alpha_1 = \cdots = \alpha,$$

$$\beta_1 = \beta_2 = \cdots = \beta.$$

이 때 시스템의 부하 ρ 를 다음과 같이 정의한다.

$$\rho = \frac{\alpha}{\beta}.$$

문제 3-3 대기행렬 시스템의 부하 ρ 는 1보다 작아야 한다. 그 이유는 무엇인가?

한편, 생성소멸과정에서 정의한 p_0 에 대하여 아래의 결과를 얻는다.

$$p_0 = \frac{1}{1+\frac{\alpha_0}{\beta_1}+\frac{\alpha_0\alpha_1}{\beta_1\beta_2}+\cdots} = \frac{1}{1+\frac{\alpha}{\beta}+\left(\frac{\alpha}{\beta}\right)^2+\cdots} = \frac{1}{1+\rho+\rho^2+\cdots} = 1-\rho.$$

따라서, 시스템의 상태확률 p_n, $n = 0,1,2,\cdots$, 은 다음과 같이 쓸 수 있다.

$$p_1 = \rho(1-\rho),$$

$$p_2 = \rho^2(1-\rho),$$

$$\cdots$$

$$p_n = \rho^n(1-\rho).$$

위의 식으로부터 M/M/1 큐에서 정상상태에서 시스템내의 고객의 수가 n일 확률은 매개변수 ρ를 트래픽 강도로 가지는 기하확률분포로 표시할 수 있음을 알 수 있다.

예제 3-2

고객의 평균도착률이 시간당 10명이고 고객의 평균서비스시간이 5분인 M/M/1 큐 시스템에서 시스템 내에 고객이 한 명도 없을 확률은 얼마인가? 그리고, 10명이 있을 확률은 얼마인가?

풀이 우선, 시스템의 부하를 먼저 구해야 한다. 시스템의 부하 ρ 는 고객의 평균 도착률과 평균 서비스시간의 곱이므로 $\rho = 10*5/60 = 5/6$ 이다.
시스템 내에 고객이 한 명도 없을 확률은 $p_0 = 1-\rho = 1-5/6 = 1/6 = 16.67\%$ 이고, 시스템 내에 고객이 10명이 있을 확률은 $p_{10} = \left(\frac{5}{6}\right)^{10}\frac{1}{6} = 2.69\%$ 이다.

문제 3-4 고객의 평균도착률이 시간당 10명이고 고객의 평균서비스시간이 5분인 M/M/1 큐 시스템에서 시스템 내에 고객이 한 명도 없을 확률이 10명이 있을 확률보다 큰 이유는 무엇인가?

문제 3-5 M/M/1 큐 시스템에서 평균부하 ρ 가 0.1에서 0.9까지 변화할 때 시스템 내에 고객이 한 명도 없을 확률과 10명이 있을 확률을 각각 구하여서 그래프로 나타내고 그 결과를 관찰하라.

한편, 지금까지는 정상상태에서 시스템 내에 존재하는 고객의 수에 대한 확률을 구했는데 때로는 정상상태에서 시스템 내에 존재하는 고객의 평균 수(이를 $E[N]$ 이라고 하자)가 궁금할 때도 있을 것이다. 이 문제는 확률변수의 기대치에 대한 다음의 정의로부터 쉽게 구할 수 있다.

$$E[N] = \sum_{n=0}^{\infty} np_n = \sum_{n=1}^{\infty} n(1-\rho)\rho^n = (1-\rho)\sum_{n=1}^{\infty} n\rho^n$$
$$= (1-\rho)(\rho + 2\rho^2 + 3\rho^3 + \cdots)$$
$$= \frac{\rho}{1-\rho}.$$

와우, 생각보다 간단하게 구해졌음을 알 수 있고, 또 식도 외우기가 쉽다. 정상상태에서 시스템 내에 존재하는 고객의 평균 수는 시스템 내에 가해지는 평균부하만 알면 간단히 구할 수가 있다!

예제 3-3

고객의 평균 도착률이 시간당 10명이고 고객의 평균서비스시간이 5분인 시스템에서 시스템 내에 존재하는 고객의 평균 수를 구하여라.

풀이 시스템의 부하 ρ 는 5/6이다. 그리고, 위의 식으로부터 시스템 내에 존재하는 고객의 평균 수는 다음과 같다.

$$E[N] = \frac{\rho}{1-\rho} = \frac{5/6}{1/6} = 5.$$

한편, 시스템에 도착한 고객이 서비스를 완전히 받고 시스템을 나가기까지 기다려야 하는 평균 시간(이를 보통 큐에서의 대기시간과 구별하기 위하여 시스템 내 체재시간-System sojourn time-이라고 부르기도 한다)을 W로 두자. 그러면 W는 리틀의 공식으로부터 다음과 같다.

$$W = \frac{E[N]}{\alpha} = \frac{1}{\beta(1-\rho)}.$$

예제 3-4

고객의 평균 도착률이 시간당 10명이고 고객의 평균서비스시간이 5분인 M/M/1 큐 시스템에서 도착고객이 서비스를 완전히 받기까지 버퍼에서 기다려야 하는 평균대기시간을 구하여라.

풀이 시스템의 부하 ρ 는 5/6이다. 그리고, 도착고객이 서비스를 받기 직전까지 버퍼에서 기다려야 하는 평균대기시간은 시스템 내 체재시간에서 서비스를 받는데 걸리는 시간을 빼야 하므로 다음과 같다.

$$W = \frac{1}{\beta(1-\rho)} - \frac{1}{\beta} = \frac{5}{60}\times 6 - \frac{5}{60} = 0.5 - \frac{5}{60}$$

여기서 위의 값의 단위가 시간이므로 분으로 고치면

$$W = 25[\text{분}]$$

(1) 시스템 체재시간의 분포함수

이제 위의 시스템에서 새로운 고객이 도착하여 자신의 앞에 n명의 고객이 있을 경우 이 고객이 시스템 내에서 머물러야 할 시간이 t보다 클 확률을 알아보자. 이 값은 앞에서 구한 평균 대기시간과는 다른 의미를 지니고 있음을 알 수 있다. 즉, 앞에서는 시스템에 새로운 고객이 도착할 때 자신의 앞에 몇 명이 있는지에 대해서는 관심이 없고 오직 평균적으로 얼마나 기다려야 자신이 서비스를 받을 수 있을지에 대해서 관심이 있었지만, 이번에는 고객이 시스템에 도착할 때 자신의 앞에 n명의 고객이 있을 경우 이 고객이 시스템 내에서 머물러야 할 시간이 임의의 시간 t보다 클 확률을 알아보고자 하는 것이다.

M/M/1큐에서 정상상태에서 ρ가 1보다 작은 경우, 새로 도착한 한 명의 고객이 자기 앞에 n명의 고객이 기다리고 있는 것을 발견하였다고 가정을 한다. 이 때 그 고객이 서비스를 마치고 나갈 때까지 걸리는 시간을 T라고 두자. 그러면, T는 새로 도착한 한 명의 고객뿐만 아니라 그 고객 앞에 이미 도착하여 기다리고 있는 n명의 고객이 서비스를 받을 때까지 걸리는 시간을 모두 더하여야 한다.

한편, $X_1, X_2, \cdots, X_n$ 을 평균서비스시간이 $1/\beta$ 인 독립적이고 동일한 확률분포를 가지는 고객의 서비스시간을 나타내는 랜덤변수라고 하자. 그러면, 개별랜덤변수의 중첩으로 이루어진 새로운 랜덤변수 $\sum_{i=1}^{n} X_i$ 는 매개변수 (n, β) 를 가지는 감마분포를 따르며 이 때 n명의 고객을 서비스하는데 걸리는 시간의 확률밀도함수 $f(t)$ 는 다음과 같다.

$$f(t) = \frac{\beta e^{-\beta t} (\beta t)^{n-1}}{(n-1)!} = \frac{\beta e^{-\beta t} (\beta t)^{n-1}}{\Gamma(n)}.$$

위의 사실을 지금의 문제에 적용하면 이 시스템에서는 고객의 수가 $n+1$ 명이므로(버퍼에서 기다리는 고객의 수가 n명이고 새로이 도착한 고객이 1명) 한 명의 고객의 평균 서비스율을 β 라고 할 때 T는 Scale parameter β 를 가지는 $n+1$ 차 감마분포를 따른다. 즉, $T = \tau$ 일 확률은 다음과 같이 나타낸다.

$$P\{T=\tau\}=\frac{\beta^{n+1}\tau^{n}e^{-\beta\tau}}{\Gamma(n+1)}.$$

이 식을 이용하여 새로운 고객이 시스템에 도착하여 자신의 앞에 n 명의 고객이 있음을 발견할 경우 이 고객이 시스템 내에서 머물러야 할 시간 T(큐에서 대기하여야 할 시간에 자신이 서비스를 받는 시간을 더한 시간으로 정의되며 앞에서 부른 System sojourn time이라고 한다)가 t보다 클 확률을 구하기로 한다.

계산의 편의를 위하여 T가 t보다 작거나 같을 확률을 나타내면 다음의 식과 같다.

$$P\{T\le t \mid \text{시스템 내에 } n\text{명의 고객이 존재}\}=\int_0^t P\{T=\tau\}d\tau.$$

한편, 전확률(全確率)의 법칙(Principle of total probability)으로 부터

$$\begin{aligned}P\{T\le t\}&=\sum_{n=0}^{\infty}P\{T\le t \mid \text{앞에 } n\text{명의 고객이 존재}\}\times\rho^{n}(1-\rho)\\&=\sum_{n=0}^{\infty}\int_0^t\frac{\beta^{n+1}\tau^{n}e^{-\beta\tau}}{\Gamma(n+1)}\rho^{n}(1-\rho)d\tau\\&=\int_0^t\beta e^{-\beta\tau}(1-\rho)\sum_{n=0}^{\infty}\frac{\tau^{n}\alpha^{n}}{\Gamma(n+1)}d\tau\\&=\int_0^t\beta e^{-\beta\tau}(1-\rho)e^{\tau\alpha}d\tau\\&=\int_0^t(1-\rho)\beta\exp\{-\tau\beta(1-\rho)\}d\tau\\&=1-\exp\{-t(\beta-\alpha)\}.\end{aligned}$$

위의 식에서 맨 윗줄에 적용된 $p_n=\rho^{n}(1-\rho)$ 은 앞에서 말한 바와 같이 정상상태에서 시스템내의 고객의 수가 n일 확률이므로 다시 말하면 어느 한 도착고객이 시스템에 들어가려고 하는 순간에 큐 내에 n명의 고객을 발견할 확률이다.

위의 식으로부터, 새로운 고객이 도착하여 이 고객이 시스템 내에서 머물러야 할 시간이 t보다 클 확률은 다음과 같다.

$$P\{T>t\}=\exp\{-t(\beta-\alpha)\}.$$

위의 식을 관찰해 보면 역시 확률분포가 시스템의 파라미터인 고객의 평균도착률과 평균서비스율의 함수로 나타남을 알 수 있다.

예제 3-5

고객의 평균 도착률이 시간당 10명이고 고객의 평균서비스시간이 5분인 시스템에서 고객이 시스템에서 머무르는 시간이 0일 확률은 얼마인가? 한편 30분 이상 머무를 확률은 얼마인가?

풀이 시스템의 부하 ρ 는 5/6이다. 그리고 고객이 시스템에서 머무르는 시간이 0일 확률은 다음과 같다.

$$P\{T=0\}=1-P\{T>t, \text{단 } t=0\}=1-e^{-t(\beta-\alpha)}\,\Big|\, t=0$$
$$=1-e^{0}=0$$

위의 결과를 설명하자면, 고객은 적어도 시스템에 들어가서 나올 때까지 자기 자신의 서비스를 받는 시간 동안은 소비하여야 한다. 따라서, 고객이 시스템에서 머무르는 시간이 0일 확률 $P\{T=0\}=0$ 이다.
한편, 고객이 30분 이상 시스템 내에서 머무를 확률은 다음과 같다.

$$P\{T>t, \text{단 } t=0.5\text{시간}\}=e^{-0.5(12-10)}=e^{-1}=37\%$$

한편, 새로운 고객이 시스템에 도착하여 그 고객이 시스템 내에서 머물러야 할 시간의 평균은 다음과 같이 구할 수 있다.

$$E[T]=\int_0^{\infty} tp(t)dt=\int_0^{\infty} p(t>\tau)d\tau=\frac{1}{\beta-\alpha}.$$

예제 3-6

고객의 평균 도착률이 시간당 10명이고 고객의 평균서비스시간이 5분인 시스템에서 어느 고객이 시스템 내에서 머물러야 할 시간의 평균은 얼마인가?

풀이 어느 도착 고객이 시스템 내에서 머물러야 할 시간의 평균은 다음과 같다.

$$E[T] = \frac{1}{\beta-\alpha} = \frac{1}{12-10} = \frac{1}{2} = 0.5\text{시간} = 30\text{분}.$$

(2) 큐내 대기시간의 분포함수

이번에는 임의의 고객이 시스템에 도착하여 서비스 받을 때까지 큐에서 기다리는데 걸리는 시간의 분포함수를 구해본다. 다시 말하면, 임의의 고객이 시스템에 도착하여 서비스 받을 때까지 걸리는 시간(이를 큐 대기시간이라고 부르자)을 W_Q라 하고 이 값이 어떤 임계치 x보다 클 확률이 얼마인가를 알아보고자 한다.

이를 위하여 앞에서 사용한 고객의 평균 도착률을 α, 개별고객의 평균 서비스율을 β라고 하고 이 때 트래픽강도(시스템 부하라고도 함)는 ρ이며, 앞에서 구한 바와 같이 정상상태에서 시스템 내에 존재하는 고객의 수가 n명일 확률이 $p_n = \rho^n(1-\rho)$인 사실을 상기하자. 시스템이 안정적인 상태에서 동작을 하여야 하므로 $\rho<1$인 조건하에서, 임의의 시간에서 고객의 대기시간을 $W_Q(t)$라고 하고, $W_Q(t)$가 x보다 클 확률을 $\Psi(x)$라고 하자. 그러면 아래의 식으로 표현할 수 있다.

$$\Psi(x) = P\{W_Q(t) > x\}.$$

일반적으로 위의 식은 꼬리분포함수(Tail distribution function)인데, 확률이론에서는 랜덤변수가 임계치보다 큰 확률의 값을 구할 때 그와 반대의 과정으로 랜덤변수가 임계치보다 작을 확률 값을 구하는 것이 더 편할 때가 많다. 따라서, 위의 문제를 아래와 같이 바꾸어서 생각하기로 한다.

$$F(x) = 1-\Psi(x) = 1-P\{W_Q(t) > x\} = P\{W_Q(t) \le x\}$$

그런데, 위의 식에서 맨 우측의 식을 이렇게 나누어서 써도 됨을 주목하자.

$$P\{W_Q(t) \le x\} = P\{W_Q(t) = 0\} + P\{0 < W_Q(t) \le x\}$$

그리고 다시 위의 식의 우항을 다음과 같이 바꾸어보자.

$$P\{W_Q(t) = 0\} + P\{0 < W_Q(t) \le x\} = p_0(t) + \sum_{n=1}^{\infty} p_n(t) \int_0^x e^{-\beta y} \beta^n \frac{y^{n-1}}{(n-1)!} dy$$

위의 식에서 피적분함수 $e^{-\beta y} \beta^n \frac{y^{n-1}}{(n-1)!}$ 는 n명의 고객에 의한 대기시간의 확률밀도함수이며(이 확률은 감마함수와 같은데, 얼랑분포의 확률밀도함수라고 한다), 이 함수가 의미하는 물리적 의미는 고객 각각의 서비스시간이 지수함수분포를 따르는 경우 n명의 고객에 대한 서비스시간의 합의 밀도함수가 얼랑분포를 따른다는 사실로부터 나온 것임을 알 필요가 있다.

마지막으로 위의 식에서 우항에 각 경우에 대한 확률질량함수를 대입하고 정리하면 다음과 같다.

$$\begin{aligned} & p_0(t) + \sum_{n=1}^{\infty} p_n(t) \int_0^x e^{-\beta y} \beta^n \frac{y^{n-1}}{(n-1)!} dy \\ & = (1-\rho) + \sum_{n=1}^{\infty} (1-\rho)\rho^n \int_0^x e^{-\beta y} \beta^n \frac{y^{n-1}}{(n-1)!} dy \\ & = 1 - \rho e^{-(\beta-\alpha)x}. \end{aligned}$$

결국 우리는 다음의 결과를 얻을 수 있었다.

$$F(x) = 1 - \rho e^{-(\beta-\alpha)x}.$$

한편, $\rho < 1$ 인 조건하에서 시스템은 안정적으로 동작을 하므로 시간이 충분히 지난 다음의 시스템의 상태는 시간에 무관하게 되므로 $W_Q(t) \to W_Q$ 로 나타낼 수 있으며, 이 때 W_Q 는 위의 식으로부터 다음의 꼬리 분포함수를 가진다.

$$\Psi(x) = P\{W_Q > x\} = \rho e^{-(\beta-\alpha)x}.$$

위의 식은 M/M/1 큐에서 정상상태에서 시스템에 도착한 임의의 고객이 자신의 서비스를 받을 차례가 올 때까지 큐에서 기다려야 할 시간이 x보다 더 클 확률을 나타내며 그 값이 고객의 도착률과 시스템의 서비스율의 지수함수로 나타낼 수 있음을 나타낸다.

문제 3-6 아래의 식에서 나타낸 바와 같이 새로운 고객이 도착하여 이 고객이 시스템 내에서 머물러야 할 시간이 t보다 클 확률과 새로운 고객이 도착하여 이 고객이 큐에서 대기하여야 할 시간이 x보다 클 확률간의 관계를 고찰해보라.

$$\Psi(x) = P\{W_Q > x\} = \rho e^{-(\beta-\alpha)x} = P\{T > x\}\rho.$$

예제 3-7

고객의 평균 도착률이 시간당 10명이고 고객의 평균서비스시간이 5분인 시스템에서 고객이 큐에서 기다리는 시간이 0일 확률은 얼마인가? 한편 30분 이상 기다릴 확률은 얼마인가?

풀이 고객이 큐에서 기다리는 시간이 0일 확률은 다음과 같다.

$$P\{W_Q = 0\} = 1 - P\{W_Q > 0\} = 1 - \rho e^{-(\beta-\alpha)x}$$
$$= 1 - \frac{5}{6}e^{-(12-10)0} = 1 - \frac{5}{6} = \frac{1}{6} = 16.67\%$$

한편, 고객이 큐에서 기다리는 시간이 30분 이상 기다릴 확률은 다음과 같다.

$$P\{W_Q > 30\text{분}\} = \rho e^{-(\beta-\alpha)x}$$
$$= \frac{5}{6}e^{-(12-10)0.5} = \frac{5}{6}e^{-1} = 30.83\%$$

2 고객의 도착률이 시스템내의 고객의 수와 유관한 경우

이번에는 고객의 도착률이 시스템 내에 존재하는 고객의 수와 관계가 있는 경우를 살펴본다. 이와 같은 경우는 우리 주변에도 종종 발견할 수가 있다. 설연휴가 끝나면 각 동네의 이비인후과나 내과에는 환자가 북새통을 이룰 확률이 아주 높다. 이 때 어떤 사람은 그래도 치료를 받으려고 병원으로 들어가고 어떤 사람은 차라리 집에가서 그냥 버텨보겠다고 발걸음을 돌리는 사람도 있다(이 책을 쓴 필자도 이 책을 집필중 감기에 걸려서 아파트의 상가에 있는 병원단지를 한 바퀴 휙 둘러보고 그 중에서 가장 대기손님이 적은 병원에 가서 치료를 받았다).

가령, 어떤 새로운 고객이 시스템에 도착하는 순간 그 시스템 내에 존재하는 고객의 수가 n명일 때 도착하는 고객 중 $c/(n+1)$, 단, $c=1, 2, \cdots, n+1$, 의 비율만 시스템으로 들어오고 나머지는 발걸음을 돌릴 경우를 고려해보자. 단, 이 때 서버는 고객의 도착에 무관하게 서비스율 β로 서비스를 한다고 가정을 한다.

이 경우, 고객의 도착률과 시스템의 서비스율은 모든 n에 대하여 다음과 같이 나타낼 수 있다.

$$\alpha_n = \frac{c}{n+1}\alpha,$$
$$\beta_n = \beta.$$

한편, 정상상태에서 시스템 내에 존재하는 고객의 수가 n일 확률은 아래와 같이 나타낼 수 있다.

$$p_1 = p_0 \frac{\alpha_0}{\beta_1} = c\rho p_0,$$
$$p_2 = p_1 \frac{\alpha_1}{\beta_2} = \frac{c^2}{2!}\rho^2 p_0,$$
$$\cdots$$
$$p_n = \frac{(c\rho)^n}{n!} p_0.$$

한편 확률의 정의로부터

$$p_0(1 + c\rho + \frac{(c\rho)^2}{2!} + \cdots) = 1,$$
$$\rightarrow p_0 = e^{-c\rho}.$$

결국, 정상상태에서 시스템 내에 존재하는 고객의 수가 n일 확률은 다음과 같다.

$$p_n = \frac{(c\rho)^n}{n!} e^{-c\rho}.$$

문제 3-7 위에서 구한 p_n 은 무슨 분포와 관련된 함수인가? 그리고 그의 물리적 의미에 대하여 논하라.

문제 3-8 위의 시스템에서 서버가 쉬고 있을 때는 언제이고, 그 확률은 얼마인가?

만약 N을 평형상태에서 시스템내의 고객의 수라고 하면, N은 다음과 같이 평균과 분산을 가진다.

$$E[N] = c\rho.$$
$$Var[N] = c\rho.$$

문제 3-9 바로 위의 관계식을 증명하라.

예제 3-8

일본의 홋카이도에 가면 라면명가가 많이 있다. 필자는 어느 여름날 하코다테의 역을 나와서 오른쪽에 있는 어시장 맞은 편의 조그마한 식당에서 해물라면을 먹은 적이 있는데 그 때의 그 맛은 아직도 잊을 수가 없다. 하여간, 이 식당에는 고객의 평균 도착률이 시간당 5명이고 고객의 평균 식사 시간이 10분이라고 가정을 한다. 그런데 이 식당은 음식이 맛이 있기로 소문이 나서 언제나 고객이 넘쳐난다. 그런데 문제는 식당이 너무나 작아서 사람이 앉아서 라면을 먹을 자리가 몇 개 없다는 것이다. 그래서, 식당 내에 고객의 수가 n명일 때 도착하는 고객 중 $1/(n+1)$의 비율만 들어오고 나머지는 발걸음을 돌린다고 한다. 그렇다면 어느 고객이 식당에 도착하였을 때 고객이 3명 이상이 있을 확률은 얼마일까?

풀이

고객의 수가 3명 이상일 확률 = 1 − 고객의 수가 3명 미만일 확률

$$= 1-(p_0+p_1+p_2) = 1-(e^{-\rho}+\rho e^{-\rho}+\frac{\rho^2}{2}e^{-\rho})$$

$$= 1-e^{-\rho}(1+\rho+\frac{\rho^2}{2}) = 1-e^{-\frac{5}{6}}(1+\frac{5}{6}+\frac{25}{72}) = 5.26\%$$

3 M/M/1/K 큐 시스템

지금까지 우리는 시스템 내에 대기공간인 큐가 무한히 큰 경우에 대해서 이야기를 해왔다. 그러나, 현실적으로 대기 장소의 크기가 무한 한 시스템은 없다. 오히려 대부분의 시스템이 대기장소의 크기가 유한하다. 그래서 지금부터는 이와 같이 큐의 길이가 유한한 시스템의 헤석을 하기로 하자.

M/M/1/K시스템은 앞에서 정의한 M/M/1시스템에서 다른 특성은 모두 같고 버퍼의 수가 $K-1$개인 유한버퍼 시스템이다. 여기서 주의하여야 할 것은 서비스를 받고 있는 고객 한 명을 포함하여 시스템 내에 고객이 K명이므로 버퍼에는 $K-1$명까지의 고객을 저장할 수 있다는 점이다. 따라서, 시스템내의 고객의 수를 나타내는 확률이 p_n, $n=0,1,\cdots,K$ 까지만 정의될 수 있다. 즉, 시스템내의 고객의 수가 K일 경우 새로 도착하는 고객은 버퍼에 빈 공간이 없으므로 시스템 내로 들어올 수 없고 입장이 거부된다. 이를 브러킹(Blocking)이라고 한다. 브러킹의 예로는 예전에 전화시설이 널리 보급이 되기 전에 전화를 걸면 늘 통화가 연결되지 않았던 때가 있었는데 이와 같은 경우도 브러킹의 한 예이다. 요즘은 인터넷의 시대이기에 이와 같은 초고속정보통신시대에도 특정한 사이트에 고객이 집중적으로 몰리면 접속이 지연되는 경우가 있는데 이 경우는 브러킹은 아니고 다만 큐가 아주 긴 시스템에서 기다리는 상황이 벌어진 것이다. 그러나, 서버에 과도한 부하가 걸려서 서버가 다운되어버리면 이 때 그 접속은 브러킹되었다기 보다 손실이 일어났다고 본다.

하여간, 고객의 도착률과 서비스율이 다음과 같이 정의한다.

$$\alpha_0 = \alpha_1 = \cdots = \alpha_{K-1} = \alpha,$$
$$\alpha_K = \alpha_{K+1} = \cdots = 0,$$
$$\beta_1 = \beta_2 = \cdots = \beta_K = \beta.$$

M/M/1/K시스템에서는 시스템내의 고객의 수를 나타내는 확률이 p_n, $n = 0,1,\cdots,K$, 까지만 정의될 수 있으므로 p_n 은 다음과 같이 나타낼 수 있다.

$$p_n = p_0\rho^n, n = 0,1,2,\cdots K,$$
$$p_n = 0, n > K.$$

한편, 확률의 공리에 의하여 p_n 은 다음의 식을 만족한다.

$$\sum_{n=0}^{K} p_n = 1.$$

위의 식으로부터 p_0 에 대하여 다음의 결과를 얻을 수 있다.

$$p_0 = \frac{1}{\sum_{r=0}^{K}\rho^r} = \frac{1}{\frac{1-\rho^{K+1}}{1-\rho}} = \frac{1-\rho}{1-\rho^{K+1}}.$$

따라서, p_n 은 다음의 식으로 표현할 수 있다.

$$p_n = \frac{(1-\rho)\rho^n}{1-\rho^{K+1}}.$$

문제 3-10 위에서 구한 p_n 에 관한 표현식에서 $K \to \infty$ 일 경우 이 시스템은 어떻게 동작할까?

문제 3-11 위에서 구한 p_n 에 관한 표현식에서 $n = K$ 일 경우 이 시스템은 만석이 되고, 새로운 도착고객은 시스템 내에 들어갈 수 없게 된다. 이 사실이 의미하는 물리적 의미는 무엇인가?

예제 3-9

고객의 평균 도착률이 시간당 10명이고 고객의 평균서비스시간이 5분인 병원이 있다. 그런데, 이 병원의 대기실에는 의자가 5개밖에 없다고 한다. 이 때 임의의 고객이 병원에 도착하였을 때 앉을 자리가 없을 확률은 얼마인가?

풀이 임의의 고객이 병원에 도착하였을 때 앉을 자리가 없을 확률은 그 병원에 고객이 최소한 6명 이상이 있어서 한 명은 진찰을 받는 중이고 나머지 5명이 의자에 앉아서 자기의 차례를 기다리는 경우이다. 따라서, 앉을 자리가 없을 확률은 다음과 같이 구할 수 있다.

$$\text{앉을 자리가 없을 확률} = 1 - \text{대기실에 고객이 4명이하 있을 확률}$$

$$= 1-(p_0+p_1+p_2+p_3+p_4) = 1-\frac{1-\rho}{1-\rho^7}(1+\rho+\rho^2+\rho^3+\rho^4)$$

$$= 1-\frac{\frac{1}{6}}{1-\left(\frac{5}{6}\right)^7}\left(1+\frac{5}{6}+\left(\frac{5}{6}\right)^2+\left(\frac{5}{6}\right)^3+\left(\frac{5}{6}\right)^4\right) = 17.03\%$$

한편, M/M/1/K시스템에서 정상상태에서 시스템 내에 존재하는 고객의 평균 수를 $E[N]$이라고 두고 평균값의 정의를 이용하여 시스템 내에 존재하는 고객의 평균 수를 구하자.

$$E[N] = \sum_{n=0}^{K} np_n = \frac{(1-\rho)}{1-\rho^{K+1}}\sum_{n=0}^{K} n\rho^n$$

$$= \frac{\alpha[1+K\rho^{K+1}-(K+1)\rho^K]}{(\beta-\alpha)(1-\rho^{K+1})}$$

위의 결과를 이용하면 정상상태에서 고객의 시스템 체재시간의 평균도 구할 수 있다. 그런데, 여기서 한 가지 유의해야 할 사항은 M/M/1/K

시스템이 버퍼의 개수가 유한한 관계로 일부 도착 고객 중 시스템으로 들어오지 못하고 손실이 일어나는 경우가 있다는 사실이다. 즉, 고객의 총 평균 발생률이 α 일 경우 도착하는 고객 중 시스템의 상태가 p_K 일 경우에 한해서 입장이 거부되므로 고객의 유효도착률 α_e 는 $\alpha_e = \alpha(1-p_K)$ 과 같다. 따라서, 리틀의 법칙으로부터 정상상태에서 고객의 시스템 체재시간의 평균은 다음과 같이 나타낼 수 있다.

$$W = \frac{E[N]}{\alpha_e} = \frac{1}{\alpha(1-p_K)} \times \frac{\alpha[1+K\rho^{K+1}-(K+1)\rho^K]}{(\beta-\alpha)(1-\rho^{K+1})}$$
$$= \frac{1+K\rho^{K+1}-(K+1)\rho^K}{(1-p_K)(\beta-\alpha)(1-\rho^{K+1})}$$

예제 3-10

버퍼의 개수가 5로 유한한 라우터에서 푸아송분포를 따라서 들어오는 패킷의 평균 도착률이 초당 50개이고 지수함수분포를 따르는 패킷 서비스 시간의 평균은 1초라고 한다. 이 때, 패킷이 라우터에서 소비하는 시간은 평균 몇 초인가?

풀이 위의 문제를 풀기 위해서는 먼저 트래픽 강도와 시스템의 상태확률 p_K 를 먼저 구하여야 한다. 트래픽 강도는 간단히 5/6으로 구할 수 있으며, p_K 는 다음과 같다.

$$p_K = \frac{(1-\rho)\rho^K}{1-\rho^{K+1}} = \frac{(1/6)(5/6)^6}{1-(5/6)^7} = \frac{0.056}{0.721} = 0.078 = 7.8\%$$

$$W = \frac{1+K\rho^{K+1}-(K+1)\rho^K}{(1-p_K)(\beta-\alpha)(1-\rho^{K+1})} = \frac{1+6\times(5/6)^7-7(5/6)^6}{(1-0.078)(6-5)(1-(5/6)^7)} = \frac{0.3303}{0.6647}$$
$$= 0.4969$$

4 $M^K/M/1$ 큐 시스템

$M^K/M/1$ 큐 시스템은 서버는 앞의 경우에서와 같이 평균서비스율 β

인 지수함수분포를 가지는 단일서버이고 서버의 수는 한 개이고 버퍼도 무한대이나 다만, 고객의 도착과정이 평균도착율 α인 푸아송도착에 한 번의 도착시 K명의 고객이 집단으로 도착한다.

이와 같은 예를 생각해보자. 즉, 식당에서 손님이 푸아송과정으로 도착을 하는데 한 번 도착마다 K명의 고객이 집단으로 도착하는 경우를 가정한다. 이 때 약간의 제한은 있으나 한 번의 도착마다 고객이 고정된 수 K로 집단으로 들어온다는 가정을 하였다. 따라서, M의 위에 K라는 첨자가 붙게 되었다. 결국, 도착과정이나 서비스과정은 모두 푸아송분포이나 도착하는 고객의 수가 다른 것이 M/M/1 큐 시스템과 M^K/M/1 큐 시스템과의 다른 점이라고 할 수 있다.

문제 3-12 위와 같은 시스템을 우리주변에서 찾아보자.

위에서 설명한 바와 같이 M^K/M/1 큐 시스템의 해석 역시 M/M/1 큐와 같은 유사성으로부터 앞에서 행한 방법과 유사한 절차를 따른다. 다만, 동시에 도착하는 고객의 수가 K가 된 관계로 인하여 식이 조금 더 복잡해졌으므로 좀 더 유심히 관찰하기로 한다.

우선, $p_n(t), n = 0,1,\cdots,$를 시간 t에서 시스템 내에 n명의 고객이 있을 확률이라고 하자. 미소구간 δt 동안 시스템의 상태의 변화를 관측해보면 다음과 같이 나타낼 수 있다.

$$
\begin{aligned}
p_0(t+\delta t) &= p_0(t)(1-\alpha\delta t) + p_1(t)(1-\alpha\delta t)\beta\delta t, \\
p_1(t+\delta t) &= p_1(t)(1-\alpha\delta t)(1-\beta\delta t) + p_2(t)(1-\alpha\delta t)\beta\delta t, \\
&\cdots \\
p_{K-1}(t+\delta t) &= p_{K-1}(t)(1-\alpha\delta t)(1-\beta\delta t) + p_K(t)(1-\alpha\delta t)\beta\delta t, \\
p_K(t+\delta t) &= p_0(t)\alpha\delta t + p_K(t)(1-\alpha\delta t)(1-\beta\delta t) + p_{K+1}(t)(1-\alpha\delta t)\beta\delta t, \\
p_{K+1}(t+\delta t) &= p_1(t)\alpha\delta t(1-\beta\delta t) + p_{K+1}(t)(1-\alpha\delta t)(1-\beta\delta t) \\
&\quad + p_{K+2}(t)(1-\alpha\delta t)\beta\delta t, \\
&\vdots \\
p_n(t+\delta t) &= p_{n-k}(t)\alpha\delta t + p_n(t)(1-\alpha\delta t)(1-\beta\delta t) + p_{n+1}(t)(1-\alpha\delta t)\beta\delta t.
\end{aligned}
$$

위의 결과는 앞에서 M/M/1 큐에서 생각하는 방법과 같은 방법으로 쉽게 구할 수 있다. 여기서, 위의 식에서 δt 를 0으로 보내고, 위의 식을 미분방정식으로 변환하면 다음과 같다.

$$
\begin{aligned}
&\frac{dp_0(t)}{dt} = -\alpha p_0(t) + \beta p_1(t), \\
&\frac{dp_1(t)}{dt} = -(\alpha+\beta) p_1(t) + \beta p_2(t), \\
&\vdots \\
&\frac{dp_{K-1}(t)}{dt} = -(\alpha+\beta) p_{K-1}(t) + \beta p_K(t), \\
&\frac{dp_K(t)}{dt} = \alpha p_0(t) - (\alpha+\beta) p_K(t) + \beta p_{K+1}(t), \\
&\frac{dp_{K+1}(t)}{dt} = \alpha p_1(t) - (\alpha+\beta) p_{K+1}(t) + \beta p_{K+2}(t), \\
&\vdots
\end{aligned}
$$

위의 식에서 시간을 무한대로 보내면 위의 함수에서 시간과 관련된 식별자는 생략을 할 수 있게 되고, 또한 $dp_n(t)/dt \to 0$ 이 되므로 다음과 같은 시스템 상태천이 방정식을 얻게 된다.

$$
\begin{aligned}
&-\alpha p_0 + \beta p_1 = 0, \\
&-(\alpha+\beta) p_1 + \beta p_2 = 0, \\
&\vdots \\
&-(\alpha+\beta) p_{K-1} + \beta p_K = 0, \\
&\alpha p_0 - (\alpha+\beta) p_K + \beta p_{K+1} = 0, \\
&\alpha p_1 - (\alpha+\beta) p_{K+1} + \beta p_{K+2} = 0, \\
&\vdots
\end{aligned}
$$

위의 식을 관찰해보면 위의 식으로부터 아래의 식으로 각각의 식들이 Recursive하게(재귀적으로) 연관되어있음을 알 수 있다. 따라서, 맨 처음의 식에서 p_0 만 구하면 이어지는 방정식으로부터 차례로 p_n 의 값을 구할 수가 있다.

이를 위해서 p_n 의 PGF(확률생성함수) $P(z)$ 를 아래와 같이 정의한다.

$$P(z)=\sum_{n=0}^{\infty}z^n p_n.$$

위에서 나타낸 시스템 상태천이 방정식의 각 줄에 대하여 각각 z^0, $z^1,\cdots,z^{K-1},z^K$ 를 곱한 후 좌변과 우변을 더하면 다음의 결과를 얻을 수 있다.

$$\alpha z^K\sum_{n=0}^{\infty}p_n z^n-\alpha\sum_{n=0}^{\infty}p_n z^n-\beta\sum_{n=1}^{\infty}p_n z^n+\beta\sum_{n=1}^{\infty}p_n z^{n-1}=0.$$

이 식에다가 확률생성함수의 정의를 도입하여 다시 쓰면 다음과 같다.

$$\alpha z^K\sum_{n=0}^{\infty}p_n z^n-\alpha\sum_{n=0}^{\infty}p_n z^n-\beta\sum_{n=1}^{\infty}p_n z^n+\beta\sum_{n=1}^{\infty}p_n z^{n-1}=0,$$

$$\rightarrow \alpha z^K P(z)-\alpha P(z)-\beta(P(z)-p_0)+\frac{\beta(P(z)-p_0)}{z}=0.$$

위의 아래식을 $P(z)$ 에 대해서 묶어서 정리를 하면 다음과 같은 식을 얻는다.

$$P(z)=\frac{\beta p_0(1-z)}{\alpha z^{K+1}-(\alpha+\beta)z+\beta}.$$

위의 마지막 식에서 $z=0$ 을 넣으면, $P(0)=p_0$ 의 결과를 얻을 수 있고, 또 $P(1)=1$ 이므로 $P(1)$ 을 다음과 같이 계산한다.

$$P(1)=\underset{z\to 1}{Lim}\,P(z)=\frac{-\beta p_0}{(K+1)\alpha z^K-(\alpha+\beta)}=\frac{-\beta p_0}{K\alpha-\beta}=1.$$

위의 결과로부터 우리는 아래와 같이 p_0 를 얻는다.

$$p_0=\frac{\beta-K\alpha}{\beta}=1-\frac{K\alpha}{\beta}>0,$$

$$\rightarrow K\rho<1.$$

위의 결과를 가지고 다시 $P(z)$의 식으로 돌아가서, 다음의 결과를 얻을 수 있다.

$$P(z)=\frac{(1-K\rho)(1-z)}{1-(1+\rho)z+\rho z^{K+1}}=\frac{(1-K\rho)(1-z)}{1-z-\rho z(1-z^{K})}$$
$$=\frac{1-K\rho}{1-\rho z\left(\dfrac{1-z^{K}}{1-z}\right)}=\frac{1-K\rho}{1-\rho z\left(1+z+z^{2}+\cdots+z^{K-1}\right)}$$
$$=\frac{1-K\rho}{1-\rho z-\rho z^{2}-\cdots-\rho z^{K}}.$$

위의 식에서 맨 마지막 식의 양변을 z에 대하여 미분을 하면,

$$P'(z)=\frac{(1-K\rho)\rho(1+2z+3z^{2}+\cdots+Kz^{K-1})}{(1-\rho z-\rho z^{2}-\cdots-\rho z^{K})^{2}}.$$

우리는 확률의 기본지식을 공부할 때 확률생성함수를 한 번 미분하여 기대치를 얻을 수 있음을 공부한 적이 있다. 따라서 위의 식에서 $z=1$을 넣은 값이 시스템내의 평균 고객의 수가 된다. 즉, 위의 식에 $z=1$을 대입하여 시스템내의 평균 고객의 수를 L이라고 두면 다음의 결과를 얻는다.

$$L=P'(1)=\frac{K(K+1)\rho}{2(1-K\rho)}.$$

한편, 시스템내의 고객의 수가 n일 때 큐 내에서 기다리고 있는 고객의 수는 $n-1$이므로, 큐에서 기다리고 있는 고객의 평균 수 Q는 다음의 식으로 얻을 수 있다.

$$Q=\sum_{n=1}^{\infty}(n-1)p_n=\sum_{n=1}^{\infty}np_n-\sum_{n=1}^{\infty}p_n=L-(1-p_0)=\frac{K(K+1)\rho}{2(1-K\rho)}-K\rho.$$

예제 3-11

어느 스키장의 리프트에는 진행요원의 제어에 의하여 4개의 열을 만들어서 고객을 리프트에 태우는데 집단 고객의 평균 도착률이 분당 1회이고 한번의 도착 시 4명의 고객이 컨트롤 선 안으로 들어온다고 한다. 한편, 리프트는 한 번에 한 명씩 실어 나른다고 가정을 하고, 한명의 고객의 평균서비스시간(리프트에 앉아서 떠나는데까지 걸리는 시간)은 10초라고 한다. 이 때 임의의 고객이 리프트에 도착하였을 때 리프트 앞에서 기다리고 있는 고객의 평균 수는 몇 명인가?

풀이 이 리프트의 집단도착에 대한 부하는 1/6임을 알 수 있다. 따라서, 임의의 고객이 리프트에 도착하였을 때 리프트 앞에서 기다리고 있는 고객의 평균 수는 다음과 같이 구할 수 있다.

$$\text{리프트 앞에서 기다리고 있는 고객의 평균 수} = \frac{K(K+1)\rho}{2(1-K\rho)} - K\rho$$

$$= \frac{4*5*\frac{1}{6}}{2(1-4*\frac{1}{6})} - 4*\frac{1}{6} = 5 - \frac{4}{6} = \frac{26}{6} = 5\text{명}$$

저자 생각 이런 스키장에서 스키를 타면 얼마나 좋을까?

복수서버 대기행렬 시스템

04 Chapter

요약

제 4장에서는 서버의 수가 여러 개인 대기행렬 시스템을 다룬다. 서버의 수가 여러 개인 대기행렬시스템의 가장 흔한 예로 대형할인매장의 계산대나 변기가 여러 개인 화장실 등을 들 수 있다. 이 때 여러 개의 변기가 있는 화장실에서 사람을 한 줄로 길게 늘어 세운 경우 자신의 차례가 될 때까지 기다려야 하는 시간을 계산하는 방법을 알아보는데 이 시스템모형이 적합하다. 먼저 가장 기본적인 시스템인 M/M/c 큐에 대하여 알아본다. M/M/c 큐는 고객의 도착과정과 서비스과정은 제 3장에서 가정한 M/M/1모형과 같고 서버의 수가 한 개에서 c개로 바뀐 것이다. 이와 같은 M/M/c 큐는 특히 채널을 기본으로 하는 네트워크 자원관리 모형이나 여러 개의 서버를 운영하는 서버 시스템의 모형화 등 공학적인 문제를 해결하는 툴로서 흔히 사용이 되는 모형으로 아주 유용하다. 이 장에서는 이 모형에 대하여 먼저 정상상태에서 시스템내의 고객의 수를 계산하고, 또 고객의 대기시간에 대한 분포함수를 구하고, 또 M/M/c 큐의 출력과정을 분석한다. 그리고, 이어서 M/M/c 큐에서 버퍼의 수가 유한한 M/M/c/K 큐에 관하여 알아본다. 그리고 시스템의 상태에 따라 고객이 들어오지 않거나 도중에 나가버리는 고객의 행동을 고려한 M/M/c 큐에 대하여 해석을 한다. 이어서 하나의 고객의 도착이 요구하는 일량이 Batch로 일어나는 M^X/M/c 큐에 대하여 알아본다. 마지막으로 M/M/c 큐의 변형으로 M/D/c 큐에 대하여 알아본다. 그리고, 이어서 서버의 수가 무한대로 커진 시스템인 M/X/∞ 큐에 대하여 알아본다.

1 M/M/c 큐

M/M/c 큐는 앞에서 표기한 Kendall의 표기방식에서 다음과 같은 특성을 지닌 대기행렬 시스템이다.

첫째, 고객의 도착과정이 푸아송분포(M: Markov)를 따르고, 고객의 평균 도착률을 α라고 하자. 여기서 고객은 병원의 환자, 전화 호, 식당의 음식 주문, 그리고 통신망에서 네이디의 단위인 패킷이나 프레임, 플로우, 세션 등을 나타낼 수도 있다. $F(t)$ 를 고객의 도착간격이 t이

하일 누적분포함수라고 하면 t가 0보다 작지 않는 조건에 한하여 평균 고객 도착률 α를 매개변수를 가지며 다음과 같이 나타낸다:

$$F(t) = 1 - e^{-\alpha t}, t \geq 0.$$

둘째, 고객의 서비스시간이 지수함수분포(M: Markov)를 따르며, 하나의 서버에 의한 고객당 평균서비스율을 β라고 하자.

셋째, 동시에 서비스가 가능한 서버의 수가 c개이고,

마지막으로, 고객이 기다리는 버퍼의 크기가 무한대이다. 따라서, 버퍼의 크기는 생략하였다.

그리고, 시스템은 고객이 도착하는 순서대로(FIFO: First-in first-out) 서비스를 하며 또 시스템 내에 고객이 존재하는 한 서버는 쉬지 않고 계속 고객을 서비스한다(이 경우를 일량은 보존된다-이를 Work conserving-라고 부른다)고 가정을 하자. 즉, 시스템은 큐에 고객이 있는 한 서버는 계속해서 고객을 서비스한다.

아래의 그림은 이와 같은 대기행렬시스템의 한 예로서 서버가 4개인 시스템을 나타낸 것이다.

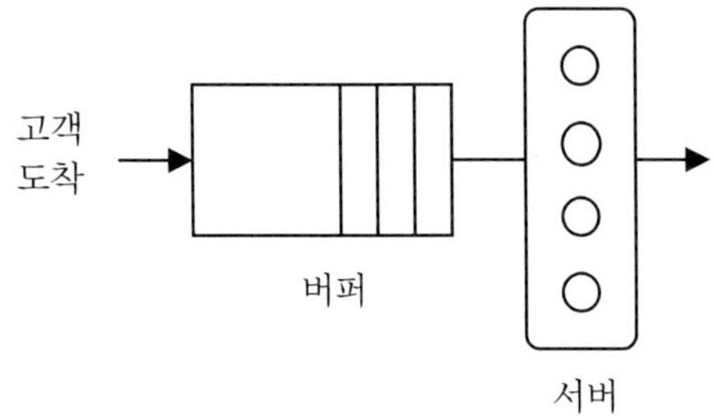

그림 4-1 M/M/4 대기행렬 시스템

한편, 위에서는 하나의 서버의 고객서비스율이 β라고 정의되어 있는데 이 때 시스템 내에는 서버가 c개가 동시에 존재하므로 하나의 서버에 대한 부하 ρ는 $\rho = \alpha / c\beta$ 이다. 왜냐하면, c개의 서버가운데 어느 것이든지 상관하지 않고 하나의 서버를 가정하고 그 서버에 부과되는 부하를 생각하면 전체트래픽 강도의 $1/c$가 하나의 서버에 인

가된다고 볼 수 있으므로 그 값은 $\alpha/(c\beta)$ 가 되는 것이다.

한편, 위와 같은 시스템에서 큐에 고객이 계속해서 쌓이지 않고 안정적으로 동작하기 위해서는 각각의 서버에 대하여 $\alpha/(c\beta)<1$ 의 조건을 만족하여야 한다.

1 정상상태에서 M/M/c 큐의 시스템내의 고객의 수

고객이 FIFO로 서비스를 받을 경우, 고객의 대기시간에 대한 확률적 특징을 모형화하게 위하여 시스템의 상태함수 $N(t)$ 를 정의한다. $N(t)$ 를 시각 t 에서 시스템 내에서 기다리거나 서비스를 받고 있는 고객의 수라고 정의하고 $N(t)=k$ 일 때 그 때의 확률을 다음과 같이 정의한다.

$$p_k(t)=P\{N(t)=k\}.$$

시간이 충분히 흐른 뒤 시스템의 상태는 시간에 무관하게 되므로 시스템 내에서 기다리거나 서비스를 받고 있는 고객의 수 $N(t)=k$ 의 확률을 모든 양의 정수 k에 대하여 다음과 같이 나타낼 수 있다.

$$\lim_{t\to\infty} p_k(t)=p_k.$$

M/M/c 큐에서 p_k 를 구하는 방법으로 BDP의 해석방법을 많이 쓰고 있다. BDP의 해석방법을 이용하여 p_k 를 구하는 방법은 앞에서 단일서버에서 사용한 방법과 거의 같으며, 다만 서버의 수가 c인 관계로 서비스율이 시스템의 상태에 따라 다르게 된다.

정상상태에서 고객의 도착률과 서비스율에 대한 관계는 다음과 같다. 먼저, 고객의 도착은 시스템의 상태에 무관하므로 모든 n에 대하여 단위시간당 평균 α 로 도착한다. 한편, 고객의 서비스율은 관측 당시 서비스 중인 서버의 수에 따라 달라지고 고객을 서비스 중인 서버의 수가 가령 2이면 서비스율은 2β 가 된다. 이 때 n이 서버의 개수인 c보다 크지 않으면 그 때의 서비스율은 $n\beta$ 가 되고 만약 n이 c보다 크거나 같을 경우에는 서비스율이 $c\beta$ 가 된다. 아래에 이것을 하나의 식으로 나타내었다.

$n=1,2,\cdots$ 즉, 모든 n에 대하여 $\alpha_n=\alpha$,

n이 c보다 크지 않을 경우, $\beta_1=\beta, \beta_2=2\beta, \cdots, \beta_n=n\beta$,

n이 c보다 크거나 같을 경우, $\beta_n=c\beta$

한편, M/M/1 큐의 해석에서와 같은 방법으로 고객의 도착과 출발이 동시에 일어나지 않는다고 가정을 하고 시스템의 상태천이를 생각을 하면 정상상태에서 시스템내의 고객의 수는 인접하는 두 시스템 상태 사이에 대하여 다음과 같은 상태천이방정식을 만족한다.

$$\alpha p_0=\beta p_1,$$

$$\alpha p_1=2\beta p_2 \rightarrow p_2=\frac{\alpha}{2\beta}p_1=\frac{\alpha^2}{2\beta^2}p_0,$$

$$\ddots$$

위의 식에서 첫번째 관계식이 의미하는 것은 정상상태에서 시스템이 비어있다가 한 명의 고객이 들어와서 시스템의 상태가 1로 될 확률과 시스템에 고객이 한 명이 있다가 서비스를 받고 나감으로써 시스템의 상태가 0으로 될 확률이 같다는 의미이다. 그리고 두 번째 식은 정상상태에서 시스템에 고객이 한 명이 있다가 한 명의 고객이 더 들어와서 시스템의 상태가 2로 될 확률과 시스템에 고객이 2명이 있다가 한 명이 서비스를 받고 나감으로써 시스템의 상태가 1로 될 확률이 같다는 의미이다.

이와 같이 모든 n에 대하여 위의 관계가 성립하므로 이번에는 임의의 상태에 대하여 나타내면,

$$\alpha p_{k-1}=k\beta p_k \rightarrow p_k=\frac{\alpha}{k\beta}p_{k-1}=\frac{\alpha^2}{k(k-1)\beta^2}p_{k-2},$$

$$\ddots$$

$$\alpha p_{c-1}=c\beta p_c$$

결국, 상태가 c일(시스템 내에 고객의 수가 c일) 확률 p_c는 다음과 같다.

$$p_c = \frac{\alpha}{c\beta} p_{c-1} = \frac{\alpha}{c\beta}\frac{\alpha}{(c-1)\beta} p_{c-2} = \frac{1}{c!}\rho^c p_0$$

한편, $k \geq c$ 인 경우에는 다음과 같은 관계식을 만족한다.

$$\alpha p_{k-1} = c\beta p_k \to p_k = \frac{\alpha}{c\beta} p_{k-1} = \frac{\rho^k}{c!c^{k-c}} p_0$$

여기서도 각 상태확률이 p_0의 함수로 표시되므로 p_0는 확률의 정의로부터 다음의 식을 만족하는 상수이다.

$$p_0 = \frac{1}{\sum_{k=0}^{c-1} \frac{\rho^k}{k!} + \frac{\rho^c}{(c-1)!(c-\rho)}}.$$

결국, 임의의 k에 대하여 p_k는 다음과 같이 표현할 수 있다.

$$p_k = \begin{cases} \left(\frac{\rho^k}{k!}\right) p_0, k < c, \\ \left(\frac{\rho^k}{c!c^{k-c}}\right) p_0, k \geq c \end{cases}$$

따라서 우리는 M/M/c 대기행렬시스템의 정상상태에서의 상태확률을 구할 수 있게 되었다.

| 얼랑-C 공식 |

위의 상태천이방정식에서 $k = c$ 일 경우를 생각해보자. 즉, 시스템의 상태를 나타내는 $k = c$ 이면 시스템 내에 고객이 c명이 있다는 의미이며 이 경우 새로이 들어오는 고객은 도착시점에서 서비스를 받을 서버에 빈 공간이 없으므로 c개의 서버 중에서 어느 하나라도 서비스를 끝내고 또 그 도착고객보다 먼저 도착한 고객들이 서비스를 받기 위하여 일단은 버퍼에서 기다려야 한다. 아래에 이 경우에 대한 시스템 상태확률을 나타낸다.

$$p_c = \frac{\frac{\rho^c}{c!}}{\sum_{k=0}^{c-1} \frac{\rho^k}{k!} + \frac{\rho^c}{(c-1)!(c-\rho)}}.$$

위의 결과를 덴마크의 수학자 얼랑(A.K. Erlang)이 발견을 하였다고 하여 얼랑 지연 공식(Erlang delay formula) 혹은 얼랑 C공식(Erlang–C formula)라고 한다. 그런데, 보통 후자를 많이 쓴다. 그런데 이 공식은 아주 자주 쓰이게 되는 관계로 c의 값에 대하여 미리 계산을 하여 표로 만들어서 편하게 사용하도록 해 놓고 있는데 이 책의 뒤에 부록으로 첨부해 두었으니 참고하기 바란다.

예제 4-1

어떤 서비스센터에는 서비스요원이 20명이 있다고 한다. 그런데 어떤 때는 고객이 많이 몰려와서 서비스를 바로 받지 못하고 기다려야 하는 일도 생길 수 있다. 그래서 이 회사에서는 서비스품질을 유지하는 차원에서 새로이 도착하는 고객이 바로 서비스를 받지 못하고 기다려야 할 확률의 목표치가 1%미만이 되도록 유지하려고 할 때 이 서비스센터의 부하(고객의 도착률/서비스율)는 얼마 이하로 유지되어야 하는지를 Erlang-C표를 이용하여 계산하여라.

풀이 위의 Erlang-C 공식에서 c가 20이고 p_c가 0.01인 경우에 ρ의 값을 구하는 문제이다. 따라서, Erlang-C표로부터 부하는 10.973임을 알 수 있다. 즉, 고객의 도착률/서비스율의 비율이 평균 11 이하여야 한다.

위에서 구한 p_c에 관한 식인 Erlang-C formula는 다르게 표현하면 고객이 시스템에 도착하는 순간 서버에 빈 자리가 없어서 기다려야 하는 확률과 같으므로, 만약 W_Q를 고객이 큐에서 기다리는 대기시간이라고 정의를 하면 다음과 같이 표현할 수 있다.

$$P\{W_Q > 0\} = p_c.$$

한편, 상태천이방정식의 결과를 이용하여 시스템 내 고객의 수의 평균을 구할 수 있다. 이를 위하여 우선 아래와 같이 변수를 치환한다.

$$\psi = \frac{\rho}{c}.$$

평균치의 정의에 의하면, 시스템 내에 있는 고객의 수의 평균을 다음과 같이 구할 수 있다.

$$\begin{aligned} E[N] &= \sum_{n=0}^{\infty} np_n = \sum_{n=0}^{c} np_0 \frac{1}{n!}\rho^n + \sum_{n=c+1}^{\infty} np_c\psi^{n-c} \\ &= p_0\rho\sum_{n=1}^{c}\frac{1}{(n-1)!}\rho^{n-1} + p_c\sum_{n=1}^{\infty}(n+c)\psi^n \end{aligned}$$

위의 식에서 합의 기호를 정리하여 보면 다음과 같이 된다.

$$\begin{aligned} E[N] &= \rho\sum_{n=0}^{c-1} p_n + p_c\left[\frac{\psi}{(1-\psi)^2} + c\frac{\psi}{1-\psi}\right] \\ &= c\psi(1-\frac{p_c}{1-\psi}) + \frac{\psi p_c}{(1-\psi)^2} + \frac{c\psi p_c}{1-\psi} \\ &= c\psi + \frac{\psi p_c}{(1-\psi)^2}. \end{aligned}$$

결과적으로 M/M/c큐의 시스템 내 고객의 수의 평균은 다음과 같이 나타낼 수 있다.

$$E[N] = c\psi + \frac{\psi p_c}{(1-\psi)^2} = \rho + \frac{c\rho p_c}{(c-\rho)^2}.$$

한편, Little의 공식으로부터 큐에서 기다리는 고객의 평균 대기시간을 구할 수 있으며 그 결과는 다음과 같다.

$$E[W_Q]=\frac{E[N]-c\psi}{\lambda}=\frac{p_c}{c\mu(1-\psi)^2}=\frac{cp_c}{\mu(c-\rho)^2}.$$

| M/M/2 큐의 해석 |

위의 Erlang-C 공식의 전개에서 c가 임의의 정수를 가지므로 인하여 수식의 의미를 물리적으로 이해하기가 어려울 뿐만 아니라, 결과를 얻기까지의 해석도 상당히 복잡하였음을 알 수 있다. 여기서는 물리적인 의미를 더욱 쉽게 파악하기 위하여 서버가 2개인 M/M/2 큐의 해석을 하여보자.

M/M/2 큐는 앞에서 정의한 M/M/c 큐에서 고객의 도착과정은 같고 서버의 수가 2개이므로 큐의 동작을 비교적 쉽게 이해할 수 있다. 해석을 위하여 생성소멸과정의 해석방법을 적용하기로 한다. 생성소멸과정에서 고객의 도착과정과 서비스과정이 아래의 관계식을 만족시킴을 주목하자.

$$\alpha_n=\alpha, n=1,2,\cdots$$
$$\beta_1=\beta,\beta_2=2\beta,\beta_3=2\beta,\cdots$$

따라서, $\rho=\alpha/\beta$ 라고 두고, 생성소멸과정에서 얻은 결과를 그대로 이용하면 시스템 내에 존재하는 고객의 수의 확률은 다음과 같다.

$$p_1=\frac{\alpha}{\beta}p_0,$$
$$p_2=\frac{\alpha^2}{2\beta^2}p_0,$$
$$p_3=\frac{\alpha^3}{2^2\beta^3}p_0,$$
$$\cdots,$$
$$p_n=2\left(\frac{\rho}{2}\right)^n p_0,\cdots$$

확률의 법칙으로부터

$$p_0\left\{1+2\left(\frac{\rho}{2}+\left(\frac{\rho}{2}\right)^2+\left(\frac{\rho}{2}\right)^3+\cdots\right)\right\}=1$$

$$\rightarrow p_0=\frac{1}{1+2\frac{\frac{\rho}{2}}{1-\frac{\rho}{2}}}=\frac{2-\rho}{2+\rho}.$$

위의 식에서 시스템의 안정화 조건은 $\rho<2$ 임을 알 수 있다.

마지막으로, 정상상태에서 시스템내의 고객의 수가 n일 확률은 다음과 같다.

$$p_n=2\left(\frac{\rho}{2}\right)^n\frac{2-\rho}{2+\rho}, n\geq 1.$$

위의 결과를 이용하면 정상상태에서 시스템 내에 있는 고객의 수의 평균과 도착고객이 시스템에 들어와서 나갈 때까지 시스템 내에서 머무르는 시간을 계산할 수 있다. 정상상태에서 시스템 내에 있는 고객의 수의 평균을 $E[N]$이라고 두고 도착고객이 시스템 내에서 소비하는 시간을 $E[W]$라고 두면 그 결과는 다음과 같다.

$$E[N]=\sum_{n=0}^{\infty}np_n=\sum_{n=0}^{\infty}n2\left(\frac{\rho}{2}\right)^n\frac{2-\rho}{2+\rho}=2\frac{2-\rho}{2+\rho}\sum_{n=1}^{\infty}n\left(\frac{\rho}{2}\right)^n$$
$$=2\frac{2-\rho}{2+\rho}\frac{\rho/2}{(1-\rho/2)^2}=\frac{2-\rho}{2+\rho}\frac{4\rho}{(2-\rho)^2}=\frac{4\rho}{4-\rho^2}.$$

$$E[W]=\frac{E[N]}{\alpha}=\frac{1}{\beta}\frac{4}{4-\rho^2}.$$

예제 4-2

서버의 평균서비스율이 2β 인 M/M/1 큐와 하나의 서버의 평균서비스율이 β 인 M/M/2 큐 중에서 어느 시스템의 고객 체재시간이 더 짧은지 계산하여 비교하라.

풀이 먼저, 각 시스템에 대하여 다음과 같이 주어진 고객 체재시간함수를 가지고 크기를 비교하기로 한다.

$$M/M/1\text{큐의 평균시스템 체재 시간: } W_1 = \frac{1}{\beta(1-\rho)},$$

$$M/M/2\text{큐의 평균시스템 체재 시간: } W_2 = \frac{4}{\beta(4-\rho^2)}.$$

위의 식에서 우리는 한 가지 중요한 차이에 주목하여야 한다. 즉, 서버의 평균서비스율이 2β 인 M/M/1 큐와 하나의 서버의 평균서비스율이 β 인 M/M/2 큐는 시스템에 가해지는 부하가 다르다. 서버의 평균서비스율이 2β 인 M/M/1 큐의 서버에 대한 부하는 $\rho = \alpha/(2\beta)$ 인 반면에 하나의 서버의 평균서비스율이 β 인 M/M/2 큐의 서버에 대한 부하는 $\rho = \alpha/\beta$ 이다. 이 사실에 유의하여 아래와 같이 크기를 비교한다.

$$\begin{aligned} W_2 - W_1 &= \frac{4}{\beta(4-\rho^2)} - \frac{1}{\beta(1-\rho)} \\ &= \frac{4\beta}{4\beta^2 - \alpha^2} - \frac{1}{2\beta - \alpha} \\ &= \frac{1}{2\beta + \alpha} > 0. \end{aligned}$$

위의 결과로부터 서버의 평균서비스율이 2β 인 M/M/1 큐와 하나의 서버의 평균서비스율이 β인 M/M/2 큐 중에서 서버의 평균서비스율이 2β 인 M/M/1 큐의 고객대기시간이 더 짧다는 것을 알 수 있다.

고찰 일반적으로 변기가 여러 개가 있는 화장실에서 줄을 설 때 두 가지 방식을 고려할 수 있다. 첫 번째, 변기마다 줄을 지어서 서는 방법이 있다. 그리고 다른 한 가지 방법은 일단 모든 사람이 바깥에서 한 줄로 서 있다가 변기가 하나가 비면 한 명이 들어가는 방법이다. 이 때 변기마다 줄을 지어서 서는 방법보다 모든 사람이 줄을 한 줄로 서서 변기가 빌 때까지 차례를 기다리는 것이 자신의 차례가 올 때까지 기다리는 시간이 더 짧다고 알려져 있다. 이 이야기가 사실인지 확인하여 보자. 설명의 편의를 위하여 간단히 변기가 두 개 (변기의 수는 아무리 늘어나도 상관이 없다. 다만, 식만 복잡해질 뿐이다!) 가 있다고 가정을 하고 다음과 같이 가정을 하자. 우선 변기마다 줄을 지어서 서는 방법을 방법A 라고 하고 모든 사람이 한 줄로 서서 차례를 기다리는 방법을 방법B 라고 하자. 그리고, 방법A 에서는 각 줄에 공평하게 사람이 줄을 선다고 가정을 하여 두 줄에 늘어설 사람의 수는 각각 같다고 가정을 하자. 아래의 그림은 이와 같은 두 가지 상황을 나타내고 있다.

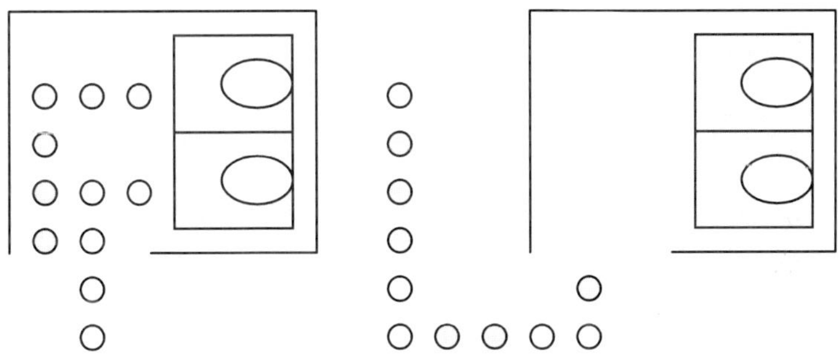

(A) 각 변기마다 줄을 서는 경우, (B)한줄로 줄을 서는 경우

그림 4-2 화장실의 줄서기

화장실에 변기는 두 개가 있으며 왼쪽의 그림에는 각 변기에는 각각 6명씩의 사람이 기다리고 있다. 한편 오른쪽 그림에는 사람들이 한 줄로 서서 총 12명이 기다리고 있다. 결국 어느 쪽이나 기다리는 사람은 같다. 이와 같은 가정하에서는 다음과 같은 사실이 성립한다. 우선, 방법B 를 먼저 설명하자. 사람은 평균도착률인 α 인 푸아송분포를 따라 도착한다. 그리고, 화장실에서 1인당 평균 소비시간은 $1/\beta$ 이고 지수함수분포를 따른다고 가정한다. 즉, 방법B 는 평균 부하가 $\rho_B = \alpha/\beta$ 인 M/M/2 큐 시스템으로 모델링할 수 있다. 한편, 방법A 에서는 화장실에 도착하는 사람들이 두 개의 변기 앞으로 공평하게 나누어 서므로 사람은 평균도착률인 $\alpha/2$ 인 푸아송분포를 따라 도착한다. 그리고, 화장실에서 1인당 평균 소비시간은 똑같이 $1/\beta$ 이다. 즉, 방법A 는 평균 부하가 $\rho_A = \alpha/(2\beta)$ 인 M/M/1 큐 시스템으로 모델링할 수 있다.

따라서, 각 방법에 대하여 다음과 같이 주어진 고객 대기시간함수를 가지고 크기를 비교하기로 한다.

$$\text{방법 } A\text{의 대기 시간: } W_A = \frac{\rho_A}{\beta(1-\rho_A)},$$

$$\text{방법 } B\text{의 대기 시간: } W_B = \frac{\rho_B^{\ 2}}{\beta(4-\rho_B^{\ 2})}$$

한편, 방법 A와 방법 B에서 각각 평균부하는 다음과 같이 주어짐을 설명하였다.

$$\rho_A = \frac{\alpha}{2\beta},$$
$$\rho_B = \frac{\alpha}{\beta}$$

단, 위에서 시스템의 안정조건 (여기서는 화장실의 줄이 무한대로 길어지지 않을 조건)으로부터 다음의 관계가 성립하여야 한다.

$$\rho_A = \frac{\alpha}{2\beta} < 1 \rightarrow \alpha < 2\beta$$

따라서, 이 결과를 앞의 대기시간의 식에 대입하여 W_A 와 W_B 의 차를 계산하면

$$\begin{aligned} W_A - W_B &= \frac{\rho_A}{\beta(1-\rho_A)} - \frac{{\rho_B}^2}{\beta(4-{\rho_B}^2)} \\ &= \frac{1}{\beta}\left(\frac{\rho_A}{(1-\rho_A)} - \frac{{\rho_B}^2}{(4-{\rho_B}^2)}\right) \\ &= \frac{1}{\beta}\left(\frac{\frac{\alpha}{2\beta}}{(1-\frac{\alpha}{2\beta})} - \frac{\left(\frac{\alpha}{\beta}\right)^2}{(4-\left(\frac{\alpha}{\beta}\right)^2)}\right) \end{aligned}$$

위의 식을 간단히 하고 시스템의 안정조건을 고려하면 다음의 결과를 얻을 수 있다.

$$W_A - W_B = \frac{1}{\beta}\frac{2\alpha\beta}{4\beta^2 - \alpha^2}.$$

한편, 위에서 언급한 바와 같이 시스템의 안정화 조건으로부터 $\alpha < 2\beta$ 이므로 다음의 결과를 얻을 수 있다.

$$W_A > W_B.$$

위의 결과로부터 화장실에서 줄을 설 때 변기마다 줄을 지어서 서는 것보다 줄을 한 줄로 서서 변기가 빌 때까지 차례를 기다리는 것이 자신의 차례가 올 때까지 기다리는 시간이 더 짧다는 것을 알 수 있다!

2 M/M/c 큐의 고객의 대기시간에 대한 분포함수

공학적 해석에서 유용하게 사용되는 성능 파라미터 중의 하나로 여러 개의 서버를 가지는 시스템에서 고객이 서비스를 받기 까지 기다려야 하는 시간이 어떤 임계치 t를 넘을 확률이 얼마인가 하는 것이다. W_Q를 고객이 서비스를 받기 위하여 큐에서 기다리는 시간이라고 할 때 그 값이 t보다 클 확률이 얼마인지 궁금하다고 하자. 즉, 이를 아래의 식으로 나타낼 수 있다.

$$P\{W_Q > t\} = ?$$

한편, 대부분의 고객은 자신이 어느 시스템에 도착하였을 때 그 시스템 내에 고객이 몇 명이 있는지를 먼저 살펴보고 그 경우 자신이 기다려야 하는 시간을 예측하고자 한다. 이 경우 우리가 관심을 가지는 문제는 어느 고객이 시스템에 들어가서 나올 때까지 걸리는 시간이 얼마나 될까 하는 것이다. 이 문제를 풀기 위하여 우선 고객이 시스템에 도착하였을 때 자기 앞에 기다리고 있는 고객의 수가 k명임을 알 때 그 고객이 서비스를 받기 위하여 기다려야 하는 시간이 t보다 클 확률이 얼마나 되느냐 하는 것을 구하기로 한다. 이를 수식화하면 다음과 같다.

$$P\{W_Q > t | N = k\} = ?$$

위의 식을 이용하면 전확률이론(全確率理論: Theory of total probability)으로부터 $P\{W_Q > t\}$를 아래와 같이 풀 수가 있다.

$$P\{W_Q > t\} = \sum_{k=0}^{\infty} P\{W_Q > t | N = k\}\pi_k.$$

단, 위의 식에서 π_k는 정상상태에서 관측고객이 도착하기 직전에 시스템 내에 고객이 k명이 있을 확률이다.

한편, 고객의 도착과정이 푸아송분포를 따르므로 도착고객이 시스템 분포함수 $\{\pi_k\}$와 외부의 관찰자의 시스템 분포함수 $\{p_k\}$는 같다.

이를 PASTA(Poisson arrivals see time average)의 성질이라고 부른다. 즉, 모든 음이 아닌 정수 k에 대하여 $\pi_k = p_k$ 가 성립한다.

한편, $k < c$ 일 경우에는 $P\{W_Q > t | N = k\} = 0$ 이므로 $P\{W_Q > t\}$ 를 다시 나타내면 $k \geq c$ 일 경우에 한하여 다음과 같이 나타낸다.

$$P\{W_Q > t\} = \sum_{k=c}^{\infty} P\{W_Q > t | N = k\} p_k.$$

한편, p_k 는 이미 구하였다. 여기서, 문제는 $P\{W_Q > t | N = k\}$ 를 구하는 일이다. 그런데, 어떤 고객이 시스템에 도착하여 바로 서비스를 받지 못하고 버퍼에서 기다린다는 것은 그 고객의 도착시점에서 시스템의 모든 서버가 고객을 서비스 중이라는 것을 뜻하며, 각 서버의 서비스율이 평균 β 인 지수함수를 따른다고 가정하였으므로 이 때 c개의 서버의 서비스율은 $c\beta$가 된다. 이는 c개의 서버가 각각 서비스율 β 의 속도로 동시에 서비스 중임을 뜻하므로 결국은 평균 서비스율이 $c\beta$인 단일 지수함수 서버처럼 동작한다고 볼 수 있다.

한편, 이와 같은 시스템에서는 $k-(c-1)$ 명의 고객이 서비스를 받기 위하여 대기 중이고 각 고객은 $1/(c\beta)$ 의 시간 동안 서비스 받게 된다. 지수함수의 무기억성(Memoryless property)으로 부터 도착고객의 대기시간은 $(k-c+1)$개의 지수적 서비스시간으로 구성되며 각 서비스시간은 평균이 $1/(c\beta)$ 이다. 여기서 R을 도착고객이 시스템에 막 도착하였을 때 서비스를 받고 있던 c명의 고객의 잔여서비스시간이라고 하고, $W_Q^{\,j}$ 를 큐에 있는 j 번째 고객의 대기시간이라고 하자. 그러면, 대기중인 고객의 수가 $k-(c-1)$ 명일 경우 도착고객의 대기시간은 다음과 같이 나타낼 수 있다.

$$W_Q^{k-c+1*} = R + \sum_{j=1}^{k-c} W_Q^{j}, k \geq c.$$

한편, 각각의 고객의 서비스시간이 평균 β인 지수함수분포를 따를 때 k명의 독립적인 고객의 합의 서비스시간은 매개변수가 β이며 차수가 k인 얼랑분포를 가지며, 이 때 분포함수는 서비스시간을 x라고 둘

때 x가 0보다 크거나 같을 조건하에서(서비스시간이 음수일 경우는 없다!) 다음의 식으로 나타낼 수 있다.

$$E_k(x) = 1 - \sum_{j=0}^{k-1} \frac{(\beta x)^j}{j!} e^{-\beta x}.$$

한편, 서비스시간이 얼랑분포를 따르는 확률변수의 확률밀도함수는 다음과 같다.

$$e_k(x) = \frac{\beta^k x^{k-1}}{(k-1)!} e^{-\beta x}, x \geq 0, k \geq 1.$$

위 식에서 만약 $k=1$이면, 확률밀도함수는 다음과 같다.

$$e_1(x) = \beta e^{-\beta x}.$$

고찰 위의 식 $e_1(x) = \beta e^{-\beta x}$는 무슨 확률분포이며, 이 식은 무엇을 의미하는가?

위의 결과로부터 W_Q^{k-c+1*}는 아래의 확률밀도함수를 가지는 얼랑확률변수임을 알 수 있다.

$$e_{k-c+1}(x) = \frac{(c\beta)^{k-c+1} x^{k-c}}{(k-c)!} e^{-c\beta x}, x \geq 0, k \geq c.$$

따라서, 우리는 $P\{W_Q > t | N = k\}$를 다음과 같이 나타낼 수 있다.

$$P\{W_Q > t \,|\, N = k\} = \int_{x=t}^{\infty} e_{k-c+1}(x)dx = \int_{x=t}^{\infty} \frac{(c\beta)^{k-c+1} x^{k-c}}{(k-c)!} e^{-c\beta x} dx.$$

그러므로, 최종적으로 우리가 구하고자 하는 확률 $P\{W_Q > t\}$은 다음과 같이 나타낼 수 있다.

$$P\{W_Q > t\} = \sum_{k=c}^{\infty} \frac{\rho^k}{c!c^{k-c}} p_0 \int_{x=t}^{\infty} \frac{(c\beta)^{k-c+1} x^{k-c}}{(k-c)!} e^{-c\beta x} dx$$

$$= c\beta p_c \int_{x=t}^{\infty} e^{-(c\beta-\alpha)x} dx = \frac{cp_c}{c-\rho} e^{-(c\beta-\alpha)t}, t \geq 0.$$

위의 식에서 p_c 는 Erlang delay formula임에 유의하자.

문제 4-1 동네 미용실에는 미용사가 한 명 있는데 시간당 평균 2명의 고객이 머리를 깎으러 오고, 한 사람당 머리를 깎는 시간이 평균 20분이라고 한다. 그 미용실에는 머리를 깎는 좌석이 2개 있다. 그런데, 미용실에는 머리를 깎는데 시간이 얼마 걸리지 않는 남자어린이도 있고 어떤 경우에는 퍼머를 하는 여자도 있어서 머리를 깎는 시간이 각자 다를 수 밖에 없다. 어떤 한 고객은 1시간 반 뒤에 약속이 있어서 적어도 약속 10분 전에는 머리를 깎고 가야 한다. 그 고객이 미용실에 도착한 순간부터 머리를 깎을 때까지 기다려야 할 시간이 1시간이 넘을 확률은 얼마일까?

3 M/M/c 큐의 출력과정

M/M/c (단, $c \geq 1$) 큐에서 c가 임의의 양의 정수($c = 1, K,$ 혹은 ∞ 등 모든 경우) 인 경우를 예로 들어서 설명을 하자. 앞의 논의에서처럼 고객의 도착률은 평균 α인 푸아송분포를 따르고 고객의 서비스율은 평균 β인 지수함수분포를 따르며, 이 때 $\rho = a/\beta < 1$ 로서 시스템은 안정상태에서 동작을 한다.

p_n 을 정상상태에서 시스템내의 고객의 수가 n일 확률이라고 하면 생성소멸과정의 해석결과를 이용하여 고객의 도착과정은 시스템의 상태에 무관하므로 $\alpha_n = \alpha$ 이며, 고객의 서비스과정은 동시에 작동하는 서버의 수가 c이므로 n의 값에 따라 서비스율이 달라진다. 즉, $n < c$ 일 경우에는 $\beta_n = n\beta$ 이고, $n \geq c$ 일 경우에는 $\beta_n = c\beta$ 이다. 따라서, 정상상태에서 p_n 을 다음과 같이 나타낼 수 있다.

$$p_n = \begin{cases} \dfrac{\alpha}{n\beta} p_{n-1}, \text{단}, 1 \le n < c\text{일 때} \\ \dfrac{\alpha}{c\beta} p_{n-1}, \text{단}, n \ge c\text{일 때} \end{cases}$$

한편, 고객의 출력의 행태를 관찰하기 위하여 고객의 출력간의 간격에 대하여 분석을 한다. 이를 위하여, τ 를 서로 다른 고객의 출력간의 간격(Inter-departure time)이라고 두고, $N(t)$ 를 임의의 고객 1명이 나가고 난 직후인 시간 t 에서 시스템의 상태라고 두고 $S(t)$ 를 다음과 같이 정의하자.

$$S(t) = P\{N(t) = n\text{이고 } \tau > t\}.$$

여기서, 관측시점에서 이미 서비스중인 어떤 고객의 서비스가 종료되어서 고객의 출발이 일어나지 않을 만큼 아주 작은 시간구간 δt 를 가정하면 다음과 같은 관계식이 성립한다.

$$\begin{aligned} &S_0(t+\delta t) = S_0(t)(1-\alpha\delta t), \\ &S_n(t+\delta t) = S_{n-1}(t)\alpha\delta t + S_n(t)(1-\alpha\delta t)(1-n\beta\delta t), n < c, \\ &S_n(t+\delta t) = S_{n-1}(t)\alpha\delta t + S_n(t)(1-\alpha\delta t)(1-c\beta\delta t), n \ge c. \end{aligned}$$

위의 식에서 첫번째 관계식은 시간 t 에서 시스템 내에 고객이 한 명도 없었는데 시간구간 δt 동안에 한 명의 고객도 도착을 하지 않아서 시스템의 상태가 여전히 0일 확률이다. 그리고 두번째와 세번째 관계식은 시간 t 에서 시스템 내에 고객이 $n-1$ 명이 있었는데 δt 동안에 한 명의 고객이 도착을 하거나 혹은 시간 t 에서 시스템 내에 고객이 n 명이 있었는데 δt 동안에 한 명의 고객도 도착을 하지 않고 서비스 중이던 고객도 서비스를 마치지 않을 확률이다. 두번째와 세번째 관계식의 차이는 시스템내의 고객의 수가 c 보다 적거나 같은 경우와 큰 경우의 차이일 뿐이다.

위의 식은 $t \to \infty$ 일 때 다음의 식으로 바꾸어 나타낼 수 있다.

$$\frac{dS_0(t)}{dt} = -\alpha S_0(t),$$
$$\frac{dS_n(t)}{dt} = \alpha S_{n-1}(t) - (\alpha + n\beta)S_n(t), n < c,$$
$$\frac{dS_n(t)}{dt} = \alpha S_{n-1}(t) - (\alpha + c\beta)S_n(t), n \ge c.$$

한편, 시스템의 초기조건 $S_n(0) = p_n$ 으로부터, 위의 방정식는 다음의 일반해를 가진다.

$$S_0(t) = p_0 e^{-\alpha t},$$
$$S_n(t) = p_n e^{-\alpha t}.$$

따라서, $P\{\tau > t\}$ 는 다음과 같이 구할 수 있다.

$$P\{\tau > t\} = \sum_{n=0}^{\infty} S_n(t) = e^{-\alpha t} \sum_{n=0}^{\infty} p_n = e^{-\alpha t}.$$

고찰 식 $P\{\tau > t\} = e^{-\alpha t}$ 이 의미하는 물리적인 의미는 τ가 서로 다른 고객의 출력간의 간격(Inter-departure time)인데, 이 값이 어떤 값 t보다 클 확률이 지수확률분포를 가진다는 것이다. 이는 결국 고객의 출력간격이 지수함수를 따른다는 것과 같은 의미이기 때문에 결국은 고객의 출력과정도 푸아송이라는 의미를 가지고 있다.

이제 이웃하는 두 고객의 출력간의 간격이 출발순간 이전의 시스템의 상태와 어떤 관계에 있는지를 살펴본다. 즉, 임의의 시간 t에서 시스템내의 고객의 수가 이전의 고객의 출발시간이나 이전의 고객의 출발간격과 어떤 관계(독립인지 아닌지)에 있는지를 알아본다. 이 문제는 다음과 같이 모형화할 수 있다. 먼저 $n+1 < c$ 일 경우, 다음의 식이 성립한다.

$$\begin{aligned} &P\{N(t+\delta t) = n\text{이고 } t < \tau < t+\delta t\} \\ &\quad = S_{n+1}(t)(n+1)\beta\delta t = p_{n+1}(n+1)\beta e^{-\alpha t}\delta t = p_n \beta e^{-\alpha t}\delta t \\ &\quad = P\{N(t+\delta t) = n)\} \times P\{t \le \tau \le t+\delta t\}. \end{aligned}$$

위의 식의 맨 마지막 등식에서 앞의 항은 시간 $t+\delta t$ 에서 시스템의 상태가 n일 확률이고, 뒤의 항은 미소구간 δt 동안에 한명의 고객이 출발할 확률이다. 따라서, 위의 식이 의미하는 물리적 의미는 임의의 시간 t에서 시스템내의 고객의 수가 이전의 고객의 출발시간 및 이전의 고객의 출발간격과 독립임을 의미한다.

한편, $n+1 \ge c$ 일 경우에는 위의 식은 다음과 같이 나타낼 수 있다.

$$P\{N(t+\delta t)=n\text{이고 } t<\tau<t+\delta t\}$$
$$=S_{n+1}(t)c\beta\delta t = p_{n+1}c\beta e^{-\alpha t}\delta t = p_n\beta e^{-\alpha t}\delta t$$
$$=P\{N(t+\delta t)=n)\}\times P\{t\le\tau\le t+\delta t\}.$$

따라서, $n+1 \ge c$ 일 경우에도 위의 의미가 그대로 유지됨을 알 수 있다. 결국, 모든 n에 대하여 임의의 시간 t에서 시스템내의 고객의 수가 이전의 고객의 출발시간 및 이전의 고객의 출발간격과 독립임을 의미한다.

예제 4-3

M/M/c 큐를 이용한 통신시스템 모델링의 예로서 채널단위로 고객을 수용하는 초고속통신망에서 다음과 같은 파라미터를 가정한다.

- 호도착률, $\lambda = \dfrac{720\text{호}/\text{시간}}{3600\text{초}/\text{시간}} = 0.2\text{호}/\text{초}$
- 호당 평균 점유시간: $\dfrac{1}{\mu} = 3\text{분} = 180\text{초}$
- 채널의 수: $c = 40$
- 트래픽 강도: $\rho = \dfrac{\lambda}{\mu} = 0.2 * 180 = 36$ [단위:얼랑]
- 채널점유도: $\psi = \dfrac{\rho}{c} = \dfrac{36}{40} = 90\%$

위와 같은 가정하에서 다음을 구하라.

첫째, 고객이 바로 서비스 받을 수 있는 확률은 얼마인가?
둘째, 고객이 2분 이상 기다려야 할 확률은 얼마인가?
셋째, 고객의 평균대기시간은 얼마인가?

풀이 먼저, 고객이 도착하자마자 바로 서비스 받을 수 있는 확률은 전체확률에서 고객이 기다려야 할 확률을 뺀 확률이다. 따라서, 고객이 도착하자마자 바로 서비스 받을 수 있는 확률은 다음과 같이 나타낼 수 있다.

$$\text{고객이 도착하자마자 바로 서비스를 받을 수 있을 확률} = 1 - E_c(c,\rho)$$
$$\text{단, } E_c(c,\rho)\text{는 얼랑-}C\text{공식}$$
$$\text{한편, } E_c(c,\rho) = E_{40}(40,36) \approx 0.5\text{이므로,}$$
$$\text{고객이 도착하자마자 바로 서비스를 받을 수 있을 확률} = 1 - 0.5 = 50\%$$

두번째로, 고객이 도착하여서 서비스를 받기까지 먼저 도착한 고객의 서비스를 위하여 기다려야 한다면 t시간만큼 기다려야 할 확률은 고객의 대기시간이 t보다 클 확률이므로, 앞에서 구한 결과를 이용하여 구할 수 있다. 다른 한가지 방법은 푸아송 도착의 무기억성으로부터 다음과 같은 관계식을 얻을 수 있다.

$$\text{고객이 } t\text{시간 이상 기다려야 할 확률} = P\{W > t\} = E_c(c,\rho)e^{-(c-\rho)\mu t},$$
$$\text{고객이 2분이상 기다려야 할 확률} = P\{W > 120\} = 0.5e^{-(40-36)\frac{120}{180}} = 3.47\%$$

마지막으로, 고객의 평균대기시간은 아래의 식으로부터 구할 수 있다.

$$\text{고객의 평균 대기 시간} = \frac{E_c(c,\rho)\frac{1}{\mu}}{c(1-\psi)} = \frac{0.5\times180}{40(1-0.9)} = 22.5\text{초}$$

4 M/M/c/K 큐

M/M/c/K 큐는 앞에서 논의한 M/M/c 큐에서 시스템이 수용할 수 있는 고객의 수가 K명으로 제한된 유한버퍼 시스템을 말한다. 따라서, 고객이 시스템에 도착하여 큐에 빈 공간이 없으면 그 고객은 시스템에 들어오지 못하고 시스템을 떠나야 하는데 이 사건을 손실(Loss 혹은

Blocking)이라고 한다. 결국, M/M/c/K 큐는 앞에서 논의한 M/M/c 큐와 다른 모든 점은 같으나 오직 한가지 다른 점이 하나 있는데 그것은 바로 시스템의 상태가 K이하만 존재한다는 것이다.

어느 한 고객이 시스템에 도착하는 순간에 시스템내의 고객의 수가 n일 때 고객의 도착과 서비스과정은 다음과 같다.

$\alpha_n = \alpha, n = 1, 2, \cdots$

n이 c보다 크지 않을 경우, $\beta_1 = \beta, \beta_2 = 2\beta, \cdots, \beta_n = n\beta,$

n이 c보다 크거나 같고 K보다 작거나 같을 경우, $\beta_n = c\beta$

위의 시스템에 대해서도 앞에서 소개한 BDP의 해석방법을 이용하여 p_k 는 다음과 같이 표현할 수 있다.

$$p_k = \begin{cases} \left(\dfrac{\rho^k}{k!}\right) p_0, 0 \le k < c, \\ \left(\dfrac{\rho^k}{c!c^{k-c}}\right) p_0, c \le k \le K \end{cases}$$

단, p_0 는 확률의 정의로부터 다음의 식을 만족하는 상수이다.

$$p_0 = \frac{1}{\sum_{n=0}^{c-1} \dfrac{\rho^n}{n!} + \sum_{n=c}^{K} \dfrac{\rho^n}{c!c^{n-c}}}.$$

따라서, 고객이 시스템에 도착하여 시스템 안으로 들어가지 못하고 거부당할 확률은 p_k 에 관한 식에서 $k = K$ 일 경우가 된다. 이 식을 다시 나타내면 다음과 같다.

$$p_K = \frac{\dfrac{\rho^K}{c!c^{K-c}}}{\sum_{n=0}^{c-1} \dfrac{\rho^n}{n!} + \sum_{n=c}^{K} \dfrac{\rho^n}{c!c^{n-c}}}.$$

| 얼랑–B 공식 |

위의 식에서 만약 $c=K$ 이면 공식은 더욱 간단해지는데 이 경우는 서버의 수와 시스템 내 고객의 수가 같은 경우이므로 그 결과는 다음과 같다.

$$p_c = \frac{\frac{\rho^c}{c!}}{\sum_{n=0}^{c} \frac{\rho^n}{n!}}.$$

위의 식은 얼랑의 손실 공식(Erlang–loss formula 혹은 Erlang–Blocking formula: 줄여서 Erlang–B 공식이라고도 함)라고 불리는 식으로서 유한버퍼시스템의 손실 확률을 구하는데 사용된다.

예제 4–4

얼랑-B공식을 이용한 네트워크 설계의 예를 들어보자. 표 4-1은 비디오 전화(Videophone)가입자의 특성을 모델링하는데 필요한 파라미터의 정의 및 대표적인 값을 요약한 것이다.

표 4–1 비디오 전화 가입자의 파라미터

파라미터	기호	가정치
가입자의수	M	임의치
최번시 가입자활동률	a	0.1~0.2
평균연결지속시간	$1/\mu$	1,000 초
평균호도착률	λ	0.36~0.72
평균부하	ρ	$\rho=\lambda/\mu$
연결거부확률	ϕ	1%
하나의 비디오세션에 대한 소요대역	ω	2Mbps

위의 표에서 보는 바와 같이 비디오 전화의 호레벨 트래픽 특성은 일반전화에서와 다르지만, 연결레벨에서의 서비스 품질요구는 일반전화에서와 거의 같다고 할 수 있다. 따라서, 가입자교환기에서 연결수락제어(CAC: Connection Admission Control)를 적용할 경우 교환기가 받아들일 수 있는 최대 연결의 수가 가입자 특성 파라미터값에 의하여 결정되는 Erlang-B formula에 의하여 한정되어 있다.

비디오 전화의 호 발생패턴이 푸아송분포를 따르고 연결지속시간이 지수함수적으로 분포되어있다고 가정을 한다.

한편, 교환기가 받아들일 수 있는 비디오 전화의 최대 연결의 수를 c로 한정하고 그 이상의 연결은 연결제어에서 차단된다고 가정을 하자. 이때, 호레벨 서비스품질요구를 일정한 값 이하로 유지하도록 링크를 설계하는 문제는 대기행렬이론에서 쓰는 M/M/c/c모형을 이용하면 해결할 수 있다. 이때 얻어지는 해를 Erlang-B formula라고 하며, 위에서 다음과 같은 식으로 나타낸 적이 있다.

$$E(c,\rho)=\frac{\frac{\rho^c}{c!}}{\sum_{i=0}^{c}\frac{\rho^i}{i!}}.$$

단, 위의 식에서 부과 트래픽 ρ는 다음과 같이 구한다.

$$\begin{aligned}\rho &= (\text{호의 평균 도착률} \times \text{호당 평균 지속시간})/3600 \\ &= (M\times a\times\lambda\div\mu)/3600 \quad [\text{Unit:Erlang}].\end{aligned}$$

위의 식에 대하여 다음과 같은 사실을 알 수 있다.

- c의 값이 크기 않을 경우, 수치해석방법을 이용하여 Erlang-B formula를 쉽게 풀 수 있다.
- 대규모 가입자를 수용하는 ISP(Internet service provider: 인터넷 서비스제공자)에서와 같이 c의 값이 클 경우(일반적으로 $c=30$ 이상), PC상에서 수치해석방법을 이용하여 Erlang-B formula를 풀기가 곤란하다.

두 번 째의 경우에는 Erlang-B formula를 변형한 재귀식(Recursive formula)을 이용하여 해를 구할 수가 있다.

$$E(c,\rho)=\frac{\rho\times E(c-1,\rho)}{c+\rho\times E(c-1,\rho)}.\ \text{단, } E(0,\ \rho)=1.$$

비디오 전화의 세션 브러킹 목표 확률을 ϕ라고 하였으므로, 서비스품질조건을 만족하는 링크의 용량을 설계하는 문제는 아래의 식을 만족하는 c의 최소값을 찾는 문제와 같다.

$$E(c,\rho) < \phi$$

마지막으로 소요대역은 위의 두 식을 만족하는 c의 값으로부터 구할 수 있는데, 일반적으로 실시간 서비스를 제공하는 네트워크에서는 네트워크의 안정성이 아주 중요한 문제로 여겨진다. 그래서, 링크의 용량 설계에 있어서 노드의 고장이나 링크의 단절 등 네트워크자원의 고장 및 오류에 대비하여 우회노드나 우회루트를 준비하며, 그를 반영하기 위하여 링크의 용량은 소요용량의 2배로 설계하는 것이 일반적이다. 그래서, 위에서 구한 채널의 용량을 기준으로 호브러킹확률을 보장하기 위하여 필요한 채널의 수를 다음과 같이 구할 수 있다.

$$\Omega_{\text{GoS}} = w \times c \times 2$$

그림 4-1은 비디오 전화 가입자에 대한 가입자규모별 소요대역폭을 나타낸 그래프이다.

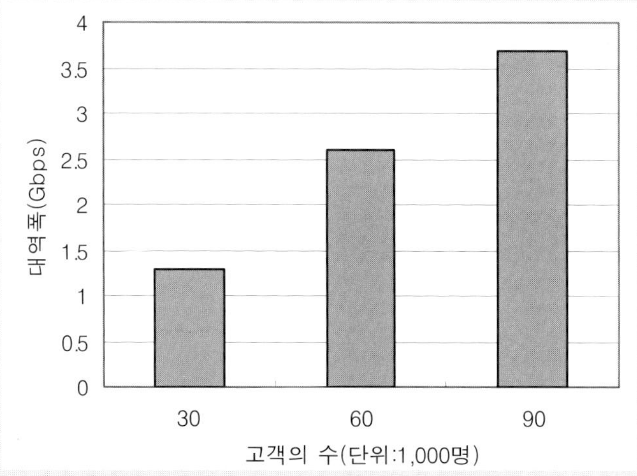

그림 4-1 가입자규모별 소요대역폭

위의 그림의 횡축에서 가입자의 단위는 1,000명이므로 본 수치실험에서는 30,000에서 90,000명의 가입자를 기준으로 소요대역을 예측한 것임을 알 수 있다. 본 수치실험을 수행하면서 조사한 바로는 일반적으로 비디오 전화 가입자는 많아야 수 만명의 단위로 교환기에 수용됨을 알 수 있었다.

위의 그래프가 시사하는 사실은 가입자의 규모와 소요대역간에는 선형적인 관계가 존재한다는 것이다. 이는 임의의 규모의 가입자에 대하여 링크디멘져닝을 한다면 나머지의 규모의 가입자에 대한 링크디멘져닝은 가입자의 규모의 비에 의해서 쉽게 확장이 가능하다는 것이다.

2 고객의 행동을 수반하는 M/M/c 큐

제 1절에서는 고객이 시스템에 도착하면 시스템의 상태를 관측하지 않고 무조건 시스템으로 들어오는 M/M/c 큐에 대하여 해석을 하였다. 그런데, 실제로는 고객이 무조건 시스템으로 들어오지 않는 경우도 많이 볼 수 있다. 가령, 점심시간에 맛있기로 소문이 난 음식점에 갔을 때 손님이 문 밖까지 줄을 서서 기다리는 경우 모든 사람이 그 대기행렬에 가담하지는 않는다. 어떤 사람은 긴 줄을 보고 바로 발길을 돌리기도 하고, 또 어떤 사람은 일단 줄에 가담하여서 어느 정도 기다리다가 줄이 쉽게 줄어들지 않으면 더 이상 기다리지 못하고 줄을 이탈하여 다른 곳으로 발길을 돌리는 상황을 가정할 수 있다. 앞의 현상을 Balking(시스템에 들어가는 것을 주저함)이라고 하고, 뒤의 현상을 Reneging(시스템에 들어가려던 행동을 취소함)이라고 한다. 제 2절에서는 이러한 두 가지 현상에 대하여 해석한다.

1 고객이 들어오기를 주저하는 M/M/c 큐

고객이 시스템에 들어오기를 주저(Balking)하는 M/M/c 큐에서는 고객이 시스템으로 들어갈지 말지를 시스템의 상태에 따라 미리 결정한다. 따라서, 시간 t에서 시스템의 상태(즉, 큐의 상태)를 $Q(t)$ 라고 하고, $Q(t)=n$ 일 때 고객이 시스템에 들어오기로 마음 먹을 확률을 다음과 같이 정의하자.

$$P\{\text{시간}t\text{에 고객이 시스템에 들어감} \mid Q(t)=n\} = b_n, (n \ge 0).$$

즉, 위의 식으로부터 고객이 시스템에 들어가는 것을 주저할 확률 (Balking probability)은 $1-b_n$ 임을 알 수 있다. 일반적으로 b_n 은 다음과 같은 함수를 널리 사용한다.

$$b_n = \begin{cases} \dfrac{1}{n-c+2}, n \geq c, \text{혹은} \\ \alpha^{n-c+1}, 0 < \alpha < 1, n \geq c, \text{혹은} \\ n < c \text{이면 } 1, n \geq c \text{이면 } 0. \end{cases}$$

위와 같은 고객의 행동을 고려하면 시스템의 해석에서 고객의 서비스율은 기존의 M/M/c 큐와 같은 반면에 고객도착률은 다음과 같이 나타낼 수 있다.

$$\lambda_n = \lambda \times b_n, n \geq 0,$$
$$\mu_n = \begin{cases} n \times \mu, 1 \leq n < c, \\ c \times \mu, n \geq c \end{cases}$$

위와 같이 고객의 도착과 서비스시간에 대한 동작특성이 결정되면 이제 앞에서 논의하였던 BDP의 해석에서 행한 방법과 같은 방법으로 정상상태에서 시스템내의 고객의 수의 확률을 구하면 다음과 같다.

$$\pi_n = \begin{cases} \dfrac{1}{n!}\rho^n, 0 \leq n < c, \\ \dfrac{1}{c!c^{n-c}}\beta_n \rho^n, n \geq c \end{cases}$$

단, 위의 식에서 $\rho = \lambda / \mu$ 이며, $\beta_c = 1$ 이고 $\beta_n = b_c \times b_{c+1} \times \cdots \times b_{n-1}(n \geq c+1)$이다.

만약, 수열 $\sum_{c}^{\infty} \beta_n \rho^{n-c}$ 가 수렴한다면(이 조건은 뒤에서 정의될 q_0 의 존재조건이다) $Q(t)$ 는 시간에 관계없는 값 Q 로 수렴하며, 이 때 $Q=n$ 일 확률 q_n 은 다음과 같다.

$$q_n = \begin{cases} \dfrac{q_0}{n!}\rho^n, 0 \le n < c, \\ q_c \beta_n \rho^{n-c}, n \ge c \end{cases}$$

단, q_0 은 확률의 공리로부터 다음과 같다.

$$q_0 = \left[\sum_{n=0}^{c-1} \frac{1}{c!}\rho^n + \frac{1}{c!}\rho^c \sum_{n=c}^{\infty} \beta_n \rho^{n-c} \right]^{-1}.$$

2 고객이 기다리다가 중도에 포기하는 M/M/c 큐

바로 앞에서 설명을 하였던 고객이 Balking하는 M/M/c 큐에서는 고객이 처음부터 시스템에는 들어갈지 말지 확률적으로 결정하였지만, 여기서 다루고자 하는 Reneging하는 M/M/c 큐에서는 일단 처음에는 대기행렬에 가담하여 기다리고 있던 고객이 일정한 대기시간이 지나면 더 이상 기다리지 못하고 중도포기(Reneging)하고 시스템을 떠나버리기 때문에 n번째 고객이 d_n 의 단위시간이 지나도 자신이 서비스를 받지 못하면 시스템을 떠난다고 가정을 하자. 그리고 d_n 의 확률밀도함수를 지수함수로 가정을 하여 다음과 같이 나타내자.

$$d_n \text{의 } pdf = \nu e^{-\nu x}.$$

그러면, 시각 t에서 $Q(t) = n$ 일 때 고객이 시각 t 까지 잘 참고 기다리다가 $(t, t+dt)$ 사이에 시스템을 떠날 확률은 다음과 같다.

$$P\{t\text{까지 기다리던 고객이 } (t, t+dt]\text{사이에 떠남} | Q(t) = n\}$$
$$= \begin{cases} \nu dt + o(dt), \ n \ge c, \\ 0, \ 0 \le n < c \end{cases}$$

따라서, $Q(t)$ 는 고객의 도착률과 서비스율이 다음과 같이 정의되는 BDP로 간주할 수 있다.

$$\lambda_n = \lambda, n \ge 0,$$

$$\mu_n = \begin{cases} n\mu, 0 \le n < c \\ c\mu + (n-c)\nu, n \ge c \end{cases}$$

따라서, 정상상태에서의 시스템내의 고객의 수의 확률을 구하면 다음과 같다.

$$\pi_n = \begin{cases} \frac{1}{n!}\rho^n, 0 \le n < c, \\ \frac{1}{c!}\rho^c \beta_n \delta^{n-c}, n \ge c \end{cases}$$

단, 위의 식에서

$\delta = \lambda / \nu$ 이고 $\beta_c = 1$이며, $\beta_n = \left[(1+\frac{\delta}{\rho})(2+\frac{\delta}{\rho})\cdots(n-c+\frac{\delta}{\rho}) \right], n > c$ 이다.

만약 $\sum_{n=c}^{\infty} \beta_n \delta^{n-c}$ 가 수렴한다면 고객의 수 $Q(t)$ 및 고객이 서비스를 완전히 받을 때까지의 시스템 내 체재시간 $W(t)$ 의 극한확률이 존재하며 $Q(t)$ 의 정상상태확률을 q_n 이라고 하면, 다음의 관계가 성립한다.

$$q_n = \begin{cases} \frac{q_0}{n!}\rho^n, 0 \le n < c, \\ q_c \beta_n \delta^{n-c}, n \ge c \end{cases}$$

단, q_0 은 다음과 같다.

$$q_0 = \left[\sum_{n=0}^{c-1} \frac{1}{n!}\rho^n + \frac{1}{c!}\rho^c \sum_{n=c}^{\infty} \beta_n \delta^{n-c} \right]^{-1}.$$

한편, 고객이 서비스를 완전히 받을 때까지 걸리는 시간 $W(t)$ 를 구하기 위하여 우선 고객이 서비스를 받을 때까지 기다리려고 작정한 가상의 대기시간을 $W_0(t)$ 라고 정의하면 $W_0(t)$ 는 다음과 같다.

$$W_0(t) = \begin{cases} 0, Q(t) < c \\ D_1 + D_2 + \cdots D_{Q(t)-c+1}, else \end{cases}$$

위의 식에서 $D_1, D_2, \cdots$ 은 $Q(t) \ge c$ 일 때 서비스가 끝이 났거나 시스템의 오류 등으로 고객이 시스템을 떠나는 경우의 고객의 연속적인 출발 사이의 간격을 나타낸다.

만약 $Q(t) = n$ (단, $n \ge c$)이면, $D_1, D_2, \cdots$은 매개변수가 $c\mu + (n - c - m + 1)\nu$, (단, $1 \le m \le n - c + 1$) 인 지수밀도함수를 가지는 상호 독립인 랜덤변수이다. 이 때 확률밀도함수 $f(n)$ 은 다음과 같다.

$$f(n) = \sum_{k=0}^{n-c} \frac{(-1)^k c\mu}{k!(n-c-k)!\beta_n} e^{-(c\mu+k\nu)x}.$$

따라서, 다음의 관계식을 얻는다.

$$P\{W_0(t) > x\}$$
$$= \sum_{n=c}^{\infty} P\{Q(t) = n\} \sum_{k=0}^{n-c} \frac{(-1)^k c\mu}{k!(n-c-k)!\beta_n (c\mu + k\nu)} e^{-(c\mu+k\nu)x}.$$

한편, $W(t) = \mathrm{Min}\{W_0(t), D\}$ 이므로, 다음의 식이 성립한다.

$$P\{W(t) > x\} = P\{D > x, W_0(t) > x\} = e^{-\nu x} P\{W_0(t) > x\}.$$

시간이 무한대로 갈 경우 위의 식을 다음과 같이 나타내자.

$$\begin{aligned} 1 - F(x) &= \lim_{t\to\infty} P\{W(t) > x\} \\ &= e^{-\nu x} \sum_{n=c}^{\infty} \pi_n \sum_{k=0}^{n-c} \frac{(-1)^k c\mu}{k!(n-c-k)!\beta_n} \frac{e^{-(c\mu+k\nu)x}}{c\mu + k\nu} \\ &= e^{-\nu x} \pi_c (c\mu) \sum_{n=c}^{\infty} \delta^{n-c} \sum_{k=0}^{n-c} \frac{(-1)^k}{k!(n-c-k)!} \frac{e^{-(c\mu+k\nu)x}}{c\mu + k\nu} \\ &= e^{-\nu x} \pi_c (c\mu) \sum_{k=0}^{n-c} \frac{(-1)^k}{k!} \frac{e^{-(c\mu+k\nu)x}}{c\mu + k\nu} \sum_{n=c+k}^{\infty} \frac{\delta^{n-c}}{(n-c-k)!} \\ &= e^{-\nu x + \delta} \pi_c (c\mu) \sum_{k=0}^{n-c} \frac{(-\delta)^k}{k!} \frac{e^{-(c\mu+k\nu)x}}{c\mu + k\nu}. \end{aligned}$$

위의 식에서 맨 마지막 결과는 다음의 성질을 이용한 것이다.

$$\sum_{n=c+k}^{\infty} \frac{\delta^{n-c}}{(n-c-k)!} = e^{\delta}\delta^{k}.$$

결국, 고객의 시스템 체재시간과 관련하여 다음의 결과를 얻을 수 있다.

$$F(x) = P\{W \le x\} = 1 - e^{-\nu x+\delta}\pi_c(c\mu)\sum_{k=0}^{n-c}\frac{(-\delta)^k}{k!}\frac{e^{-(c\mu+k\nu)x}}{c\mu+k\nu}.$$

위의 결과를 보면 식이 상당히 복잡함을 알 수 있다. 그러나 고객의 도착 및 서비스시간에 대한 파라미터의 값을 안다면 컴퓨터를 이용하여 계산이 가능할 것이다.

3 Batch job을 가진 $M^X/M/c/c$ 큐

제 3장에서 단일서버에 대하여 일정한 크기의 집단 일량(Batch job) 도착(한명의 고객이 도착할 때 K단위의 일량이 동시에 도착하는 경우, 혹은 같은 양의 일을 요구하는 K명의 고객이 동시에 도착하는 경우를 일컬음)의 큐에 대하여 해석을 하였다. 그런데, 실제로 네트워크에서 일어나는 데이터의 전송이나 프레임의 도착을 관측해보면 고객의 도착이나 데이터의 도착이 집단으로 일어나는 경우가 대부분이고, 또 단일 고객이 도착하더라도 요구하는 서비스의 양이 각기 다름을 알 수 있다.

그래서, 이번에는 좀 더 복잡한 모형인 복수서버에 랜덤한 요구일 값(Work amount)을 가지는 고객이 도착하는 모형을 공부한다. 단, 이 때 고객의 도착과정은 평균 도착률 λ인 푸아송과정을 따르며, 고객의 단위 서비스 요구에 대한 서비스시간은 평균서비스율이 μ인 상호독립인 확률분포를 따른다.

먼저 시스템변수를 다음과 같이 정의한다.

c: 서버의 수(예: 유무선네트워크에서 채널의 수 혹은 Subcarrier의 수)
r: 고객 한 명 혹은 채널 하나당 고객이 생성하는 데이터율
(단위: bit per second)
K: 한 고객이 동시에 점유 가능한 최대 서버의 수

@ 단, 이 시스템에서는 하나의 고객이 자신의 전송요구조건을 만족하기 위하여 여러 개의 서버를 동시에 점유할 수 있다는 가정을 하고 있으므로, 따라서, 한 명의 고객이 k단위의 일을 요구하는 경우 요구일량은 kr이 되며 이 때는 k개의 서버가 동시 점유된다. 단, $1 \le k \le K$.
계속해서 몇 가지 변수를 더 정의하자.

C: 시스템의 총 데이터 율 $= rc$,

x_k : batch size가 k일 확률, 단, $\sum_{k=1}^{K} x_k = 1, 1 \le k \le K \le c$.

λ_k : batch job 도착률 $= x_k \lambda$

λ : 평균 batch size: $\gamma = \sum_{k=1}^{K} k x_k$

위와 같이 변수를 정의하였을 때 시스템이 어떻게 동작하는지 그림이 머리 속에 잘 그려지지 않을 것이다. 그 이유는 이 시스템은 앞의 시스템들과는 달리 한 명의 고객의 도착과 관련하여 그 고객이 서비스를 받기를 원하는 일(Job)이 여러 개가 동시에 도착하기 때문에 시스템의 상태가 어디서 어디로 변하는지를 쉽게 떠올리기가 어렵기 때문이다.

그러나, 이와 같이 복잡한 시스템도 그림을 그려보면 이해가 훨씬 쉬워진다. 그래서, 해석을 쉽게 하기 위하여 사용하는 방법이 시스템에 고객이 새로 들어오거나 기존에 시스템 내에 있던 고객이 서비스를 다 받고 나가면서 시스템의 상태(고객의 수)가 변하는 모양을 나타내는 시스템의 상태천이도(State transition diagram)를 이용하는 것인데, 이를 나타낸 것이 아래의 그림이다.

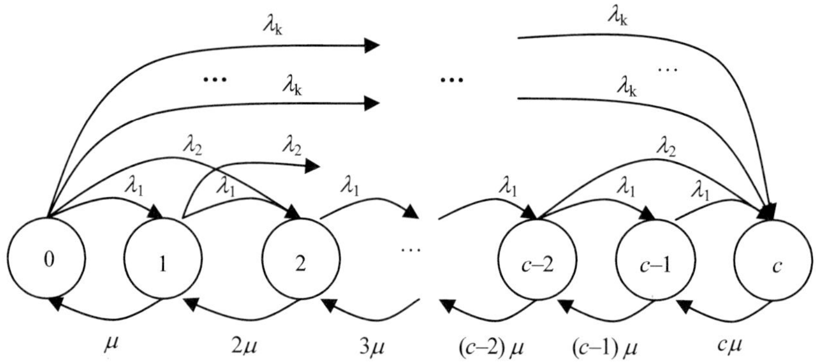

그림 4-2 $M^X/M/c/c$큐의 상태 천이도

위의 시스템 상태천이도에서 각 상태에서 다른 상태로 옮겨 가는 화살표가 실제로는 아주 많다. 예를 들면, 상태 0에서 옮겨갈 수 있는 상태는 상태1부터 상태 c까지 모두 c개가 있다. 왜냐하면 시스템이 비어있다가 어느 한 고객이 일량 c를 가지고 도착하면 시스템의 상태는 바로 0에서 c로 갈 수 있다.

그런데, 이것을 모두 그리기가 복잡해서 몇 개만 그렸는데 실제로는 이와 같다. 0에서 1로 옮겨갈 확률이 λ_1, 0에서 2로 옮겨갈 확률이 λ_2, 0에서 3으로 옮겨갈 확률이 λ_3, 이렇게 해서 0에서 k로 옮겨갈 확률이 λ_k 이고, 마지막으로 0에서 c로 옮겨갈 확률이 λ_c 이다. 물론 상태 1, 2, 3, 등 모든 상태에서 그 위의 상태로 옮겨갈 확률도 같은 방법으로 생각을 할 수 있다. 따라서, 상태천이가 아주 복잡하게 된 것이다!

한편, 위의 그림을 보면 아주 복잡한 것처럼 보이지만 실제로는 각 상태간에 아주 규칙적인 원칙이 있음을 알 수 있다. 따라서, 각 상태에 대하여 화살표의 들어오고 나가는 것을 관찰하여 우리는 다음과 같은 정상상태 평형방정식을 얻을 수 있다.

$$\lambda p_0 = \mu p_1, \text{단 } 1 \le n \le c \text{이고 } \lambda = \sum_{k=1}^{K} \lambda_k,$$

$$\left(m\mu + \sum_{k=1}^{\min(c-m,K)} \lambda_k \right) p_m = \sum_{k=1}^{\min(m,K)} \lambda_k p_{m-k} + (m+1)\mu p_{m+1}, \text{단 } 1 \le m \le c-1,$$

$$c\mu p_c = \sum_{k=1}^{K} \lambda_k p_{c-k}.$$

위의 식에서 처음 두 식으로부터 다음의 두 식을 얻을 수 있다.

$$p_1 = \frac{\lambda}{\mu} p_0,$$

$$p_{m+1} = \frac{\left(m\mu + \sum_{k=1}^{\min(c-m,K)} \lambda_k\right) p_m - \sum_{k=1}^{\min(m,K)} \lambda_k p_{m-k}}{(m+1)\mu}, \text{단 } 1 \le m \le c-1.$$

위의 방정식을 자세히 관찰해보면 시스템 상태간에 재귀식(Recursive formula)으로 이루어진 것을 알 수 있는데 이 방정식을 풀기 위하여 재귀프로그램(Recursive program)을 이용하여야 한다. 그러나, c의 값이 커짐에 따라 재귀횟수가 커지므로 계산의 복잡도가 크게 증가한다.

이 문제를 해결하는 방안으로 반복과정(Iterative procedure)을 이용하여 해를 구하는 방법을 소개한다. 우선, $p_0^* = 1$ 이라고 둔다. 그러면, 위의 식은 다음과 같이 간단히 바뀔 수 있다.

$$p_1^* = \frac{\lambda}{\mu} p_0^* = \frac{\lambda}{\mu},$$

$$p_{m+1}^* = \frac{\left(m\mu + \sum_{k=1}^{\min(c-m,K)} \lambda_k\right) p_m^* - \sum_{k=1}^{\min(m,K)} \lambda_k p_{m-k}^*}{(m+1)\mu}, \text{단 } 1 \le m \le c-1.$$

확률의 정규화 조건으로부터, $\sum_{i=0}^{c} p_i = 1$ 이 성립하므로 최종적으로 다음의 결과를 얻는다.

$$p_m = \frac{p_m^*}{\sum_{i=0}^{c} p_i^*}, \text{단 } 0 \le m \le c.$$

위의 결과를 이용하면 시스템의 몇 가지 성능을 쉽게 예측할 수 있다. 통신시스템을 예로 들면, 통신시스템의 중요한 성능지표는 고객에 대한 서비스품질의 보장과 시스템의 경제성을 들 수 있다. 먼저, 복수서버시스템에서 고객에 대한 서비스품질의 보장은 고객의 서비스 수용여부를 나타내는 고객의 브러킹확률을 일정한 수준 이하로 유지하도록 시스템이 설계되어야 한다. 보통 전화 통신망에서 고객의 브러킹확률은 1%이하로 유지하여야 한다.

한편, 시스템의 경제성은 유한한 시스템자원을 얼마나 효과적으로 사용하였는가를 나타내는 효용(Utilization)으로 나타낸다. 따라서, 효용이 높을수록 시스템은 경제성이 높다고 말할 수 있다.

먼저, 고객의 브러킹확률을 구한다. 고객이 브러킹되는 사건은 임의의 서비스양을 요구하는 고객이 시스템에 도착하였을 때 그 시스템이 고객이 원하는 만큼의 서버자원이 없으면 서비스를 제공할 수 없게 되고 그 때 그 고객은 브러킹된다. 즉, 만약 kr만큼의 대역을 요구하는 호가 무선채널을 액세스하려고 하는데 기지국에서 그만큼의 채널을 할당할 수 없을 때 새로운 호는 브러킹된다는 의미와 같다. 따라서, 고객의 브러킹확률을 Ω라고 두면 Ω는 다음과 같이 나타낼 수 있다.

$$\Omega = \frac{1}{\lambda}\sum_{i=0}^{K-1}\left(p_{c-i}\sum_{k=i+1}^{K}\lambda_k\right).$$

이번에는 대역의 효용(Bandwidth utilization)을 나타내보기로 한다. 대역의 효용은 일정한 관측시간 동안 고객이 시스템을 사용한 시간의 비율로 나타낼 수 있다. 만약 관측시간을 T라고 하고 충분히 긴 시간동안($T \to \infty$)관측을 하였을 때 대역의 효용을 Ψ 로 표기하면 다음과 같이 정의된다.

$$\Psi = \lim_{T\to\infty}\frac{\sum_{k=1}^{K}\left[\lambda_k \times T \times (1-\sum_{i=c-k+1}^{c} p_i)\times k \times \frac{1}{\mu}\right]}{T\times c}$$
$$= \frac{\sum_{k=1}^{K}\left[k\times\lambda_k\times(1-\sum_{i=c-k+1}^{c} p_i)\right]}{c\times\mu} = \frac{\gamma\lambda_{eff}}{c\mu}.$$

단, 위의 식에서 λ_{eff} 는 유효도착률로서 위의 식에서 맨 마지막 항에서 정의되는 물리적인 의미를 띠는 값임을 주목하자. 즉, λ_{eff} 는 다음과 같이 정의된다.

$$\lambda_{eff} = \frac{\sum_{k=1}^{K}\left[k \times \lambda_k \times (1 - \sum_{i=c-k+1}^{c} p_i)\right]}{\gamma}$$

한편, 시스템 내에 존재하는 평균고객의 수를 L이라고 하면 L은 다음과 같이 정의된다.

$$L = \sum_{i=0}^{c} ip_i.$$

위의 식은 시스템 내에서 Busy(고객을 서비스 중)인 서버의 평균수와도 같음을 알 수 있다. 즉, 이 현상을 위의 대역효용과 비교해보면 결국은 다음의 관계식이 성립함을 알 수 있다.

$$\Psi = \frac{L}{c}.$$

한편, 고객이 시스템 내에서 머무른 시간을 시스템체재시간이라고 부르는데 이 시스템은 서버의 수와 큐의 수가 같다고 하였으므로 대기시간은 없고 오직 서비스시간만 존재하므로 시스템체재시간 S를 다음과 같이 정의할 수 있다.

$$S = \frac{L}{\gamma\lambda_{eff}} = \frac{1}{\mu}.$$

위의 식은 앞에서 정의한 Little의 공식과 일치함을 알 수 있다.

4 M/D/N@c 큐

M/D/N@c큐는 앞에서 표기한 Kendall의 표기방식에서 저자가 약간 변화를 주어 표기한 것인데, 다음과 같은 특성을 지닌 대기행렬 시스템이다.

첫째, 고객의 도착과정이 푸아송분포를 따르고, 평균도착률을 α라고 하자.

둘째, 한 순간에 최대 N명의 고객이 동시에 서비스를 받을 수 있으나, 서비스의 기회가 c단위시간 간격으로 주기적으로 온다. 즉, 매 c단위시간마다 서비스기회가 주어지고 이 때 동시에 N명의 고객이 서비스를 받을 수 있다. 이것을 N@c로 나타낸다.

위와 같은 예는 스키장의 곤돌라를 들 수 있다. 즉, 매 30초마다 곤돌라가 승강장으로 들어오고 그 때마다 최대 10명의 스키어가 탑승을 할 수 있는 것이 한 가지 예이다. 이 때, 모든 고객의 서비스시간을 고정치로 가정을 하고 서비스율을 β라고 하자. 즉, 컨베이어벨트에서 가공되는 맥주캔이나 인쇄소에서 신문이 처리되는 과정 혹은 일정한 속도로 회전하는 스키리프트 등과 같이 개별고객의 서비스시간이 모두 일정한 과정을 나타낸다. 개별고객의 서비스시간이 모두 일정한 경우를 확정적(Deterministic)이라고 말하며, 따라서 서비스 시간분포를 D로 표기한다.

셋째, 버퍼의 크기가 무한대이다.

그리고, 시스템은 고객이 도착하는 순서대로(FIFO: First-in first-out)서비스를 하며 또한 일량 보존(Work conserving: 시스템 내에 고객이 있는 한 시스템은 쉬지 않고 계속 일을 한다는 것을 의미함)이라고 가정을 하자. 즉, 시스템은 고객이 도착하는 순서에 의하여 서비스를 하며 큐에 고객이 있는 한 서버는 계속해서 고객을 서비스한다. 위에서 만약 $\rho = \alpha / \beta$ 이라고 두면 ρ는 부과 트래픽(Offered load) 혹은 트래픽 강도(Traffic intensity)라고 부른다. 그리고, 시스템이 큐에 고객이 계속해서 쌓이지 않고 안정적으로 동작하기 위해서는 $\rho < c$의 조건을 만족하여야 한다.

시스템의 해석을 위하여 정상상태에서 다음과 같이 정의한다. p_n, $n = 0,1,2,\cdots$을 임의의 고객의 서비스를 시작하는 순간에서 큐 내에서 기다리고 있는 고객의 수가 n명일 확률이라 둔다. c단위시간 간격의 연속적인 두 순간을 관찰하여 보면, c시간 동안 고객이 단 한 명도 도착하지 않을 확률은 푸아송분포의 밀도함수로부터 $e^{-\alpha c}$임을 알 수 있다. 따라서, p_0는 이전 사이클에서 서비스가 시작 되기 직전까지 큐 내에 기다리는 고객이 N명을 넘지 않고 서비스 시간 동안 고객이 단

한 명도 도착하지 않을 확률과 같으므로 다음과 같이 나타낼 수 있다.

$$p_0 = (p_0 + p_1 + \cdots + p_N)e^{-\alpha c}.$$

한편, p_1은 이전 사이클에서 서비스가 시작되기 직전까지 큐 내에 기다리는 고객이 N명을 넘지 않고 서비스 시간 동안 고객이 한 명이 도착하는 경우이거나 이전 사이클에서 서비스가 시작되기 직전까지 큐 내에 기다리는 고객이 정확히 $N+1$명이고 서비스 시간 동안 고객이 한 명도 도착하지 않을 경우의 확률이므로, 다음과 같이 나타낼 수 있다.

$$p_1 = (p_0 + p_1 + \cdots + p_N)\alpha c e^{-\alpha c} + p_{N+1}e^{-\alpha c}.$$

같은 방법으로, $n = 2,3,\cdots$에 대하여 다음과 같은 결과를 얻을 수 있다.

$$p_2 = (p_0 + p_1 + \cdots + p_N)\frac{(\alpha c)^2}{2}e^{-\alpha c} + p_{N+1}\alpha c e^{-\alpha c} + p_{N+2}e^{-\alpha c}.$$
$$\vdots$$
$$p_n = (p_0 + p_1 + \cdots + p_N)\frac{(\alpha c)^n}{n!}e^{-\alpha c} + p_{N+1}\frac{(\alpha c)^{n-1}}{(n-1)!}e^{-\alpha c} + \cdots + p_{N+n}e^{-\alpha c}.$$

위의 식을 보면 시스템 상태확률간의 관계가 여태껏 보던 것 보다 더 복잡하게 얽혀져 있음을 알 수 있다. 그리고 이것을 푸는 것이 쉬운 일이 아님을 쉽게 알 수 있다.

위의 식을 풀기 위하여 확률생성함수를 다음과 같이 정의한다.

$$P(z) = \sum_{n=0}^{\infty} p_n z^n.$$

$p_1, p_2, \cdots, p_n$의 각 식에 $z^0, z^1, \cdots, z^n$을 곱한 후 $P(z)$의 우항에 대입하면 그 결과는 다음과 같다.

$$\begin{aligned} P(z) &= \sum_{n=0}^{\infty} p_n z^n \\ &= (p_0 + p_1 + \cdots + p_N)e^{-\alpha c}\sum_{n=0}^{\infty}\frac{(\alpha c z)^n}{n!} + e^{-\alpha c}p_{N+1}z\sum_{r=0}^{\infty}\frac{(\alpha c z)^r}{r!} \end{aligned}$$

$$+e^{-\alpha c}p_{N+2}z^2\sum_{r=0}^{\infty}\frac{(\alpha cz)^r}{r!}+\cdots.$$

$$=(p_0+p_1+\cdots+p_N)e^{-\alpha c}e^{\alpha cz}+p_{N+1}ze^{-\alpha c}e^{\alpha cz}+\cdots+p_{N+k}z^k e^{-\alpha c}e^{\alpha cz}+\cdots$$

$$=(p_0+p_1+\cdots+p_N)e^{-\alpha c(1-z)}+e^{-\alpha c(1-z)}\left[\frac{P(z)-(p_0+p_1z+\cdots+p_Nz^N)}{z^N}\right].$$

따라서, 다음의 결과를 얻는다.

$$P(z)e^{\alpha c(1-z)}=(p_0+p_1+\cdots+p_N)+\frac{P(z)-\sum_{n=0}^{N}p_nz^n}{z^N}.$$

위의 식을 좌우변에 대하여 정리하면 다음의 결과를 얻는다.

$$P(z)\left[z^N e^{\alpha c(1-z)}-1\right]=\left(\sum_{t=0}^{N}p_t\right)z^N-\sum_{n=0}^{N}p_nz^n.$$

따라서, $P(z)$는 다음과 같다.

$$P(z)=\frac{\left(\sum_{t=0}^{N}p_t\right)z^N-\sum_{n=0}^{N}p_nz^n}{z^N e^{\alpha c(1-z)}-1}.$$

위의 식에서, $N=1$일 때 $P(z)$는 다음과 같이 간단히 나타낼 수 있다.

$$P(z)=\frac{p_0(z-1)}{ze^{\alpha c(1-z)}-1}.$$

위의 식은 $P(z)$ 의 분모와 분자가 $z=1$ 일 때 0이므로 로피탈(l'Hopital)의 정리를 쓰면, 다음과 같이 간단해 진다.

$$P(1)=\lim_{z\to 1}\frac{p_0}{e^{\alpha c(1-z)}-\alpha cze^{\alpha c(1-z)}}=\frac{p_0}{1-\alpha c}=1.$$

따라서, p_0는 다음과 같다.

$$p_0=1-\alpha c.$$

결국, 확률생성함수 $P(z)$는 다음의 식으로 나타낸다.

$$P(z)=\frac{(1-\alpha c)(z-1)}{ze^{\alpha c(1-z)}-1}.$$

확률생성함수 $P(z)$로부터 우리는 시스템의 상태확률을 구할 수 있는데 그 방법은 제 2장에서 이미 다루었다.

한편 시스템의 성능지표로서 많이 사용되는 것으로 시스템 내에서 기다리고 있는 고객의 평균수를 들 수가 있다. 그런데, 확률생성함수 $P(z)$를 이용하면 시스템 내에서 기다리고 있는 고객의 평균수를 구할 수 있는데, 시스템 내에서 기다리고 있는 고객의 평균수 K는 다음의 식으로부터 구한다.

$$K=P'(z)\big|z=1=P'(1).$$

예제 4-5

고객의 도착률이 1이고, 어느 한 순간에 고객은 한 명만 서비스를 받을 수 있으며, $c=0.5$ 일 경우 확률생성함수 $P(z)$와 시스템 내에서 기다리고 있는 고객의 평균수를 구하여라.

풀이 큐에서 기다리고 있는 평균 고객의 수는 식 $K=P'(z)\big|z=1=P'(1)$로부터 구할 수 있다. 따라서, 먼저 $P(z)$를 구하여야 하는데 다음과 같다.

$$\begin{aligned}P(z)&=\frac{0.5(z-1)}{ze^{0.5(1-z)}-1}=\frac{0.5y}{(1+y)e^{0.5y}-1}\\&=\frac{0.5y}{(1+y)(1-0.5y+\frac{1}{8}y^2-\cdots)-1}\\&=\frac{0.5y}{1+0.5y-\frac{3}{8}y^2+\cdots-1}\\&=\frac{1}{1-\frac{3}{4}y+\cdots}=1+\frac{3}{4}y+\cdots\end{aligned}$$

단, 위의 식에서 세번째 등식은 지수함수의 멱급수전개를 한 결과 나온 식이다. 따라서, $P'(1)$ 은 3/4이다. 즉, 시스템 내에서 기다리고 있는 고객의 평균수가 0.75명≈1명이다.

5 M/X/∞ 큐

유한한 물리계에서 서버가 무한대가 될 수는 없다. 그러나, 일반적으로 고객의 수에 비해서 충분히 큰 서비스능력을 가지는 시스템은 실제상황에서 많이 존재한다. 본 절에서는 이와 같은 환경에 대하여 해석을 하기로 한다.

우선, 고객의 도착은 일반적으로 마르코프과정을 따르므로 도착과정은 푸아송분포를 가정한다. 그리고, 서버는 지수함수분포와 일반분포를 가지는 경우로 나누어서 해석을 하기로 한다.

1 M/M/∞ 큐

M/M/∞ 큐는 앞에서 다룬 M/M/c 큐에서 서버의 수가 무한대로 많아진 시스템을 말한다. 이와 같은 시스템은 고객의 요구보다 서비스능력이 월등히 큰 시스템을 나타내기에 적합한 모형으로서 방학이 아닌 월요일 아침의 스키장이라든지 한 겨울의 평일날 아침 바닷가와 같이 고객이 거의 찾아오지 않는 환경을 나타내는 모형이다. 실제로 회선의 용량이 초당 수 기가(Giga: 10^9)비트인 광대역통신망에서 최대속도 64 Kbps의 음성가입자를 제공하는 경우와 같이 가입자가 푸아송분포로 네트워크에 유입되고 가입자의 네트워크 내 체재시간이 지수함수적으로 감소하는 시스템의 모델링에 아주 유용한 모형이다. 즉, 네트워크의 대역폭은 아주 크되(예를 들면 대역폭이 수백 Mbps에서 수 Gbps의 크기를 가짐), 가입자당 발생되는 트래픽의 양이 수 Kbps정도인 경우, 그리고 가입자당 발생시킬 수 있는 최대대역폭에 상한치(Peak rate limitation)가 주어져 있는 경우에 아주 적합한 모델이다.

이 시스템의 해석은 M/M/c 큐에서 서버의 수가 무한대로 많아진 시스템에 불과하므로 앞에서 다룬 M/M/c 큐에서 사용한 생성소멸과정의 해석방법을 그대로 이용할 수 있다. 우선, 앞에서와 같이 시스템 내의 고객의 상태가 k일 때 고객의 평균 도착률과 서비스율을 각각 $\lambda_k, \mu_k, k = 0,1,\cdots,$ 라고 하면, 고객의 도착은 시스템의 상태와 무관하나 서비스율은 시스템내의 고객의 수에 유관하므로 다음의 식을 얻는다.

$$\lambda_k = \lambda,$$
$$\mu_k = k\mu, k = 0,1,\cdots.$$

한편 생성소멸과정의 해석에서 임의의 시간에서 시스템 내에 존재하는 고객의 수를 시간에 의존하지 않는 시스템의 상태로 간주하고, 고객의 수가 k명일 확률은 다음과 같이 나타낸 적이 있다.

$$p_k = \frac{\lambda_0 \lambda_1 \cdots \lambda_{k-1}}{\mu_1 \mu_2 \cdots \lambda_k} p_0 = \frac{1}{k!}\left(\frac{\lambda}{\mu}\right)^k p_0.$$

한편, 확률의 정의로부터, 다음의 결과를 얻는다.

$$\sum_{k=0}^{\infty} p_k = \sum_{k=0}^{\infty} \frac{1}{k!}\left(\frac{\lambda}{\mu}\right)^k p_0 = 1$$
$$\rightarrow e^{\lambda/\mu} p_0 = 1$$
$$\rightarrow p_0 = e^{-\lambda/\mu}.$$

시간을 충분히 흐르게 한 뒤인 시스템의 정상상태에서의 고객의 수가 k명일 확률(즉, p_k 에서 숨어있는 $t \rightarrow \infty$ 인 경우)을 π_k 라고 두자. 그러면, 다음과 같은 결과를 얻는다.

$$\pi_k = \frac{1}{k!}\left(\frac{\lambda}{\mu}\right)^k e^{-\lambda/\mu}, k = 0,1,\cdots.$$

고찰	위의 식은 무슨 분포함수이며 이 함수가 의미하는 물리적 의미는 무엇인가?

한편, 정상상태에서 시스템 내에서 기다리는 고객의 수의 평균을 L로 나타내면 L은 위의 식에서 평균값함수를 정의하여 구할 수가 있는데 결과는 다음과 같다.

$$L = \frac{\lambda}{\mu}.$$

한편, M/M/∞ 큐에서는 고객이 시스템에 도착하면 바로 서비스를 받을 수 있으므로 고객의 대기시간은 존재하지 않고 서비스시간만 존재한다. 따라서, 고객의 시스템 내 체재시간 W는 $1/\mu$이다.

이 결과를 위의 마지막 식에 넣으면 다음의 결과를 얻는데, 이는 리틀의 공식으로 알려진 결과이다. 따라서, M/M/∞ 큐에서도 리틀의 공식이 성립됨을 알 수 있다.

$$L = \lambda W.$$

예제 4-6

최번시에서 1시간 동안 전화호의 평균 도착률이 3호이고, 호당 평균 지속시간이 180초라고 한다. 이 때 다음을 구하여라.

(1) 정상상태에서의 시스템내의 고객의 수가 3명일 확률은 얼마인가?

(2) 정상상태에서의 시스템내의 고객의 수는 평균 몇 명인가?

(3) 고객의 시스템 내 평균 체재시간은 얼마인가?

풀이 우선, 시스템의 부하부터 계산하면,

$$\rho = \frac{3 \times 180}{3600} = 0.15 Erlang$$

(1) 정상상태에서의 시스템내의 고객의 수가 3명일 확률은 아래의 식에서 $k = 3$ 일 경우이다.

$$\pi_k = \frac{1}{k!}\left(\frac{\lambda}{\mu}\right)^k e^{-\lambda/\mu} = \frac{1}{3!}(0.15)^3 e^{-0.15} = 0.048\%$$

즉, 시스템내의 고객의 수가 3명일 확률은 아주 작음을 알 수 있다. 그 이유는 이 시스템의 부하가 0.15밖에 되지 않기 때문이다.

(2) 정상상태에서의 시스템내의 고객의 수는

$$L = \frac{\lambda}{\mu} = 0.15 \approx \text{간신히 1명!}$$

(3) 고객의 시스템 내 평균 체재시간은

$$W = \frac{L}{\lambda} = \frac{0.15}{3} = 0.05\text{초}$$

문제 4-2 어떤 네트워크에서 비디오서비스를 제공하는데 최번시 1시간 동안 비디오전화의 호의 평균 도착률이 2호이고, 호당 평균 지속시간이 1000초라고 한다. 이 때 다음을 구하고 앞의 예제 4-6에서의 결과와 비교하라. 어떤 차이가 있는가?

(1) 정상상태에서의 시스템내의 고객의 수가 3명일 확률은 얼마인가?
(2) 정상상태에서의 시스템내의 고객의 수는 평균 몇 명인가?
(3) 고객의 시스템 내 평균 체재시간은 얼마인가?

2 M/G/∞ 큐

M/G/∞ 큐는 앞에서 다룬 M/M/∞ 큐에서 고객의 서비스시간분포가 지수함수적이지 않고 일반적인 분포를 따르는 시스템을 말한다. 이와 같은 시스템은 고객의 도착은 푸아송 분포를 따르고 서비스시간은 일반적인 분포를 따르며 서버의 수가 무한대인 시스템을 말한다.

이와 같은 시스템의 예를 들면 실제로 광대역통신망에서 비교적 저속인 인터넷 가입자를 제공하는 ADSL(Asymmetric digital subscriber line)이나 VoIP(Voice over IP network)과 같은 경우가 있다. 그 중에서 ADSL 서비스시스템이 이와 같은 모형을 따르는 이유를 고객의 도착률, 서비스율, 그리고 서비의 수를 예를 들어서 설명한다.

먼저 ADSL에서는 초당 수 백 메가비트의 전송로에 가입자당 수 메가 비트의 처리용량을 제공하는 가입자 회선서비스이다. 따라서, 하나의 네트워크전송로에 수십명에서 수백명의 가입자를 수용하는 것이 일반적이다. 그리고 가입자가 네트워크로 전송하는 데이터의 양이 처음에 가입할 때 정해진 일정 속도를 초과할 수 없고 또 동시에 접속을 하고 있는 가입자간에 상호 연관성이 거의 없어서 상호 독립적인 다수의 고객으로부터의 도착을 푸아송분포로 가정할 수 있다.

둘째로, 가입자가 생성시킨 데이터의 길이는 ADSL을 통하여 전송

가능한 다양한 응용프로그램의 특성(예: 음성, 텍스트 및 이미지 데이터, 비디오 등)으로 부터 패킷의 길이가 짧은 것부터 긴 것 까지 다양한 값을 가지고 아주 일반적인 분포를 따르고 그로 말미암아서 가입자(혹은 패킷)의 네트워크 내 체재시간이 지수함수적으로 감소하지 않고 꽤 긴 시간부터 짧은 시간까지 광범위하게 분포한다. 따라서, 이와 같은 특성을 지닌 시스템의 모델링에는 서비스시간이 일반인 분포가 아주 유용한 모형이다.

마지막으로 ADSL은 저속 고객을 다수를 모아서 DSLAM(Digital subscriber line access multiplexer, 디지털 가입자 회선 다중화 장치)에서 통계적 다중화하여 고속의 네트워크 접속회선으로 수용하는 네트워크이므로 서버가 가진 처리용량은 고객이 요구하는 서비스처리용량보다 아주 크다. 즉, 앞에서와 같이 네트워크의 대역폭은 아주 크되(예를 들면 대역폭이 수백 Mbps에서 수 Gbps의 크기를 가짐), 가입자당 발생되는 트래픽의 양이 수 Kbps정도인 경우, 그리고 가입자당 발생시킬 수 있는 최대대역폭에 상한치(Peak rate limitation)가 주어져 있는 경우에 서버의 용량이 워낙 크므로 가입자로 볼 때에는 서버가 무한대로 있는 모델이라고 볼 수 있다.

아래의 그림은 ADSL의 네트워크 접속환경을 나타낸 것이다. 그림에서 가입자 단말과 DSLAM사이 혹은 DSLAM과 액세스 교환기(Access Switch) 사이에서 M/G/∞ 큐 모형을 적용할 수 있다.

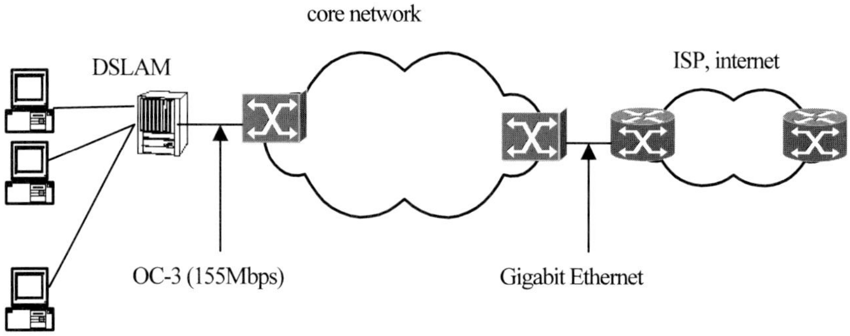

그림 4-3 초고속 인터넷의 접속도

이 모형의 해석방법은 서비스시간의 분포가 일반적인 분포를 따르는 바람에 M/M/∞ 큐에서와 같이 단순하지는 않다. 따라서, 새로운 접근방법을 이용해야 하는데, 대기행렬이론에서 잘 알려진 Marked Poisson Process의 해석방법을 이용한다.

해석을 위하여 다음과 같이 변수를 정의한다. $A_1, A_2, \cdots$ 을 고객의 도착시간이라고 두자. 그리고, $V_1, V_2, \cdots$ 을 고객의 서비스시간이라고 두자. 이 때, 고객의 도착시간과 고객의 서비스시간을 각각 x축과 y축 상에 나타내어보자. 예를 들어서, 아래의 그림과 같다고 가정을 한다.

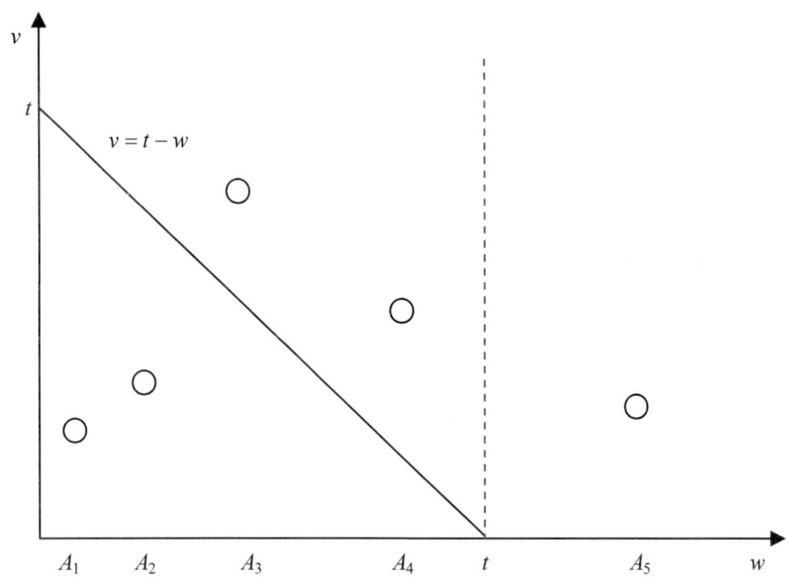

그림 4-4 Marked Poisson process의 진행.

위의 그림에서 시간 t 이전에 도착한 고객의 수는 4명인데, x축에 나타낸 각 도착사건에 대하여 고객의 서비스시간을 y축에 나타내었다. 예를 들면, 첫번째 고객은 시스템에 들어와서 짧은 시간 동안만 서비스를 받고 시스템을 나갔고, 세번째 고객은 서비스시간이 길어서 시간 t 이내에 서비스를 끝내지 못하고 있음을 알 수 있다. 이 상황을 그림에서 함수 $v = t - w$ 로 나타내었는데 함수 $v = t - w$ 의 윗부분에 있는 고객이 시간 t 이내에 서비스를 끝내지 못한 경우를 나타낸다. 그림에서는 두 명의 고객이 시간 t에서 아직 시스템 내에 머물고 있음을 나타낸다. 이와 같이 고객의 도착시간과 고객의 서비스시간을 좌표상에 나타낸 것을 $(A_1, V_1), (A_2, V_2), \cdots$ 로 나타내고, 이것이 Marked Poisson Process를 형성한다고 한다.

$X(t)$를 시간 t에서 시스템 내에 존재하는 고객의 수라고 하자. 그러면, 위에서 설명한 바와 같이 고객이 시간 t의 이전에 도착하여 시간 t 이후에도 서비스가 계속되는 경우에 해당하므로 다음의 조건을 만족하는 고객의 수가 바로 시간 t에서 시스템 내에 존재하는 고객의 수라고 할 수 있다.

$$A_k \le t \text{이고 } A_k + V_k > t.$$

즉, 그림 4-4에서는 $X(t) = 2$ 이다.

그림에서 (A,V)가 가질 수 있는 점의 값을 (w,v)라고 두면, 이들의 집합을 아래와 같이 나타내자.

$$E_t = \{(w,v) : 0 \le w \le t \text{ 이고 } v > t - w\}.$$

그러면, E_t는 평균이 $\mu(E_t)$인 푸아송분포를 따른다. 그리고 $\mu(E_t)$는 다음과 같이 나타낼 수 있다.

$$\mu(E_t) = \int\int \lambda(dw)dG(v) = \lambda \int_0^t \{ \int_{t-w}^{\infty} dG(w)\} dw$$

$$= \lambda \int_0^t (1 - G(t-w))dw = \lambda \int_0^t (1 - G(x))dx.$$

단, λ는 고객의 평균 도착률이고, $G(x) = P\{V_k \le x\}$ 이다.

한편, $E[V_k] = \eta$ 라고 두자.

E_t가 평균이 $\mu(E_t)$인 푸아송분포를 따르므로 $X(t)$가 k일 확률은 다음과 같다.

$$p_k(t) = P\{X(t) = k\} = \frac{\mu(E_t)^k e^{-\mu(E_t)}}{k!}, k = 0,1,\cdots.$$

한편, 시간을 충분히 지나게 하면 즉, $t \to \infty$ 일 때,

$$\lim_{t\to\infty}\mu(E_t)=\lambda\int_0^\infty(1-G(x))dx=\lambda\eta.$$

따라서, 정상상태에서 시스템 내에 고객이 k명 있을 확률은 다음과 같다.

$$\pi_k=\lim_{t\to\infty}p_k(t)=\frac{(\lambda\eta)^k e^{-\lambda v}}{k!},k=0,1,\cdots.$$

즉, 위의 식을 관찰해 보면 알 수 있듯이 M/G/∞ 큐에서 정상상태에서 시스템 내에 고객이 k명 있을 확률은 고객의 평균도착률 λ와 평균서비스시간 η를 매개변수로 가지는 푸아송 분포함수를 취함을 알 수 있다.

이 결과로부터 M/G/∞ 큐에서 정상상태에서 시스템 내에 고객이 k명 있을 확률은 M/M/∞ 큐에서 정상상태에서 시스템 내에 고객이 k명 있을 확률과 같다는 것이다. 즉 정상상태에서 시스템 내에 고객이 k명 있을 확률을 알면 고객의 평균 수를 알 수 있으므로 결국은 고객의 대기시간도 알 수가 있으며, 결론적으로 M/G/∞ 큐에서도 리틀의 공식이 성립함을 유추할 수 있다.

M/G/1 대기행렬 시스템

05 Chapter

요약

제 5장에서는 M/G/1 큐에 대해서 알아본다. M/G/1 큐는 M/M/1 큐에서 서비스시간이 지수적인 분포를 가지지 않고 일반적인(Generally distributed) 분포를 따르는 대기행렬시스템이다. 일반적으로 서비스 길이 분포가 일반적이라고 하는 것은 고객의 서비스시간의 특성이 다양하여서 어느 특정한 분포함수로 나타낼 수 없는 것을 나타내므로 해석이 간단하지가 않다. 따라서, M/M/1 큐보다 고객의 시스템 내 체재시간이 길 확률이 훨씬 더 높아지고 그에 따라 시스템의 특성도 바뀌게 되어서 지금까지 사용했던 BDP의 방법으로는 해결할 수 없는 조금 복잡한 시스템이다.

이를 위하여 이 장에서는 임베디드 마르코프과정이라는 다른 방법을 사용하여 M/G/1 큐를 해석하기로 한다. 먼저 임베디드 마르코프과정에 대해서 알아보고, 그 후에 M/G/1 큐의 해석을 한다. 임베디드 마르코프과정의 해석으로부터 시스템의 상태에 대한 확률생성함수를 구함으로써 궁극적으로 시스템내의 고객의 수를 나타내는 확률을 구할 수 있다.

그리고, 이어서 M/G/1 큐에 대하여 정상상태에서 평균 고객의 수, 고객의 수의 분포함수, 시스템 체재시간 등을 구하는 방법을 알아본다.

1 임베디드 마르코프 과정

임베디드 마르코프과정(Imbedded Markov Process)이란 시스템의 동작의 특성 및 시간에 따른 시스템의 프로세스의 미래가 그 시점의 이전의 어떠한 사건과도 무관하며 전적으로 그 시점의 시스템의 상태에 의해 결정되는 것을 말한다. 따라서, 서비스의 종료시점이 바로 그 프로세스의 재생시점(Renewal point)이 된다.

M/G/1 큐에서 임베디드 마르코프과정의 성질을 이용한 큐의 상태확률을 구해본다. 우선, n번째 관측시점에서의 시스템의 상태를 q_n 이라고 두자. 그리고, 정상상태에서 시스템의 상태가 k일 확률은 관측시

점을 나타내는 n을 무한대로 보낸 경우이므로 그 확률을 다음과 같이 정의한다.

$$P\{\text{시스템의 상태} = k\} = \lim_{n \to \infty} P\{q_n = k\} = \pi_k. \tag{1}$$

고객의 평균 도착률을 λ라고 두고 고객의 서비스시간을 T, 그리고 평균서비스시간을 $1/\beta$, 그리고 서비스시간의 확률밀도함수를 $b(t)$ 라고 두자. 그리고 n번째 관측시점에서 임의의 한 명의 고객의 서비스 시간 동안 도착하는 고객의 수를 ζ_n 이라고 하고 j명의 고객이 도착할 확률은 고객의 도착과정이 푸아송분포를 따르는 것을 고려하였을 때 다음과 같다.

$$P\{\zeta_n = j\} = \gamma_j = \int_0^\infty \frac{(\lambda t)^j e^{-\lambda t}}{j!} b(t)dt.$$

식(1)에서 정의한 시스템의 상태확률을 이용하자. 정상상태에서 시스템의 상태가 k일 확률, π_k, 을 이용하여 시스템의 상태가 변화하는 모습을 관찰해보면 먼저 어느 관측시점에서 시스템 내에 고객이 한 명도 없을 확률은 원래부터 시스템 내에 고객이 없고 도착도 한 명도 하지 않을 경우와 시스템 내에 고객이 한 명 있었는데 그 고객이 서비스를 받고 나갈 동안 새로운 고객이 도착하지 않는 경우가 있다.

그리고 어느 관측시점에서 시스템 내에 고객이 한 명이 있을 확률은 세 가지로 나눌 수 있다. 첫번째, 원래 시스템 내에 고객이 없었는데 새로이 고객이 한 명 도착할 경우, 두번째, 시스템 내에 고객이 한 명 있었는데 그 고객이 서비스를 받고 나갈 동안 새로운 고객이 1명 도착한 경우, 그리고 마지막으로 시스템 내에 고객이 두 명 있었는데 그 고객이 서비스를 받고 나갈 동안 새로운 고객이 도착하지 않는 경우가 있다.

이상을 종합하면 결국 다음과 같은 상태천이방정식을 얻을 수 있다.

$$\begin{aligned} \pi_0 &= \pi_0\gamma_0 + \pi_1\gamma_0, \\ \pi_1 &= \pi_0\gamma_1 + \pi_1\gamma_1 + \pi_2\gamma_0, \\ \pi_2 &= \pi_0\gamma_2 + \pi_1\gamma_2 + \pi_2\gamma_1 + \pi_3\gamma_0, \\ &\ddots \end{aligned} \tag{2}$$

위의 식으로부터 π_k 를 구하기 위하여 다음과 같이 각각 정의되는 고객의 도착수와 시스템의 상태에 대한 두 개의 확률생성함수 $\Phi(z)$ 와 $Q(z)$ 를 이용한다. 먼저 고객의 도착수에 대한 확률생성함수를 다음과 같이 정의한다.

$$\begin{aligned}\Phi(z) &= \sum_{k=0}^{\infty}\gamma^k z^k = \sum_{k=0}^{\infty} z^k \int_0^{\infty}\frac{(\lambda t)^k e^{-\lambda t}}{k!}b(t)dt = \int_0^{\infty} e^{-\lambda x}\left(\sum_{k=0}^{\infty}\frac{(\lambda xz)^k}{k!}\right)b(x)dx \\ &= \int_0^{\infty} e^{-\lambda x(1-z)}b(x)dx \\ &= B^*(\lambda(1-z)).\end{aligned}$$

단, 위에서 $B^*(s)$ 는 $b(t)$ 의 Laplace 변환(Laplace transform, 이하 LT)으로서 다음과 같이 정의된다.

$$B^*(s) = \int_0^{\infty} e^{-st}b(t)dt.$$

한편, 시스템의 상태에 대한 확률생성함수 $Q(z)$ 는 다음과 같다.

$$\begin{aligned}Q(z) &= \sum_{k=0}^{\infty} z^k \pi_k = \pi_0 + \pi_1 z + \pi_2 z^2 + \cdots \\ &= \pi_0\Phi(z) + \pi_1\Phi(z) + \pi_2 z\Phi(z) + \pi_3 z^2\Phi(z) + \cdots \\ &= (\pi_0 + \pi_1 + \pi_2 z + \pi_3 z^2 + \cdots)\Phi(z) \\ &= \frac{\pi_0(1-z)\Phi(z)}{\Phi(z)-z}.\end{aligned} \tag{3}$$

식(3)의 두 번째 등식은 식 (2)에서 각 줄의 식에 대하여 양변에 각각 $z^0, z^1, z^2, \cdots$ 를 곱한 후 행으로 더하여 얻을 수 있다.

한편 식(2)에서 π_k 을 구하기 위하여 우선 π_0 을 구하여야 하는데, 식(3)의 첫 번째 등식으로부터 $z=1$ 일 때 $Q(1) = \pi_0 + \pi_1 + \pi_2 + \cdots = 1$ 인 조건으로부터 π_0 을 구할 수가 있다.

한편, 식(3)의 맨 마지막 등식으로부터 $z=1$ 인 경우 $Q(z)$ 가 0/0의 형태이므로 L'Hopital의 정리로부터 다음의 식을 얻는다.

$$1 = \frac{-\pi_0}{\Phi'(1) - 1}$$

$$\rightarrow \pi_0 = 1 - \Phi'(1) = 1 - \int_0^\infty e^{-\lambda t} b(t) \left(\sum_{k=1}^\infty \frac{(\lambda t)^k}{(k-1)!} \right) dt$$

$$= 1 - \int_0^\infty \lambda t b(t) dt = 1 - \lambda E[T] = 1 - \rho.$$

단, $\rho = \dfrac{\lambda}{\beta}$.

이 결과를 식 (3)의 맨 마지막 등식에 대입하면 다음과 같은 결과를 얻는다.

$$Q(z) = \frac{(1-\rho)(1-z)\Phi(z)}{\Phi(z) - z} = \frac{(1-\rho)(1-z)B^*[\lambda(1-z)]}{B^*[\lambda(1-z)] - z}.$$

한편, $Q(z)$ 를 구하면 큐 내의 고객의 수의 평균과 분산을 구할 수 있는데, 그 과정은 다음과 같다. 먼저, 고객의 서비스가 종료되는 순간의 시스템내의 고객의 수의 평균은 위에서 정의된 $Q(z)$ 를 한 번 미분하여 $z=1$ 인 경우의 값이 되고, 제2차 모멘트는 $Q(z)$ 를 두 번 미분하여 $z=1$ 인 경우의 값이 된다. 이와 관련된 예는 다음절의 예제 5-4에서 다루기로 한다.

2 M/G/1 큐

M/G/1 큐는 다음과 같이 정의되는 시스템이다.

- 고객의 도착과정: 평균도착률 λ의 푸아송분포를 따르는 랜덤 도착
- 고객의 서비스시간: 일반분포를 따르는 독립적 서비스시간
  서비스시간의 확률밀도함수를 $b(t)$, 단, $t \geq 0$, 라고 가정을 함.
- 서버의 수: 1개
- 버퍼의 크기: 무한대

1 평균고객의 수

시스템내의 평균 고객의 수를 구하기 위하여 고객의 수에 대하여 다음과 같이 정의한다. 먼저, 고객을 도착순서에 따라 $1,2,3,\cdots,n,\cdots$ 으로 번호를 매긴다. 그리고, 다음과 같이 변수를 정의하자.

- q_n : 고객 n이 서비스를 마치는 순간의 시스템 내 고객의 수
- a_n : 고객 n이 서비스를 받는 동안 도착하는 고객의 수

  단, a_n, $n=1,2,\cdots,$ 은 상호 독립이고, 동일한 확률분포를 따르며, q_n, $n=1,2,\cdots,n-1,$ 에도 독립인 변수이다.

그러면, q_n과 a_n 사이에는 다음의 관계가 성립한다.

$$q_{n+1}=\begin{cases} q_n-U(q_n)+a_{n+1}, \text{단}, q_n>0, \\ a_{n+1}, \text{단}, q_n=0 \end{cases} \tag{4}$$

단 위의 식에서 $U(q_n)$은 시스템 내에 고객이 있는지 없는지를 나타내는 지수함수(Index function)로서 다음과 같이 정의된다.

$$U(q_n)=\begin{cases} 1, \text{단}, q_n>0, \\ 0, \text{단}, q_n=0 \end{cases}$$

만약 고객 n의 서비스시간이 s라고 한다면 a_n은 매개변수 λs를 가지는 푸아송 확률변수이며, 그 때 k명의 고객이 도착할 확률은 다음과 같다.

$$P\{a_n=k|s\}=\frac{e^{-\lambda s}(\lambda s)^k}{k!}.$$

따라서, 도착하는 고객의 수에 대한 모멘트를 구해보면,

$$E[a_n|s]=\lambda s,$$

$$E[a_n^2|s]=\lambda s+(\lambda s)^2.$$

$$E[a_n] = \int_0^\infty \lambda s b(s) ds = \lambda \int_0^\infty s b(s) ds = \frac{\lambda}{\beta} = \rho.$$

한편, 도착고객의 수에 대한 2차 모멘트는 다음과 같이 얻을 수 있다.

$$E[{a_n}^2] = \frac{\lambda}{\beta} + \lambda^2 E[S^2] = \rho + \lambda^2 (\frac{1}{\beta^2} + Var[S]) = \rho + \rho^2 + \lambda^2 Var[S].$$

앞의 식 (4)로 돌아가서, 식 (4)의 첫 번째 등식에 대하여 평균값함수를 적용하면,

$$E[q_{n+1}] = E[q_n] - E[U(q_n)] + E[a_{n+1}].$$

$n \to \infty$ 일 때 시스템이 정상상태에 있다면, q_n 이 n의 값에 무관하므로 위에서 $E[q_{n+1}] = E[q_n]$ 이 성립한다. 이 때의 확률을 다음과 같이 정의하자.

$$\lim_{n \to \infty} P\{q_n = k\} = \pi_k.$$

따라서,

$$E[U(q_n)] = E[a_{n+1}] = \rho.$$

한편, $U(q_n)$ 의 정의로부터

$$E[U(q_n)] = P\{q_n \neq 0\} = \rho.$$

여기서 시스템에 가해지는 트래픽 강도는 시스템의 안정조건으로부터 1보다 작다고 가정을 하자.

따라서,

$$P\{q_n = 0\} = 1 - \rho = \pi_0$$

$$= P\{\text{서비스를 마치고 떠나는 고객에 의하여 시스템이 비게 됨}\}$$

다시 식(4)의 첫 번째 식에 주목하자. 이 식을 양변에 대하여 제곱

을 하면,

$$\begin{aligned} q_{n+1}{}^2 &= q_n{}^2 + (U(q_n))^2 + a_{n+1}{}^2 + 2q_n a_{n+1} - 2a_{n+1}U(q_n) - 2q_n U(q_n) \\ &= q_n{}^2 + U(q_n) + a_{n+1}{}^2 + 2q_n a_{n+1} - 2a_{n+1}U(q_n) - 2q_n \end{aligned}$$

양변에 평균값함수를 적용하면,

$$E[q_{n+1}{}^2] = E[q_n{}^2] + E[U(q_n)] + E[a_{n+1}{}^2] + 2E[q_n a_{n+1}] - 2E[a_{n+1}U(q_n)] - 2E[q_n]. \tag{5}$$

그런데, q_n과 a_{n+1} 사이에는 상호 독립이므로

$$E[q_n a_{n+1}] = E[q_n]E[a_{n+1}],$$
$$E[a_{n+1}U(q_n)] = E[a_{n+1}]E[U(q_n)].$$

정상상태에서 q_n이 n의 값에 무관하므로, 지금부터는 첨자 n을 나타내지 않기로 하고, 그의 2차 모멘트는 서로 같다. 따라서, 식 (5)는 다음과 같다.

$$\rho + \rho + \rho^2 + \lambda^2 Var[s] + 2\rho E[q] - 2\rho^2 - 2E[q] = 0.$$
$$\rightarrow E[q] = \frac{\rho + \rho + \rho^2 + \lambda^2 Var[s] - 2\rho^2}{2(1-\rho)} = \rho + \frac{\rho^2 + \lambda^2 Var[s]}{2(1-\rho)}.$$

결국 정상상태에서 시스템 내에 존재하는 고객의 평균 수는 다음과 같이 주어진다.

$$E[q] = \rho + \frac{\rho^2 + \lambda^2 Var[s]}{2(1-\rho)}.$$

예제 5-1

지수함수분포를 따르는 서비스시간의 확률밀도함수 $b(t)$가 아래와 같이 주어진 M/M/1 큐에서 시스템 내 고객의 수의 평균을 구하라.

$$b(t) = \beta e^{-\beta t}.$$

풀이 M/M/1 큐에서 서비스시간의 평균과 분산이 각각 $1/\beta$ 및 $(1/\beta)^2$이므로,

$$E[q] = \rho + \frac{2\rho^2}{2(1-\rho)} = \frac{\rho}{1-\rho}.$$

예제 5-2

서비스시간이 상수 K로 일정한 M/D/1 큐에서 시스템 내 고객의 수의 평균을 구하라.

풀이 서비스시간이 상수 K로 일정한 M/D/1 큐에서는 서비스시간이 K이고 분산이 0이므로,

$$E[q] = \rho + \frac{\rho^2}{2(1-\rho)} = \frac{\rho}{1-\rho}(1-\frac{\rho}{2}).$$

이번에는 큐 내에 있는 고객의 대기시간 그리고 고객의 수의 평균값을 구하기로 하자. 시스템이 안정상태에 있을 때 한 고객이 시스템을 떠나는 순간 시스템 내에 있는 고객의 평균 수는 임의의 순간에 시스템 내에 있는 고객의 평균 수와 같으므로 만약 n번째 고객이 X시간 동안 큐 내에서 기다린다면 시스템 내에 있는 고객의 수에는 다음의 관계가 성립한다.

$$E[q_n \mid X\text{시간동안 기다리고 서비스시간이 } s] = \lambda(X+s),$$

$$E[q_n] = \lambda E[X] + \lambda E[s].$$

$$\rightarrow \rho + \frac{\rho^2 + \lambda^2 Var[s]}{2(1-\rho)} = \lambda W_Q + \rho,$$

$$\rightarrow \lambda W_Q = \frac{\rho^2 + \lambda^2 Var[s]}{2(1-\rho)} = L_Q.$$

단, 위의 식에서 W_Q는 평균버퍼대기시간이고, L_Q는 큐 내의 평균

고객의 수이다.

위의 식에서 맨 마지막 항인 $\dfrac{\rho^2 + \lambda^2 Var[s]}{2(1-\rho)}$ 은 큐 내에서 기다리고 있는 고객의 평균 수이므로, 이 식에 리틀의 공식을 적용하면 고객이 버퍼에서 기다리는 평균시간을 구할 수가 있는데 그 결과가 위의 식의 가장 마지막 관계식이다. 여기서, 고객의 평균서비스시간을 $1/\beta$, 서비스시간의 분산을 $Var[S]$, 서비스시간의 제곱변화계수(Squared coefficient of variation)를 C_S^2 으로 두면 $C_S^2 = \beta^2 Var[S]$ 로 정의되므로, 결국 고객이 버퍼에서 기다리는 평균시간 W_Q 는 다음과 같이 나타낼 수 있다.

$$W_Q = \frac{L_Q}{\lambda} = \frac{1}{\lambda}\frac{\rho^2 + \lambda^2 Var[s]}{2(1-\rho)} = \frac{1}{\lambda}\frac{\rho^2(1+\beta^2 Var[s])}{2(1-\rho)} = \frac{1}{\lambda}\frac{\rho^2(1+C_S^2)}{2(1-\rho)}$$

한편, 위의 식은 다음과 같이 표현할 수도 있다.

$$\begin{aligned} W_Q &= \frac{1}{\lambda}\frac{\rho^2(1+\beta^2 Var[s])}{2(1-\rho)} = \frac{1}{\lambda}\frac{\frac{\lambda^2}{\beta^2}(1+\beta^2(E[s^2]-\frac{1}{\beta^2}))}{2(1-\rho)} \\ &= \frac{\lambda E[s^2]}{2(1-\rho)} \end{aligned}$$

참고 위의 두 식의 차이는 앞의 식은 고객의 서비스시간에 대한 파라미터를 서비스시간의 제곱변화계수(Squared coefficient of variation)를 C_S^2 으로 표현한 것이고 뒤의 식은 서비스시간의 제곱의 평균으로 나타낸 것이다. 그리고, 위의 식을 폴락젝-킨친의 식(Pollaczek-Khintchine formula)이라고 한다.

위의 식으로부터 만약 고객의 평균도착률과 고객의 서비스시간에 대한 1,2차모멘트가 주어지면 고객이 버퍼에서 기다리는 평균시간 W_Q 는 쉽게 구해짐을 알 수 있다.

예제 5-3

M/G/1 큐에서 고객의 평균 도착률은 시간당 5명이고, 고객의 평균 서비스시간은 10분이며, 고객의 서비스시간의 분산은 9분이라고 한다. 이 때 고객이 버퍼에서 기다리는 대기시간의 평균은 얼마인가?

풀이 고객의 평균 트래픽 강도는 5/6이며, 서비스시간의 제곱변화계수는 1/4이므로, 위의 식으로부터 고객이 버퍼에서 기다리는 대기시간의 평균은 다음과 같이 구할 수 있다.

$$W_Q = \frac{1}{\lambda}\frac{\rho^2(1+C_S^2)}{2(1-\rho)} = \frac{1}{5}\frac{\left(\frac{5}{6}\right)^2\left(1+\frac{1}{4}\right)}{2\left(1-\frac{5}{6}\right)} = 31.25\text{분}$$

예제 5-4

Web 트래픽과 On-line 게임 트래픽과 같은 서로 다른 종류의 패킷이 동일한 회선을 따라 유입되는 기존의 최선형(Best Effort형) 인터넷에 의해서 서비스되는 환경을 생각하자. 즉, 트래픽의 특성에 의하여 패킷의 길이가 다르게 분포되는 패킷의 종류가 2가지(two-class customers)이며 이들 패킷이 각자 독립적으로 시스템에 들어와서 FIFO로 서비스된다면, 정상상태에서 시스템에 도착한 어떤 패킷이 서비스를 받기 위하여 기다려야 하는 평균시간은 얼마일까?

풀이 가입자의 규모가 충분히 큰 초고속가입자회선에서 패킷의 유입은 보통 푸아송분포를 따른다고 알려져 있다. 한편 Web 트래픽과 On-line 게임 트래픽은 다양한 크기의 패킷을 발생시키므로 패킷의 서비스시간은 일반분포를 따른다고 모형화할 수 있다. 그리고 서버가 하나이므로 이 시스템은 M/G/1 큐로 모형화가 가능하다. 여기에서 패킷의 종류가 2가지라고 하더라도 시스템에서 볼 때에 시스템의 평균 일량은 변함이 없다. 따라서, 일단 시스템은 모든 패킷이 같은 종류의 패킷이라고 생각하고 정상상태에서 시스템에 도착한 어떤 패킷이 서비스를 받기 위하여 기다려야 하는 평균시간은 앞에서 구한 다음의 식으로 표현할 수 있다.

$$W_Q = \frac{\lambda E[s^2]}{2(1-\rho)}$$

그런데, 2가지 종류의 패킷의 길이가 다르게 분포된다고 가정을 하였으므로 각 크래스의 패킷의 서비스시간도 다르게 된다. 따라서, 2가지 종류의 패킷의 서비스시간에 대하여 각각 평균 및 2차 모멘트를 $E[S_i]$ 및 $E[S_i^2]$(단 $i=1$ 혹은 2)으로 나타내자.

그러면, 두가지 크래스의 패킷에 의하여 도착되는 패킷의 평균도착률은 푸아송과정의 합의 법칙에 의하여 $\lambda = \lambda_1 + \lambda_2$ 가 되며, 각 크래스의 패킷의 서비스시간의 분포함수를 G_i 라고 하면, 이들 분포함수의 중첩함수 $G(x)$ 는 다음과 같다.

$$G(x) = \frac{\lambda_1}{\lambda} G_1(x) + \frac{\lambda_2}{\lambda} G_2(x)$$

위의 관계로부터 앞에서 나타낸 큐에서의 평균 대기시간에 관한 식은 다음과 같이 바꿔 쓸 수 있다.

$$\begin{aligned} W_Q &= \frac{\lambda E[s^2]}{2(1-\rho)} = \frac{\lambda E[s^2]}{2(1-\lambda E[S])} \\ &= \frac{\lambda\left(\frac{\lambda_1}{\lambda} E[s_1^2] + \frac{\lambda_2}{\lambda} E[s_2^2]\right)}{2\left[1-\lambda\left(\frac{\lambda_1}{\lambda} E[S_1] + \frac{\lambda_2}{\lambda} E[S_2]\right)\right]} = \frac{\lambda_1 E[s_1^2] + \lambda_2 E[s_2^2]}{2(1-\lambda_1 E[S_1] - \lambda_2 E[S_2])}. \end{aligned}$$

여기서, 한가지 유의해야 할 것은 두 가지 종류의 패킷이 FIFO로 들어오므로 크래스에 상관 없이 서비스를 받기 위하여 기다려야 하는 대기시간이 같다는 것이다.

2 정상상태에서의 고객의 수의 분포함수

앞에서 다음과 같은 관계식을 정의하였다.

$$\lim_{n\to\infty} P\{q_n = k\} = \pi_k.$$

이번에는 큐 내의 고객의 수의 확률생성함수를 $Q(z)$ 라고 두자. 그러면, 다음의 관계가 성립한다.

$$Q(z)=\sum_{k=0}^{\infty}\pi_k z^k = E[z^{q_n}]=E[z^{q_{n+1}}]=E[z^{q_n-U(q_n)+a_{n+1}}]=E[z^{q_n-U(q_n)}]E[z^{a_{n+1}}].$$

a_{n+1} 의 확률생성함수를 $\Phi(z)$ 라고 두면, 위의 식은 다음과 같이 바꿔 쓸 수 있다.

$$Q(z)=\sum_{k=0}^{\infty}\pi_k z^k = E[z^{q_n-U(q_n)}]\Phi(z). \tag{6}$$

한편, 위의 식에서 맨 우항의 계산을 좀 더 해보자.

$$\begin{aligned} E[z^{q_n-U(q_n)}] &= \pi_0+\pi_1 z^0+\pi_2 z^1+\pi_3 z^2+\cdots \\ &= \pi_0+\sum_{r=1}^{\infty}\pi^r z^{r-1} \\ &= 1-\rho+\frac{Q(z)-(1-\rho)}{z}. \end{aligned}$$

위의 결과를 식(6)에 대입하고 정리를 하면,

$$\begin{aligned} Q(z) &= \Phi(z)\left(1-\rho+\frac{Q(z)-(1-\rho)}{z}\right). \\ \to zQ(z) &= z\Phi(z)(1-\rho)+\Phi(z)Q(z)-(1-\rho)\Phi(z), \\ \to Q(z) &= \frac{(1-\rho)(1-z)\Phi(z)}{\Phi(z)-z}. \end{aligned}$$

한편,

$$\begin{aligned} \Phi(z) &= E[z^{a_n}]=\sum_{k=0}^{\infty}z^k P\{a_n=k\}, \\ P\{a_n=k\} &= \int_0^{\infty}\frac{e^{-\lambda x}(\lambda x)^k}{k!}b(x)dx, \\ \to \Phi(z) &= \sum_{k=0}^{\infty}z^k\int_0^{\infty}\frac{e^{-\lambda x}(\lambda x)^k}{k!}b(x)dx \\ &= \int_0^{\infty}e^{-\lambda x}\left(\sum_{k=0}^{\infty}\frac{(\lambda xz)^k}{k!}\right)b(x)dx=\int_0^{\infty}e^{-\lambda x(1-z)}b(x)dx \end{aligned}$$

$$= B^*[\lambda(1-z)].$$

위의 결과로부터 우리는 다음의 사실을 알 수 있다.

- 고객의 서비스시간의 확률밀도함수를 안다면 그의 LT를 알 수 있고,
- 위 결과로부터 고객의 도착 확률밀도함수를 $\Phi(z)$ 를 구할 수 있고,
- 결과적으로 큐 내의 고객의 수의 확률밀도함수를 $Q(z)$ 를 구할 수 있음을 알 수 있다.

위의 결과에 대한 물리적인 의미를 확인하기 위하여 아래와 같은 예제를 예로 든다.

예제 5-5

M/M/1 큐의 경우, 고객의 서비스시간의 밀도함수가 $b(t) = \beta e^{-\beta t}$ 로 표시된다고 할 때 시스템내의 고객의 수의 확률을 구하라. 이 때 $b(t)$ 의 Laplace 변환 $B^*(s)$ 는 다음과 같다.

$$B^*(s) = \int_0^\infty \beta e^{-\beta t} e^{-st} dt = \frac{\beta}{\beta + s}.$$

풀이 큐내의 고객의 수의 확률생성함수 $Q(z)$ 는 다음과 같이 얻어진다.

$$\Phi(z) = \frac{\beta}{\beta + \lambda(1-z)} = \frac{1}{1+\rho(1-z)},$$

$$Q(z) = \frac{(1-\rho)(1-z)}{1+\rho(1-z)} \times \frac{1}{\dfrac{1}{1+\rho(1-z)} - z} = \frac{1-\rho}{1-\rho z},$$

$$= (1-\rho)(1+\rho z + \rho^2 z^2 + \cdots).$$

식(6)으로부터 정상상태에서 시스템내의 고객의 수의 확률을 다음과 같이 얻는다.

$$\pi_n = (1-\rho)\rho^n.$$

> **고찰** 정상상태에서 시스템내의 고객의 수의 확률이 $\pi_n = (1-\rho)\rho^n$ 라는 것은 무엇을 의미하는가?

3 정상상태에서 고객의 시스템 체재시간

고객이 시스템 내에서 체재한 시간은 고객이 시스템에 도착한 뒤부터 서비스를 받고 시스템을 떠나는 시간까지의 시간을 말한다. 따라서, 시스템 내 체재시간, Y, 은 고객이 시스템에 도착하여 서비스를 받기까지 큐에서 기다린 시간과 서비스를 받는데 걸린 시간의 합으로 나타낼 수 있으므로, 이를 각각 X 및 S라고 하자. 그리고 시스템 내 체재시간, Y, 의 확률밀도함수를 $f(y)$ 라고 나타내자.

앞에서 정의한 정상상태에서 시스템내의 고객의 수가 k일 확률, π_k, 은 다음과 같이 나타낼 수 있다.

$$P\{q_n = k\} = \pi_k = \int_0^\infty \frac{(\lambda y)^k e^{-\lambda y}}{k!} f(y)dy,$$

$$\begin{aligned} Q(z) &= \sum_{k=0}^\infty z^k \int_0^\infty \frac{(\lambda y)^k e^{-\lambda y}}{k!} f(y)dy \\ &= \int_0^\infty e^{-\lambda y} f(y) \left(\sum_{k=0}^\infty \frac{(\lambda yz)^k}{k!} \right) dy = \int_0^\infty e^{-\lambda y(1-z)} f(y)dy \\ &= F^*(\lambda(1-z)). \end{aligned}$$

단, 위에서 $F^*(s)$ 는 $f(y)$ 의 Laplace 변환함수이다.

한편, 앞에서 얻은 $Q(z)$ 의 식으로부터 다음과 같은 결과를 얻을 수 있다.

$$Q(z) = \frac{(1-\rho)(1-z)\Phi(z)}{\Phi(z)-z} = \frac{(1-\rho)(1-z)B^*(\lambda(1-z))}{B^*(\lambda(1-z))-z} = F^*(\lambda(1-z)).$$

만약 $s = \lambda(1-z)$ 라고 두면, $z = 1 - s/\lambda$ 가 되므로 위의 식을 다음과 같이 정리할 수 있다.

$$F^*(s) = \frac{(1-\rho)\frac{s}{\lambda}B^*(s)}{B^*(s)+\frac{s}{\lambda}-1} = \frac{(1-\rho)sB^*(s)}{s-\lambda+\lambda B^*(s)}.$$

만약 $b(t)$ 가 주어진다면 $B^*(s)$, $F^*(s)$ 및 $f(y)$ 를 차례로 구할 수가 있다.

예제 5-6

M/G/1 큐에서 고객의 평균 도착률이 λ 이고 평균 서비스율이 β 인 지수함수일 때 고객의 시스템 내 체재시간의 확률밀도함수 $f(y)$ 를 구하라.

풀이 고객의 서비스시간을 $b(t) = \beta e^{-\beta t}$ 인 지수함수로 가정을 하자. 그러면, $B^*(s)$ 및 $F^*(s)$ 는 다음과 같다.

$$B^*(s) = \frac{\beta}{s+\beta},$$

$$F^*(s) = \frac{\beta-\lambda}{\beta-\lambda+s}.$$

따라서, 고객의 시스템 내 체재시간의 확률밀도함수는 $F^*(s)$ 의 Laplace 역변환함수이므로, $f(y)$ 는 다음과 같이 얻어진다.

$$f(y) = (\beta-\lambda)e^{-(\beta-\lambda)y}, y \geq 0.$$

참고 Laplace 변환과 역변환과의 관계

만약 $F^*(s) = \int_0^\infty f(y)e^{-sy}dy$ 이면, $f(y) = \frac{1}{2\pi i}\int_{c-i\infty}^{c+i\infty} e^{sy}F^*(s)$ 이다.

한편, 만약 역변환함수를 구하기 어려운 경우에는 $F^*(s)$ 를 아래와 같이 전개하여 $f(y)$ 를 구할 수 있다.

$$F^*(s) = 1-\mu_1 s+\frac{\mu_2 s^2}{2!}-\frac{\mu_3 s^3}{3!}+\cdots$$

단, 여기서 μ_r 은 다음의 식을 만족한다.

$$\mu_r = \int_0^\infty y^r f(y)dy = E[Y^r].$$

한편, 고객이 시스템에 도착하여 서비스를 받기까지 큐에서 기다린 시간 X의 Laplace 변환함수를 $V^*(s)$ 라고 한다면, $F^*(s)$ 와 $V^*(s)$ 사이에는 다음의 식이 성립한다.

$$F^*(s) = V^*(s)B^*(s)$$
$$\rightarrow V^*(s) = \frac{F^*(s)}{B^*(s)} = \frac{(1-\rho)s}{s-\lambda+\lambda B^*(s)}.$$

여기서, 주의하여야 할 것은 X의 분포가 일부는 이산확률분포이고 일부는 연속확률분포라는 사실이다. 즉,

$$x = 0\text{일 때} : P\{X=0\} = \pi_0 = 1-\rho,$$
$$x > 0\text{일 때} : P\{X=x\} = \varphi(x).$$

따라서, $V^*(s)$ 는 다음과 같이 표시할 수 있다.

$$V^*(s) = P\{X=0\}e^{-s\times 0} + \int_0^\infty e^{-sx}\varphi(x)dx$$
$$= 1-\rho + \int_0^\infty e^{-sx}\varphi(x)dx$$

따라서, $V^*(s)$ 로부터 우리는 고객이 시스템 내에서 기다린 시간의 평균과 분산을 구할 수 있으며 다음과 같다.

$$E[X] = (-1)\frac{dV^*(s)}{ds}\Big|_{s=0},$$
$$E[X^2] = \frac{d^2V^*(s)}{ds^2}\Big|_{s=0},$$
$$Var[X] = E[X^2] - (E[X])^2.$$

4 M/G/1 큐의 연속작업시간과 휴지기간

이번에는 M/G/1 큐의 평균 연속작업기간(서버가 계속해서 작업을 하는 시간의 길이를 말하며 Busy Period라고도 한다: 이하 BP로 줄여서 표기함)을 알아보자. 여기서 연속작업기간이란 서버가 쉬지 않고 계속 고객을 서비스한 시간간격으로 정의하자. 한편, 고객이 시스템 내에 한 명도 존재하지 않아서 서버가 놀고 있는 시간을 휴지기간(Idle period: 이하 IP로 줄여서 표기함)라고 정의하자. 그리고, BP와 IP는 상호 독립이며 BP와 IP는 동일한 확률분포를 가진다고 가정을 한다.

아래와 같이 각각 상호 독립이고 동일한 확률변수를 정의한다.

- I_n : n번째 IP의 길이
- B_n : n번째 BP의 길이

그리고, IP가 결국은 시스템 내에 고객이 한 명도 없어서 시스템이 쉬고 있는 기간이므로, 시스템의 전체 동작 시간 중에서 IP가 차지하는 비율은 바로 위에서 구한 시스템 내에 고객이 단 한 명도 존재하지 않는 확률 p_0와 같음을 알 필요가 있다. 따라서, p_0을 다음과 같이 정의하자.

$$\text{시스템의 } IP\text{의 비율} = p_0 = \lim_{n\to\infty}\frac{\sum_{i=1}^{n} I_i}{\sum_{i=1}^{n}(I_i + B_i)}$$

$$= \lim_{n\to\infty}\frac{\frac{\sum_{i=1}^{n} I_i}{n}}{\frac{\sum_{i=1}^{n}(I_i + B_i)}{n}} = \lim_{n\to\infty}\frac{\frac{\sum_{i=1}^{n} I_i}{n}}{\frac{\sum_{i=1}^{n} I_i}{n} + \frac{\sum_{i=1}^{n} B_i}{n}}$$

$$= \frac{E[I]}{E[I] + E[B]}$$

위의 맨 마지막 등식은 바로 위의 식에 대수의 강법칙(Strong law of large number)을 적용한 결과이다. 그리고, I와 B는 각각 IP와 BP를 나타내는 확률 변수이다.

여기서, I의 물리적 의미를 좀 더 구체적으로 소명해보자. I는 정의에 의해서 시스템 내에 있던 마지막 한명의 고객이 떠나면서 시스템이 휴지기간을 시작하여 새로이 한 명의 고객이 시스템에 도착하여 서비스를 재개하는데 까지의 기간임을 알 수 있다. 따라서, 이로부터 I의 평균과 고객의 평균 도착간격이 같음을 알 수 있다.

한편, M/G/1 큐에서 평균도착률이 λ인 푸아송분포로 도착하는 고객을 가정하였으므로 다음의 결과를 얻는다.

$$E[I] = \frac{1}{\lambda}$$

한편, 시스템이 정상상태에서 서버가 Busy일 확률은 결국은 그 시스템의 트래픽 강도를 나타내고 또 그 값이 바로 시스템이 쉬고 있지 않을 확률이므로, 다음과 같은 관계식을 얻는다.

$$\lambda E[S] = 1 - p_0$$
$$\rightarrow p_0 = 1 - \lambda E[S], \text{단}, S\text{는 고객의 서비스 시간}$$

따라서, 위의 p_0에 관한 식에 이 결과를 대입하면 우리는 BP의 평균 값 $E[B]$를 다음과 같이 구할 수 있다.

$$1 - \lambda E[S] = \frac{\frac{1}{\lambda}}{\frac{1}{\lambda} + E[B]}$$
$$\rightarrow E[B] = \frac{E[S]}{1 - \lambda E[S]}$$

따라서, 우리는 M/G/1 큐의 평균 연속작업기간과 휴지기간을 다음과 같이 구하였다.

$$\text{평균 휴지기간}: E[I] = \frac{1}{\lambda}$$
$$\text{평균 연속 작업기간}: E[B] = \frac{E[S]}{1 - \lambda E[S]} = \frac{1}{\beta}\frac{1}{1-\rho}$$

예제 5-7

어느 카센터에 고객의 평균 도착률이 시간당 3명이고, 고객당 평균 서비스시간은 15분이라고 한다. 그리고 이 카센터에는 서비스맨이 한 명이 있다고 한다. 그러면, 이 카센터의 서비스맨이 작업사이에 쉬고 있을 시간의 평균은 얼마인가? 그리고 그 서비스맨이 연속적으로 작업을 계속할 시간은 평균 얼마인가?

풀이 먼저 평균 휴지기간을 구하기 위하여 고객의 도착간의 평균 간격을 구하면 다음과 같다.

$$\text{평균 휴지기간: } E[I]=\frac{1}{\lambda}=\frac{1}{3\text{명}/\text{시간}}=20\text{분}$$

이어서 서비스맨이 연속적으로 작업을 계속할 시간은 다음과 같다.

$$\text{평균 연속 작업기간: } E[B]=\frac{E[S]}{1-\lambda E[S]}=\frac{\frac{1}{4}}{1-3\times\frac{1}{4}}=1\text{시간}$$

한편, BP동안 서비스된 고객의 수는 평균 얼마나 될까? 이를 구하기 위하여 BP동안 서비스된 고객의 수를 Θ라고 두자. 이를 위하여 이번에는 BP의 물리적인 의미를 되새겨 보자. BP란 시스템에 고객이 한 명도 없어서 시스템이 휴지상태에 있다가 고객이 도착하기 시작하여 계속 서비스를 한 후 다시 고객이 시스템 내에 한 명도 없어서 시스템이 다시 휴지기에 들어가는 동안의 시간 구간이다. 이 말은 다시 말하면 Θ명의 고객이 BP동안 서비스를 받는데 그 중에서 맨 처음 도착한 고객만 시스템이 빈 것을 확인할 뿐 다른 $\Theta-1$ 명은 시스템이 Busy 상태에 있음을 발견한다는 것과 같은 뜻이다. 즉, 평균 $E[\Theta]$ 명의 고객 중 오직 한 명의 고객만이 시스템이 빈 것을 발견할 확률과 같다는 말이다. 시스템이 빌 확률은 p_0 이므로 다음의 관계식이 성립한다.

$$p_0 = \frac{1}{E[\Theta]} = 1 - \lambda E[S]$$

$$\rightarrow E[\Theta] = \frac{1}{1 - \lambda E[S]} = \frac{1}{1 - \rho}$$

즉, BP동안 서비스된 고객의 평균 수는 고객의 평균 도착률과 평균 서비스시간의 함수로 표시되며, 다시 말하면 시스템의 트래픽 강도의 함수로 표시된다.

예제 5-8

위의 카센터에 고객의 평균 도착률이 시간당 3명이고, 고객당 평균 서비스시간은 15분이라고 한다. 그리고 이 카센터에는 서비스맨이 한 명이 있다고 한다. 그러면, 이 카센터의 서비스맨이 쉬지도 못하고 연속적으로 작업에 바쁜 기간 동안 서비스하는 고객의 평균 수는 얼마일까?

풀이 위의 조건으로부터 다음과 같이 간단히 구해진다.

$$E[\Theta] = \frac{1}{1 - \lambda E[S]} = \frac{1}{1 - \frac{3}{4}} = 4\text{명}$$

3 Batch Job을 가진 M/G/1 큐

제 2절에서는 고객의 도착이 푸아송분포를 따르고 하나의 작업량(작업량의 단위는 대상에 따라 다름: 사람이면 1명, 패킷이면 1개 등)이 도착하는 대기행렬시스템을 해석하였다.

그러나, 실제 물리계에서는 하나의 고객의 도착에 대해서 여러 개의 일(한 대의 자동차로 도착하는 여러 명의 사람, 혹은 여러 개의 패킷으로 구성된 Burst 등)이 도착하는 경우가 많이 있다. 지금부터는 이와 같은 경우를 생각해보기로 한다.

우선, 고객을 여기서는 버스트라고 부르자. 그리고 버스트의 평균 도착률이 λ인 푸아송도착을 가정하자. 그리고 하나의 버스트의 일량은 랜덤변수로 정의되고 이 일량을 지금부터는 Batch라고 부르자. 그리고, $\alpha_j, j \geq 1,$ 를 Batch의 크기가 j일 확률이라고 두자. 즉, 예를 들면 하나의 버스트에 임의의 크기의 패킷이 j개가 포함되어 있다는 의미이다. 그리고 편의상 일의 단위를 패킷이라고 하고, 하나의 패킷의 서비스시간을 S라고 하고, S 역시 확률변수이므로 그의 평균을 $E[S]$ 라고 두자. 그리고, N을 Batch의 크기를 나타내는 확률변수라고 하면 $N = j$ 일 확률이 바로 앞에서 정의한 $\alpha_j, j \geq 1,$ 이다. 그러면, 버스트의 평균도착률이 λ인 푸아송도착이 만들어내는 일에 대한 유효도착률 (이를 λ_a 라고 두자) 은 $\lambda_a = \lambda E[N]$ 이 된다.

한편, 새로운 패킷이 시스템에 도착하면서 발견하게 되는 시스템내의 일의 양은 리틀의 공식으로부터 패킷의 평균도착률과 시스템 내 체재시간의 곱으로부터 구할 수 있다. 그런데, 새로운 패킷보다 먼저 도착한 패킷들의 시스템 내 체재시간은 이미 시스템에 도착하여 서비스를 받기 위하여 기다리고 있는 패킷의 양과 그 당시 서비스를 받고 있는 패킷의 일의 잔여량으로 나타낼 수 있다. 즉, 새로운 버스트가 시스템에 도착하면서 발견하게 되는 시스템내의 일의 양을 V라고 하고, 이미 시스템에 도착하여 서비스를 받기 위해서 기다리고 있는 버스트의 일의 양을 V_w 라고 하자. 그러면, 새로운 버스트가 시스템에 도착하면서 발견하게 되는 시스템내의 일의 양은 서비스를 받기 위해서 기다리고 있는 버스트의 일의 양 V_w 와 새로운 버스트의 도착순간 서비스를 받고 있는 어느 한 개의 패킷의 잔여 서비스시간의 합으로 표시할 수 있다. 즉,

$$
\begin{aligned}
V &= \lambda_a \times E[SV_w + \int_0^S (S-x)dx] \\
&= \lambda E[N]\left(E[S]V_w + \frac{E[S^2]}{2} \right)
\end{aligned}
$$

한편, 정상상태에서 어느 한 패킷의 큐에서의 대기시간은 자신이 속한 Batch보다 먼저 도착한 Batch에 의한 일의 양 V와 자신과 같은

Batch에 속한 패킷 중 자기자신보다 앞서 도착한 패킷을 서비스하는데 걸리는 시간의 합(이를 W_B 로 나타냄)으로 표시할 수 있다. 이를 식으로 나타내면 다음과 같다.

$$V_w = V + E[W_B]$$

한편, Batch의 크기가 j일 버스트의 비율을 다음과 같이 정의한다.

$$\text{Batch의 크기가 } j\text{일 버스트의 비율} = \frac{j\alpha_j}{\sum_j j\alpha_j} = \frac{j\alpha_j}{E[N]}$$

한편, W_B 의 평균은 다음과 같이 나타낼 수 있다.

$$E[W_B] = \sum_j E[W_B \mid Batch\text{의 크기} = j]\frac{j\alpha_j}{E[N]}$$

만약 Batch의 크기가 j일 때 어느 패킷이 앞에서부터 i번째에 있다면 그 패킷은 자신의 앞에 있는 $i-1$ 개의 패킷이 서비스를 받을 때까지는 기다려야 한다. 그런데, 어느 패킷이 j개의 패킷 중 어디에도 같은 확률로 위치할 수 있으므로 다음의 식이 성립한다.

$$\begin{aligned} E[W_B \mid Batch\text{의 크기} = j] &= \sum_{i=1}^{j}(i-1)E[S]\frac{1}{j} \\ &= \frac{j-1}{2}E[S] \end{aligned}$$

따라서, $E[W_B]$ 에 대하여 다음의 결과를 얻는다.

$$\begin{aligned} E[W_B] &= \frac{E[S]}{2E[N]}\sum_j (j-1)j\alpha_j \\ &= \frac{E[S](E[N^2]-E[N])}{2E[N]} \end{aligned}$$

마지막으로 V_w 에 관하여 다음의 결과를 얻을 수 있다.

$$V_w = \frac{E[S](E[N^2]-E[N])/(2E[N])+\lambda E[N]E[S^2]/2}{1-\lambda E[N]E[S]}$$

따라서, 임의의 버스트에 속해서 시스템에 들어오는 임의의 한 패킷이 시스템에 들어와서 서비스를 받을 때가지 기다려야 하는 시간을 알 수 있었다. 그리고, 임의의 버스트에 속해서 시스템에 들어오는 임의의 한 패킷이 시스템에 들어와서 서비스를 받고 나가기까지 걸리는 시스템 체재시간 W는 결국 다음과 같다.

$$\begin{aligned} W &= V_w + E[S] \\ &= \frac{E[S](E[N^2]-E[N])/(2E[N])+\lambda E[N]E[S^2]/2}{1-\lambda E[N]E[S]} + E[S] \end{aligned}$$

한편 정상상태에서 시스템 내에 있는 패킷의 수의 평균값 L은 역시 리틀의 공식으로부터 다음과 같다.

$$\begin{aligned} L &= \lambda_a W = \lambda E[N] W \\ &= \lambda E[N]\left(\frac{E[S](E[N^2]-E[N])/(2E[N])+\lambda E[N]E[S^2]/2}{1-\lambda E[N]E[S]} + E[S]\right) \end{aligned}$$

예제 5-9

어떤 하드웨어 교환기에 비디오프레임이 초당 평균 30개가 도착하고 하나의 비디오 프레임에는 패킷이 평균 10개가 들어있다고 하자. 즉, 평균 Batch size가 10이다. 그리고 Batch size의 2차모멘트는 100이라고 하자. 한편, 하나의 패킷을 처리하는데 걸리는 평균시간은 2.5m초라고 하고 그의 2차모멘트는 6.25×10^{-6} 이라고 한다. 이 때 하나의 패킷이 교환기에 들어와서 서비스를 받고 나가기 까지 걸리는 평균 체재시간은 얼마인가? 그리고 정상상태에서 시스템 내에 있는 패킷의 수는 평균 몇 개인가?

풀이 먼저 위에서 유도한 한 패킷이 시스템에 들어와서 서비스를 받고 나가기까지 걸리는 시스템 체재시간 W 에 관한 식으로부터 다음과 같은 결과를 얻을 수 있다.

$$
\begin{aligned}
W &= V_w + E[S] \\
&= \frac{E[S](E[N^2]-E[N])/(2E[N]) + \lambda E[N]E[S^2]/2}{1-\lambda E[N]E[S]} + E[S] \\
&= \frac{0.0025\times(100-10)/(20) + 30\times 10\times 0.00000625/2}{1-30\times 10\times 0.0025} + 0.0025 \\
&= 51.25ms
\end{aligned}
$$

한편, 정상상태에서 시스템 내에 있는 패킷의 수는 리틀의 공식으로부터 시스템 체재시간 W 에 유효 패킷도착률을 곱한 값이므로 다음과 같이 계산할 수 있다.

$$
\begin{aligned}
L &= \lambda_a W = \lambda E[N]W \\
&= 30\times 10\times 0.05125 = 16\text{개}
\end{aligned}
$$

서버공유 대기행렬 시스템

06 Chapter

요약

제 6장에서는 하나의 서버를 여러 명의 고객이 공유하는 경우의 문제를 생각한다. 단일 서버를 여러 명의 고객이 공유하는 방법은 여러 가지가 있을 수 있다. 즉, 가장 기본적으로 모든 고객에게 균등한 서비스기회를 주는 방법에서부터, 고객마다 특정한 양의 서비스를 차별 서비스하는 방법을 포함하여 특정고객에게 절대적인 우선권을 주는 방법까지 다양한 방법이 존재한다.

본 장에서는 그 가운데서 가장 대표적인 유형 두 가지에 대하여 알아본다. 먼저 모든 고객에게 균등하게 서비스기회를 부여하는 방법인 공평서비스방법에 대하여 알아본다. 공평서비스는 또 프로세서공유서비스(Processor sharing service)와 순회서비스(Round Robin Service) 방법으로 나눌 수 있는데 이 방법에 대해서 알아본다. 이어서 고객에게 우선순위를 부여하여 우선순위가 높은 고객에게 절대적으로 우선권을 부여하여 서비스하는 방법인 엄격한 우선서비스(Strict priority Service)에 대하여 알아보기로 한다.

1 순회서비스를 하는 M/M/1큐

순회서비스(Round Robin Service, 이하 RR서비스) 방법은 위에서 말한 대로 모든 고객에게 서비스권리를 균등하게 제공하는 서비스방법이다. 이와 같은 서비스의 예로는 엄마 제비가 제비 집에 있는 5마리의 새끼 제비에게 먹이를 물어다 줄 때 매 번 한 마리의 벌레를 잡아와서 5마리의 새끼 제비에게 돌아가면서 공평하게 한 번씩 먹이를 나누어 주는 경우를 들 수 있다. 이 때 벌레의 크기나 무게는 같은 경우는 아마도 드물 것이다. 운 좋은 새끼 제비는 큰 것을 먹을 것이고 운이 나쁜 새끼 제비는 작은 벌레를 먹을 뿐이다. RR서비스의 또 다른 예로서 지역망(LAN)의 한 유형인 Token Ring네트워크와 같이 링으로 구성된 LAN상을 토큰이 회전하면서 모든 단말에게 패킷을 전송할 수 있는 기회를 고르게 제공하는 것을 들 수 있다. 이 때도 패킷의 길이나 크기는 같아도 되고 달라도 상관 없다. 다만, 서비스 기회가 모든 단말에게 고르게 돌아가면서 제공된다는 것을 생각한다.

RR서비스 방법을 취하는 서버공유 큐는 제 3장에서 다룬 단순 FIFO형 M/M/1 큐에서처럼 각기 독립적으로 시스템에 도착하는 여러 명의 고객을 FIFO로 버퍼링한 후 차례대로 서비스하는 방법이 아니라 각 고객이 생성하는 일의 요구(가령, 패킷)를 고객별로 별도로 나열한 버퍼에 각각 수용한 후 각 고객에 대하여 돌아가면서 하나의 작업을 수행하는 균등한 서비스의 기회를 부여하는 시스템이다. 따라서, 서버의 동작은 앞의 단순 FIFO형 M/M/1 큐와 완전히 다르지만, 고객의 도착 과정과 서비스시간에 대한 가정은 같다는 점을 먼저 기억한다. 그림 6-1은 순회서비스 방법의 개념을 나타낸 것이다.

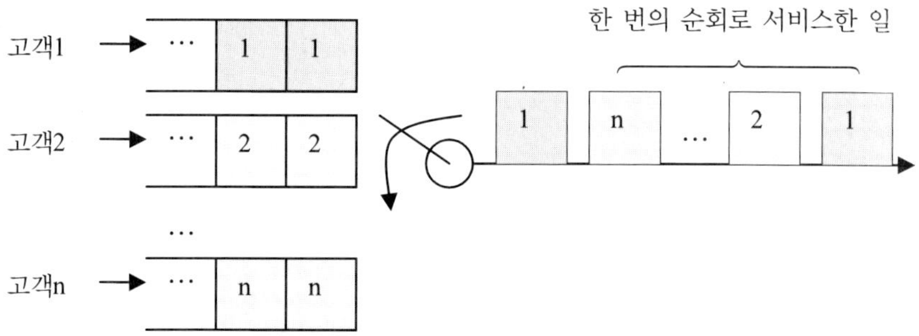

그림 6-1 순회서비스의 개념

각 고객의 도착은 평균율 λ인 푸아송 과정을 따른다고 하자. 그리고, 각 고객이 요구하는 일의 양이 가변적이라고 가정을 하자(실제로 패킷의 길이가 꼭 같을 경우는 일부러 그렇게 하지 않는다면 거의 없을 것이다!). 그리고 고객당 서비스시간의 pdf는 $\mu e^{-\mu x}$, $x > 0$, 라고 둔다. 이 때 μ는 평균 서비스율이다.

한편, 패킷의 길이가 가변이기 때문에 때에 따라서는 한 명의 고객이 서버를 너무 오랫동안 점유를 하는 일도 일어날 수 있다. 그런 경우에는 고객당 한 번의 기회에 하나씩의 패킷을 처리하는 공평한 서비스 방법에 대해서도 문제가 발생한다. 만약 어느 고객이 고의로 패킷의 크기를 크게 만들어서 네트워크로 내보낸다면 그 고객은 서비스 받는 기회는 다른 고객과 같겠지만 다른 고객보다 훨씬 많은 양의 데이터를 보낼 수가 있다. 이와 같이 한 명의 고객이 서버를 너무 오래 점유하면 곤란하므로 한 고객에게 서비스마다 부여되는 최대 서비스 할당량은 τ 라고 가정하자. 그리고, 만약에 한 고객이 요구하는 일의 양이 해당 서비스차례에 모두 종료되지 않으면 나머지는 그 다음 서비스 기회에 계속 처리된다고 가정을 한다. 또한, 서버가 각 고객의 버퍼로 이동하는 데에도 시간이 소요되므로 그 시간을 고정치 s라고 가정한다.

N 을 임의의 순간에 시스템이 서비스를 제공 중인 고객의 수라고 하자. 즉, 예를 들자면 네트워크에 접속이 되어있는 연결의 수라고 하자. 물론 이 때 연결은 하고 있으나 패킷을 발생시키는지 아닌지는 별개의 문제이다. 하여간 네트워크에 접속한 고객의 수가 N 이라고만 가정을 하기로 하자.

한편, $v_1, v_2, \cdots$ 를 각 고객의 서비스요구량이라고 하자. 고객의 서비스 요구량이 지수함수분포를 따른다고 가정을 하였으므로 임의의 고객 i에 대하여 $v_i > \tau$ 일 확률은 다음과 같다.

$$P\{v_i > \tau\} = 1 - \int_0^{\tau} \mu e^{-\mu t} dt = e^{-\mu t}$$

한편, $v_i \le \min(x, \tau)$ 일 확률은 다음과 같다.

$$P\{v_i \le \min(x,\tau)\} = \begin{cases} \int_0^{x} \mu e^{-\mu t} dt = 1 - e^{-\mu x}, 0 < x < \tau \\ \int_0^{\tau} \mu e^{-\mu t} dt = 1 - e^{-\mu \tau}, else \end{cases}$$

여기서 최악의 경우에 모든 고객의 서비스 요구량이 임계치를 초과하는 양을 서비스 받기를 요구한다고 한다면 다음의 관계가 성립한다.

$$\begin{aligned} P\{N = n, v_N \le x\} &= P\{v_1 > \tau, v_2 > \tau, \cdots, v_{n-1} > \tau, v_n \le \min(x,\tau)\} \\ &= \begin{cases} \alpha^{n-1}(1 - e^{-\mu x}), 0 < x < \tau \\ \alpha^{n-1}(1 - e^{-\mu \tau}), x \ge \tau \end{cases} \end{aligned}$$

단, $\alpha = e^{-\mu\tau}$.

위에서 각 고객의 서비스요구량이 상호 독립적인 점으로부터 서비스의 무기억성(Property of memoryless)이 성립하는데 위의 식에는 이 성질이 적용되었다.

한편, V_N 을 N번째 고객에 대한 서비스 시간이라고 두고, N명의 고객에게 한 번씩 서비스를 완전히 제공하는데 필요한 시간을 V라고 하자. 그러면, V는 최악의 경우 다음의 식으로 표현할 수 있다.

$$V = (N-1)(s+\tau) + (s+V_N).$$

V의 평균치를 구하기 위하여 위의 결과에 대한 모멘트생성함수를 다음과 같이 정의하고 식을 전개하면 다음과 같다.

$$\begin{aligned}
\psi(\theta) &= E[e^{\theta V}] = E[e^{\theta(N-1)(s+\tau)+\theta(s+V_N)}] \\
&= \sum_{n=1}^{\infty}\int_0^{\tau} e^{\theta(n-1)(s+\tau)+\theta(s+V_n)}\alpha^{n-1}\mu e^{-\mu x}dx \\
&= e^{\theta s}\sum_{n=1}^{\infty}[\alpha e^{\theta(s+\tau)}]^{n-1}\int_0^{\tau}\mu e^{-(\mu-\theta)x}dx \\
&= \frac{\mu e^{\theta s}}{1-\alpha e^{\theta(s+\tau)}}\frac{1-e^{-(\mu-\theta)\tau}}{\mu-\theta}.
\end{aligned}$$

위의 식을 보면 알 수 있는 것이 V에 대하여 MGF를 적용하고 또 고객의 수 N을 1에서 무한대까지 가정을 하였다. 따라서, 위의 결과에서 얻을 수 있는 물리적 의미는 시스템 내에 고객이 정확히 몇 명인지는 모르겠지만 특정 고객을 한 번 서비스하는 데 걸리는 시간의 모멘트생성함수임을 알 수 있다.

위의 맨 마지막 식을 θ 에 대하여 한 번 미분을 한 후 $\theta=0$ 으로 둔 값은 V의 평균값이며 이를 $E[V]$ 라고 나타내면 그 결과는 다음과 같다.

$$E[V] = \frac{\{s(1-\alpha)+\alpha(s+\tau)\}(1-e^{-\mu\tau})}{(1-\alpha)^2} + \frac{1-e^{-\mu\tau}(1+\mu\tau)}{(1-\alpha)\mu}$$

식이 조금 복잡하다.

한편, 위의 결과를 이용하면 V의 2차 모멘트도 구할 수 있고 그로부터 분산도 구할 수 있는데 계산만 조금 더 하면 쉽게 구할 수 있다.

2 프로세서 공유서비스

프로세서공유서비스(Processor sharing service, 이하 PS 서비스)는 하나의 프로세서가 여러 명의 고객을 공평한 서비스기회를 부여하면서 서비스하는 방법이다. 예를 들면, 여러 명의 고객이 전송용량이 초당 C 비트인 하나의 TDM(時間分割 多重化장치, Time division multiplex) 데이터채널을 공유하는 통신환경이 좋은 예이다. 이 때 만약 N명의 고객이 C bps의 채널을 TDM으로 공평하게 사용한다면 한 명의 고객이 사용 가능한 채널의 용량은 $\frac{C}{N}$bps가 될 것임은 자명하다.

따라서, PS서비스는 실제로 동작하는 원리는 앞에서 다룬 RR서비스와 아주 유사한 서비스이다. 왜냐하면 RR서비스도 전송용량이 초당 C 비트인 하나의 서버가 N명의 고객을 서비스할 때 각 고객에게 초당 $\frac{C}{N}$bps를 제공하도록 설계되기 때문이다. 따라서, 좀 더 정확히 말하면 고객전체를 대상으로 볼 때는 두 서비스가 거의 같은 동작을 한다고 할 수 있다.

그런데, 여기서 한 가지 알아둘 것은 TDM은 일정한 수의 고객이 지속적으로 같은 크기의 채널용량을 요구할 때 사용하면 아주 편하고 효율이 좋음을 쉽게 알 수 있을 것이다.

한편, 일반적으로 데이터네트워크에서는 고객이 요구하는 전송용량이 시간에 따라 계속 변화하는 값을 가지며, 어떤 때는 고객의 수가 많았다가 또 어떤 때는 고객의 수가 적어지며 그리고 데이터를 보내는 고객 중에서도 요구하는 서비스시간이 모두 다를 수 있는 등 시간에 따른 고객의 트래픽 특성이 확률적인 값을 가지고 시시각각 변화하기 때문에 단순히 한 명의 고객이 사용 가능한 채널의 용량은

$\frac{C}{N}$ bps가 된다고 말할 수 없다.

이와 같은 문제점 때문에 데이터네트워크에서는 고객의 서비스모형을 PS서비스를 제공하는 대기행렬로 모형화한다. 그런데, 여기서 문제는 PS서비스를 제공하는 대기행렬을 모형화하는 작업은 앞에서 말한 바와 같이 고객의 시간적 특성이 상당히 복잡한 확률과정을 따름으로 인하여 상당히 복잡한 수학적 과정을 필요로 한다. 그러나, 물리적인 현상을 제대로 이해한다면 반드시 어려운 일은 아니다. 따라서, 일단 포기하지 말고 아래의 과정을 한 번 따라가 보기로 하자.

우선 아래와 같이 가정을 하자. 첫째, 고객은 초당 평균도착률 λ로 도착을 하는 푸아송과정을 따른다. 그리고, 각 고객이 요구하는 서비스시간은 상호독립이며 동일한 분포를 가지는 (i.i.d.) 일반분포를 따르며, i번째 고객의 서비스시간을 X_i, 그의 분포함수를 $F_X(x)$, 그리고 평균을 $E[X]$라고 하고 $E[X]=\mu$ 라고 두자. 여기서, $\rho = \lambda/\mu$ 라고 두자.

그리고 $N(t)$를 시간 t에서의 큐의 길이를 나타낸다고 하자. 한편, $X_i(t)$를 시간 t에서의 i번째 고객의 잔여서비스시간이라고 하고, 그 때 시스템 내에 있는 고객의 각 잔여서비스시간을 하나의 상태함수 $X(t)$로 나타내고 다음과 같이 두자.

$$X(t) = (X_1(t), X_2(t), \cdots, X_N(t))$$

그리고, 시간 t에서 시스템 내에 있는 고객의 수가 n이고, $X(t) = (x_1, x_2, \cdots, x_n)$일 확률을 $f_n(t, x_1, x_2, \cdots, x_n)$이라고 두자. 이 때 $f_n(t, x_1, x_2, \cdots, x_n)$는 시간이 지남에따라 바뀌는 데 $f_n(t+\Delta t, x_1, x_2, \cdots, x_n)$는 크게 세 가지 상태로부터 얻어질 수 있다.

- 첫째, 시각 t에서 n명의 고객이 시스템 내에 있고 그 후 Δt동안에 새로운 고객이 도착하지 않고 시스템내의 어느 고객의 서비스도 완료되지 않는 경우,
- 둘째, 시각 t에서 $n-1$명의 고객이 시스템 내에 있고 Δt동안에 새로운 고객이 한 명 도착하는 경우,

- 마지막으로 시각 t에서 $n+1$ 명의 고객이 시스템 내에 있고 Δt동안에 새로운 고객은 도착하지 않은 채 고객이 한 명의 서비스가 완료되는 경우,

위의 세 가지의 경우를 다음과 같이 상태확률천이 관계식을 순서적으로 나타낼 수 있다.

$$f_n(t+\Delta t, x_1, x_2, \cdots, x_n) = (1-\lambda\Delta t) f_n(t, x_1 + \frac{\Delta t}{n}, x_2 + \frac{\Delta t}{n}, \cdots, x_n + \frac{\Delta t}{n})$$
$$+ \lambda\Delta t \sum_{i=0}^{n} f_X(x_i) f_{n-1}(t, x_1 + \frac{\Delta t}{n-1}, \cdots, x_{i-1} + \frac{\Delta t}{n-1}, x_{i+1} + \frac{\Delta t}{n-1}, \cdots, x_n + \frac{\Delta t}{n-1})$$
$$+ \sum_{i=0}^{n} \int_0^{\frac{\Delta t}{n+1}} f_{n+1}(t, x_1 + \frac{\Delta t}{n+1}, \cdots, x_{i-1} + \frac{\Delta t}{n+1}, y, x_i + \frac{\Delta t}{n+1}, \cdots, x_n + \frac{\Delta t}{n+1}) dy$$

한편, 위의 식에서 미소구간 Δt의 성질을 이용하면 각 항은 다음과 같이 간단히 나타낼 수가 있다.

$$f_n(t, x_1 + \frac{\Delta t}{n}, x_2 + \frac{\Delta t}{n}, \cdots, x_n + \frac{\Delta t}{n})$$
$$= f_n(t, x_1, x_2, \cdots, x_n) + \sum_{i=1}^{n} \frac{1}{n} \frac{\partial f_n(t, x_1, x_2, \cdots, x_n)}{\partial x_i} \Delta t + o(\Delta t),$$

$$\Delta t f_{n-1}(t, x_1 + \frac{\Delta t}{n-1}, \cdots, x_{i-1} + \frac{\Delta t}{n-1}, x_{i+1} + \frac{\Delta t}{n-1}, \cdots, x_n + \frac{\Delta t}{n-1})$$
$$= \Delta t f_{n-1}(t, x_1, \cdots, x_{i-1}, x_{i+1}, \cdots, x_n) + o(\Delta t),$$

$$\int_0^{\frac{\Delta t}{n+1}} f_{n+1}(t, x_1 + \frac{\Delta t}{n+1}, \cdots, x_{i-1} + \frac{\Delta t}{n+1}, y, x_i + \frac{\Delta t}{n+1}, \cdots, x_n + \frac{\Delta t}{n+1}) dy$$
$$= f_{n+1}(t, x_1, \cdots, x_{i-1}, 0, x_i, \cdots, x_n) \frac{\Delta t}{n+1} + o(\Delta t)$$

이 결과를 앞의 상태확률천이 관계식에 대입하여 정리하면 다음과 같은 결과를 얻는다.

$$f_n(t+\Delta t, x_1, x_2, L, x_n) = (1-\lambda\Delta t) f_n(t, x_1, x_2, L, x_n)$$
$$+ (1-\lambda\Delta t)\sum_{i=1}^{n} \frac{1}{n}\frac{\partial f_n}{\partial x_i}\Delta t + \lambda\Delta t \sum_{i=1}^{n} f_X(x_i) f_{n-1}(t, x_1, L, x_{i-1}, x_{i+1}, L, x_n)$$
$$+ \sum_{i=0}^{n} f_{n+1}(t, x_1, L, x_{i-1}, 0, x_i, L, x_n)\frac{\Delta t}{n+1} + o(\Delta t)$$

위의 식에서 양변에 $f_n(t, x_1, x_2, L, x_n)$를 빼고 Δt로 나눈 다음 Δt를 0으로 보내면 다음의 결과를 얻을 수 있다.

$$\frac{\partial f_n}{\partial t} = \frac{1}{n+1}\sum_{i=0}^{n} f_{n+1}(t, x_1, \cdots, x_{i-1}, 0, x_i, \cdots, x_n) - \lambda f_n(t, x_1, x_2, \cdots, x_n)$$
$$+\lambda \sum_{i=1}^{n} f_X(x_i) f_{n-1}(t, x_1, \cdots, x_{i-1}, x_{i+1}, \cdots, x_n) + \sum_{i=1}^{n} \frac{1}{n}\frac{\partial f_n}{\partial x_i}$$

$t \to \infty$ 인 정상상태에서 $f_n(t, x_1, x_2, \cdots, x_n) \to f_n(x_1, x_2, \cdots, x_n)$ 이며, 따라서, 위의 식의 좌변인 시간에 대한 $f_n(x_1, x_2, \cdots, x_n)$ 의 미분도 0이 된다. 즉,

$$0 = \sum_{i=0}^{n} \frac{1}{n+1} f_{n+1}(x_1, \cdots, x_{i-1}, 0, x_i, \cdots, x_n) - \lambda f_n(x_1, x_2, \cdots, x_n)$$
$$+\lambda \sum_{i=1}^{n} f_X(x_i) f_{n-1}(x_1, \cdots, x_{i-1}, x_{i+1}, \cdots, x_n) + \sum_{i=1}^{n} \frac{1}{n}\frac{\partial f_n}{\partial x_i}$$

위의 관계식을 만족하는 $f_n(x_1, x_2, \cdots, x_n)$ 의 정상상태에서의 해는 미분방정식을 풀어서 얻을 수 있는데 그 과정이 너무 복잡하므로 결과만 적으면 다음과 같다.

$$f_n(x_1, x_2, \cdots, x_n) = (1-\rho)\lambda^n \prod_{i=1}^{n} (1 - F_X(x_i))$$

위의 결과를 이용하여 정상상태에서 즉, $t \to \infty$ 에 대하여 $N(t) \to N$이고, 이 때 시스템 내에 존재하는 고객의 수가 n일 확률을 구하면 다음과 같다.

$$P(N=n) = (1-\rho)\lambda^n \prod_{i=1}^{n} \int_0^{\infty} (1 - F_X(x_i))dx_i$$

$$= (1-\rho)\lambda^n \prod_{i=1}^{n} E[X] = (1-\rho)\rho^n$$

즉, 위의 식을 다시 정리하면 다음과 같이 파라미터가 ρ 인 기하확률분포를 가진다.

$$P(N=n) = \pi_n = (1-\rho)\rho^n$$

이 결과는 다름 아닌 M/M/1 큐에서 고객을 FIFO로 서비스할 때 정상상태에서의 고객의 수가 n일 확률과 같은 결과임을 알 수 있다!

이 결과가 의미하는 물리적인 의미는 M/G/1 큐에서 PS 서비스정책을 취하였을 때 정상상태에서의 고객의 수가 n인 확률이 M/M/1 큐에서 고객을 FIFO로 서비스할 때 정상상태에서의 고객의 수가 n일 확률과 같다는 것이다.

위의 사실을 바탕으로 앞으로는 M/G/1 큐에서 PS 서비스정책을 취하였을 때 정상상태에서의 시스템의 성능을 구할 때 위와 같이 복잡한 과정을 따르지 않고 M/M/1 큐에서 고객을 FIFO로 서비스할 때 정상상태에서의 시스템의 성능을 이용하여 구할 수 있음을 알아두면 편할 것이다.

그럼, 정상상태에서 시스템 내에 머무는 고객의 수는 얼마일까? 만약 $E[N]$을 정상상태에서 시스템 내에 머무는 고객의 수라고 하면 다음과 같이 구할 수 있다.

$$E[N] = \sum_{n=0}^{\infty} n\pi_n = \sum_{n=0}^{\infty} n(1-\rho)\rho^n = \frac{\rho}{1-\rho}$$

한편, 정상상태에서 전송용량 C bps를 가지는 서버가 여러 명의 고객에게 PS서비스를 제공할 때 고객당 평균적으로 서비스하는 시간은 얼마나 될까? 만약 평균 고객의 수가 K명이라고 하면 과연 TDM에서와 같이 C/K일까? 이것을 알아보자.

먼저, 정상상태에서 시스템이 비어있지 않을 때(시스템이 비어있다면 어느 한 고객이 도착하여 그 서버를 전부 사용할 수 있으므로 PS의 의미가 없어진다) 고객의 수가 n명일 확률 p_n은 다음과 같다.

$$p_n = P(N = n \mid n \ge 1) = \frac{\pi_n}{1-\pi_0} = (1-\rho)\rho^{n-1}, n = 1, 2, \cdots$$

이제 PS서비스에서 중요한 관심사의 하나인 정상상태에서 여러 명의 고객에게 서비스를 공평하게 제공할 때 어느 한 고객에게 제공되는 평균 서비스속도를 구해본다. 고객당 평균 서비스시간을 s_p라고 두면 다음의 식과 같이 나타낼 수 있다.

$$\begin{aligned} s_p &= \sum_{n=1}^{\infty} \frac{C}{n} p_n = \sum_{n=1}^{\infty} \frac{C}{n}(1-\rho)\rho^{n-1} \\ &= C(1-\rho)\sum_{n=1}^{\infty} \frac{1}{n}\rho^{n-1} \\ &= \frac{C(1-\rho)}{\rho} \ln \frac{1}{1-\rho} \end{aligned}$$

한편으로, 정상상태에서 시스템 내에 머무는 고객의 평균 시스템 체재시간은 리틀의 공식에 의하여 다음과 같다.

$$W = \frac{E[N]}{\lambda} = \frac{1}{\lambda}\frac{\rho}{1-\rho}$$

고찰 PS서비스와 RR서비스가 거의 같은 동작을 함을 설명하라.

3 절대적 우선순위 서비스를 하는 M/G/1 큐

본 절에서는 하나의 서버가 여러 가지 우선순위를 가지고 들어오는 고객에 대하여 절대적 우선순위를 가지는 서비스를 제공하는 대기행렬시스템에 대하여 알아본다. 이 때 고객의 도착과정은 푸아송과정을 따르고(이를 Markov과정이라고도 함) 고객의 서비스시간은 임의의 일반분포를 따르는(General한) M/G/1 큐에서 서비스 크래스별로 엄격하게 우선순위를 적용하는 문제를 다룬다. 이 문제는 여러 레벨의 서비스품질요구를 가진 트래픽에 대하여 레벨이 높은 순서대로 트래픽을 분리 수용하여 서비스우선순위가 높은 순서대로 절대적으로 차별화 정책을 사용하는 인터넷에서 아주 유용하게 사용되는 기술이다. 그리고 서비스 크래스의 수는 두 가지 이상이라고 하더라도 기본적인 원리는 같으므로 실제로 네트워크를 예를 들어서 자세히 설명을 한다.

음성 서비스와 데이터 서비스가 혼재된 IP(Internet protocol) 네트워크에서 많은 관심을 가지는 문제로 음성서비스에 의해서 생성되는 실시간 패킷이 데이터서비스에 의해서 생성되는 비실시간 패킷의 방해를 받지 않고 지속적으로 서비스를 받게 하는 것이 중요한 이슈로 되어 있다. 다시 말하면, 하나의 통신회선을 통하여 서로 다른 특성을 가진 두 가지 유형의 패킷을 서비스할 때 음성패킷에 대해서 데이터트래픽의 랜덤한 변화에 영향을 받지 않고 균일한 지연성능을 보장하는 문제를 해결하기 위하여 가장 먼저 수행되는 일이 네트워크 디멘져닝이다. 그래서 본 절에서는 IP 네트워크의 입력단인 액세스 라우터(Access Router)에서 지연에 민감하지 않은 기존의 비실시간계 서비스인 데이터 트래픽과 지연에 민감한 음성트래픽이 공존하는 환경에서 데이터의 랜덤한 버스트성(Burstiness)과 그에 따른 패킷의 크기의 변화에 관계없이 음성 패킷이 일정한 레벨의 지연을 제공받도록 하는 패킷우선 서비스구조를 가정하고 그에 대한 성능을 M/G/1 큐를 이용하여 모델링하는 방법을 소개한다.

이 때 가정하는 모델은 액세스 라우터의 입력단에서 음성패킷과 데이터패킷을 분리시키고, 별도의 버퍼에 음성과 데이터 패킷을 각각 수용시킨 후 음성패킷에 대해 절대적 우선서비스(Strict priority service) 정책을 쓰는 것이다.

마지막으로, 가정한 정책에 대해서 대기행렬이론모형을 이용하여 음성패킷의 지연성능을 예측하는 방법을 기술하고 수치실험을 통하여 본 모형이 어떻게 사용되는지를 보인다.

1 음성/데이터 혼합네트워크의 패킷 서비스 우선제어 구조

음성과 데이터가 혼재하는 네트워크에서 음성패킷은 대체적으로 일정한 주기를 두고 발생되는 반면에 데이터패킷은 시간의 흐름에 대한 변화가 심한 버스트성 및 랜덤성을 띠고 발생된다. 이 때, 지연에 민감한 음성트래픽을 데이터트래픽과 함께 대역을 공유시킬 경우 음성 패킷에 심각한 지연을 초래할 수 있다. 그림 6-2는 이 상황을 나타낸 것이다.

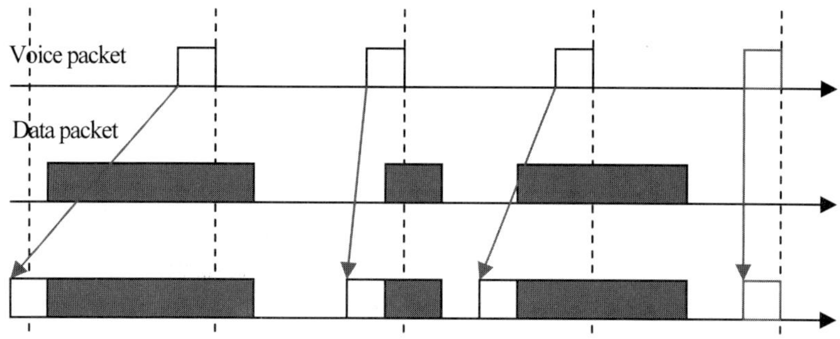

그림 6-2 음성패킷과 데이터 패킷의 FIFO 서비스시 패킷전달 모형

위의 그림에서 위에 있는 짧고 주기적으로 발생되는 패킷은 음성트래픽에 의해서 생성된 고정 길이인 패킷이고 아래의 길이가 가변이고 랜덤하게 생성되는 패킷은 데이터트래픽에 의해서 생성된 패킷이다. 그림에서 보는 바와 같이 두 종류의 패킷을 하나의 링크로 공유시켜서 패킷의 종류에 관계없이 도착시간의 순서에 기반한 FIFO(First In First Out) 서비스를 실시할 경우에는 맨 아래의 시간축에서 보여주는 바와 같이 주기적으로 생성되는 음성패킷의 도착간격이 비주기적으로 생성되는 버스트적인 데이터패킷에 의해서 랜덤하게 변하게 된다. 결국은 음성패킷이 요구하는 엄격한 지연 및 지연의 변이가 보장될 수 없게 된다.

특히, IP네트워크에서 가입자측에 있는 액세스 라우터 뿐만 아니라 네트워크의 백본에 있는 코어 라우터(Core Router)도 여러 연결로부터 입력된 음성패킷과 데이터패킷을 어느 한 출력단으로 보내는 경우가 많다. 이 경우에는 위의 상황이 더욱 악화됨은 자명한 일이다. 따라서, 임의의 노드에서 여러 연결로부터 입력된 음성패킷과 데이터 패킷을 어느 한 출력단으로 보내는 경우 음성패킷의 서비스품질 보장 혹은 데이터패킷에 대한 서비스 차별화를 위하여 라우터의 출력단에서 음성패킷과 데이터패킷을 분리 수용한 후 절대적 우선순위(SP: Strict priority) 서비스정책을 사용하는 경우가 많이 있다.

그림 6-3은 라우터에서 음성패킷과 데이터패킷을 분리 수용한 후 SP 서비스정책을 사용하는 환경을 나타낸 그림이다.

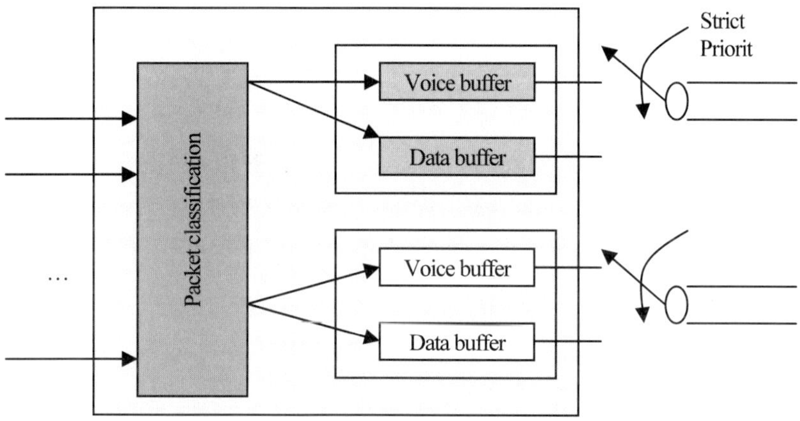

그림 6-3 라우터에서 음성패킷의 서비스차별화 구조

그림에서는 라우터의 출력단의 버퍼의 수를 두 개로 나타내었으나 네트워크에서 수용하는 서비스의 종류가 세 가지 이상인 경우도 존재할 수 있다. 이와 같은 환경에서도 음성패킷의 절대적 우선처리를 가정하여 SP 알고리즘을 사용하는 경우의 해석에 있어서 버퍼의 수를 3개 이상으로 확장하는 것은 자연히 가능해진다. 따라서, 여기에서는 설명의 편이를 위하여 버퍼를 두 개로 가정한 것이다.

일부 연구에서는 음성버퍼(Voice buffer)를 데이터버퍼(Data buffer) 보다 절대적 우선정책으로 서비스 할 경우 음성패킷이 데이터패킷의 변화의 영향을 거의 받지 않고 노드로의 입력 당시의 패턴을 거의 가진 채 출력링크로 나간다고 가정을 하고 있다. 그래서, 액세스 라우터에서 음성패킷의 서비스품질 차별화구조에 대한 성능평가모델을 음성패킷만 존재하는 단일 버퍼모델인 M/D/1 model로 해석을 하기도 한다. 여기서 M은 Markov를 나타내며, D는 deterministic을 나타낸다. 한편, 이와 같은 대기행렬 모형은 1990년대에 유행하였던 비동기식 전송모드네트워크인 ATM(Asynchronous transfer mode) 네트워크에서 널리 사용되던 대기행렬모형이다.

그러나, 그림 6-2에서도 보인 바와 같이 데이터패킷의 길이가 가변이기 때문에 경우에 따라서 음성패킷보다 훨씬 길거나 혹은 짧은 경우가 빈번히 일어나고 또 패킷의 길이분포가 변화가 심한 경우에는 음성패킷이 데이터패킷의 변화의 영향을 받지 않고 노드로의 입력 당시의 패턴을 거의 가진 채 출력링크로 나가는 것을 기대하기가 어렵다. 따라서, IP네트워크에서는 위의 간편화 가정은 반드시 성립하지 않는다.

따라서, 이런 경우에는 보다 더 현실적이면서 어떠한 경우의 데이터패킷에 대해서도 수학적 적용이 가능하도록 데이터패킷의 길이를 일반적인 분포를 따르는 경우로 가정을 하고 또 우선제어를 통한 두 가지 버퍼의 서비스 모델을 보다 충실히 모델링 하는 것이 바람직하다.

그림 6-3에서 입력단으로부터 들어온 패킷은 유형에 따라 음성버퍼 혹은 데이터버퍼로 배분되고 각 입력포트로부터 들어온 패킷이 각 출력포트로 나가는 확률이 같다고 가정을 하면 여러 개의 입력포트로부터 들어온 패킷이 여러 개의 출력포트로 전달될 확률은 같다고 가정할 수 있다. 이 가정을 이용하면 모든 출력링크의 트래픽 특성이 같다고 할 수 있으므로 하나의 출력 링크에 대하여 해석의 초점을 맞출 수 있다. 따라서, 하나의 출력 링크에 대하여 모델링을 하면 그림 6-4와 같이 나타낼 수 있다.

이와 같이 각 버퍼로 들어간 패킷은 각각 별개의 버퍼에 수용된 후 엄격한 우선순위에 따라 출력링크로 전송된다. 그림 6-4에서 입력트래픽은 두 가지 크래스로 나누었는데 하나는 음성이나 비디오폰 등으로부터 발생되는 실시간성을 지니는 스트림 트래픽(Stream traffic)이고 다른 하나는 인터넷 파일, 게임이나 VoD 서버 등으로부터 발생되는 비실시간성의 유연성있는 트래픽(Elastic traffic)이다. Stream traffic은 패킷이 일정한 시간적 제약을 가지고 시간의 흐름에 따라 시냇물이 흐르듯이 계속해서 들어오는 트래픽이어서 우리나라 말로 그냥 스트림 트래픽이라고 쓰는 것이 일반적이며 Elastic traffic은 패킷이 엄격한 시간간격을 가지고 들어오지 않고 산발적으로 들어오며 패킷간의 시간관계도 엄격하게 지켜질 필요가 없어서 네트워크의 상태에 따라 융통성이 있게 전송이 가능한 버스트 트래픽을 말한다.

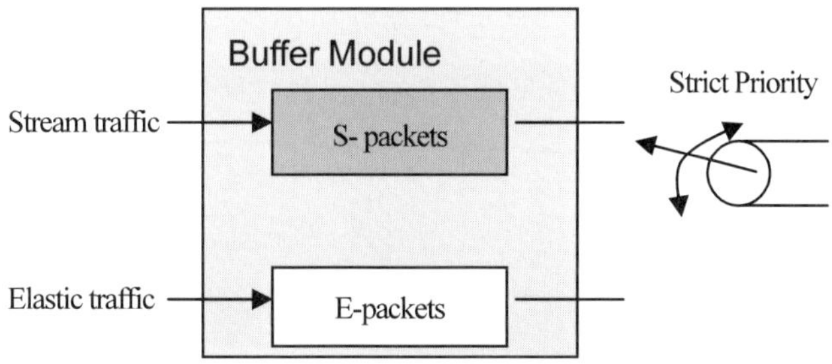

그림 6-4 트래픽 차별화서비스 모델

2 SP 서비스구조의 대기행렬 모델링

라우터의 입력단에는 N 개의 연결이 활성(Active) 상태에 있다고 가정을 하고 연결의 지속시간은 패킷의 길이에 비해서 충분히 크다는 가정을 한다. N 개의 연결로부터는 음성과 데이터 트래픽이 랜덤하게 발생이 되며 라우터에서는 우선 패킷분류기(Packet classifier)에서 음성과 데이터 패킷(이하, 음성패킷은 VP, 데이터 패킷은 DP라고 부른다)은 각각 음성버퍼와 데이터버퍼로 분배된다. N 개의 입력 인터페이스로부터 N 개의 출력 인터페이스로 나가는 패킷의 분포는 균일(Uniform)하다고 가정을 한다. 이 가정은 입출력 인터페이스가 각각 N 개인 $N \times N$ 라우터의 대기행렬모델의 해석을 N 개의 입력 인터페이스와 오직 하나의 출력 인터페이스를 가진 임의의 한 출력 링크에 대한 대기행렬모델로 간략화할 수 있게 한다. 따라서, 지금부터는 임의의 한 출력 링크에 주목한다.

(1) 트래픽 모델

아래와 같이 몇 가지 파라미터를 정의한다.

| 패킷 도착 프로세스 |

- 음성과 데이터패킷의 도착분포는 푸아송과정(Poisson process)을 따른다.
- 패킷의 평균 도착률: 음성 및 데이터 패킷은 단위시간당 각각 λ_v 및 λ_d 의 속도로 발생된다.

| 패킷 서비스 프로세스 |

- 음성 및 데이터를 일반분포로 가정을 하되 필요한 경우에는 음성패

킷의 서비스 분포를 음성패킷의 고유의 특징을 반영하여 고정길이의 패킷으로 모델링한다. 물론 가변길이라도 상관은 없다.

- 패킷의 평균 서비스율: 단위시간당 패킷을 처리하는 수를 말하며 평균 패킷 서비스 시간의 역수이다. 음성 및 데이터패킷에 대하여 패킷의 평균 서비스율을 각각 μ_v 및 μ_d 로 둔다.
- 패킷의 서비스 시간이 일반분포를 가정하였으므로 분산을 고려한다. 음성 및 데이터패킷에 대하여 패킷의 평균 서비스시간의 분산을 각각 σ_v^2 및 σ_d^2 로 둔다.
- 음성 및 데이터 트래픽의 부하는 각각 ρ_v 및 ρ_d 로 둔다.

(2) 패킷 서비스 정책

패킷서비스정책은 위에서 설명한 SP를 따른다. 즉, 출력 링크는 음성버퍼와 데이터버퍼의 패킷을 서비스함에 있어서 엄격한 절대적 우선순위를 적용한다. 아래에 서비스 방법을 요약한다.

① 서버는 우선 음성버퍼를 방문한다. 그리고, 그 곳에 패킷이 존재하는 한 계속해서 그 곳의 패킷을 처리한다.

② 서버가 음성버퍼의 패킷을 서비스 한 후 그 곳에 더 이상 패킷이 존재하지 않으면 즉시 데이터버퍼로 이동하여 그 곳에 만약 패킷이 있다면 한 개의 패킷을 서비스 한다. 여기서는 단 한 개의 패킷만 처리한다는 것에 유의할 필요가 있다.

③ 데이터버퍼에서 하나의 패킷의 서비스가 종료되면 서버는 다시 음성버퍼를 탐색한다. 그리고, 위의 ①, ②의 동작을 되풀이한다.

단, 데이터패킷의 서비스 도중에 음성패킷이 음성버퍼에 도착하더라도 일단 서비스를 받기 시작한 데이터패킷은 서비스가 끝날 때까지 계속 서비스를 받는다(이를 Non-preemptive service policy라고 한다). 그리고, 버퍼간 이동시간은 무한히 작은 것으로 가정하여 이 시간은 무시한다.

(3) 지연시간 성능 해석

음성버퍼의 지연시간 성능 해석을 위하여 몇 가지 변수를 정의한다.

S_v 는 음성패킷의 시스템 내 체재시간(Sojourn time)이고 W_v 는 음성패킷의 버퍼에서의 대기시간(Waiting time)이라고 둔다.

한편, 음성패킷의 시스템 내 체재시간은 버퍼에서의 대기시간과 서버에서의 서비스시간의 합이므로 S_v 와 W_v 간에는 아래와 같은 관계가 성립한다.

$$S_v = W_v + 1/\mu_v .$$

위의 식에서 두 번째 항은 음성 트래픽의 특성에서 주어지므로 패킷의 크기와 링크의 용량의 함수이다. 한편, 음성패킷의 시스템 내 체재시간을 구하기 위해서는 버퍼에서의 지연시간인 W_v 를 구해야 한다. 이를 위하여 다시 몇 가지 변수를 정의한다. Q_v 를 음성버퍼에 있는 음성패킷의 수의 기대치로 정의하고 R을 서버에 의하여 서비스 중에 있는 패킷의 잔여 서비스시간의 기대치라고 하자.

음성버퍼가 SP에 의해서 서비스를 받는 경우 음성버퍼에 있는 음성패킷이 데이터버퍼에 있는 데이터패킷보다 항상 우선적으로 서비스를 받으므로 음성버퍼에 있는 음성패킷의 평균대기시간은 단일크래스 M/G/1 큐의 평균대기시간의 정의를 이용하면 쉽게 구해지는데, 음성버퍼에 패킷이 없을 경우에 서버가 데이터버퍼에 있는 데이터패킷을 서비스 하기 때문에 그로 인해 음성버퍼에 있는 패킷에 미치는 영향을 고려하면 되므로 단일크래스 M/G/1 큐의 평균대기시간의 정의로부터 다음과 같은 결과를 얻을 수 있다.

$$W_v = Q_v / \mu_v + R .$$

한편, 리틀의 공식에 의해서 W_v 를 다음과 같이 쓸 수 있다.

$$W_v = \lambda_v W_v / \mu_v + R .$$

위의 식을 W_v 에 관해서 정리하면, 다음의 결과를 얻는다.

$$W_v = R / (1 - \rho_v) .$$

이제 남은 문제는 R을 구하는 것이다. 앞에서 패킷의 도착률이 푸아송분포를 따른다고 가정을 하였으므로 패킷의 잔여 서비스시간 R을 구함에 있어서 PASTA(Poisson arrival see time average)의 성질을 이용할 수 있으며, 다음과 같은 결과를 얻을 수 있다.

$$R = \sum_{k=1}^{2} \lambda_k \frac{E[\tau_k^{\,2}]}{2}.$$

위의 식에서 τ_k 는 크래스 k의 패킷 서비스시간을 나타내며, 편의상 $k=1$ 은 음성패킷, $k=2$ 는 데이터 패킷을 나타낸다. 그리고, $E[\tau_k^{\,2}]$ 는 랜덤변수인 크래스 k 패킷의 서비스시간의 2차모멘트를 나타내며, 위에서 정의한 트래픽 파라미터를 고려하여 $E[\tau_k^{\,2}]$ 을 정리하면 다음과 같다.

$$E[\tau_k^2] = \sigma_k^2 + \frac{1}{\mu_k^2}. \text{ 단}, k = 1, 2.$$

위와 같은 방법으로 R을 구함으로써 우리는 음성패킷의 대기시간을 구할 수 있고, 결과적으로 시스템 내에서의 체재시간을 구할 수 있으며 그 결과는 아래와 같다.

$$W_v = \frac{\lambda_v(\sigma_v^2 + 1/\mu_v^2) + \lambda_d(\sigma_d^2 + 1/\mu_d^2)}{2(1-\lambda_v/\mu_v)}.$$

위의 결과를 이용하면 음성패킷이 시스템 내에서 체재하는 총 시간 역시 구할 수 있다. 이 때 $\rho_v < 1$ 임을 주지하자. 그리고 위의 식으로부터 패킷이 시스템 내에서 머무른 시간의 평균도 구할 수 있다.

한편 데이터버퍼에 있는 데이터패킷의 평균 버퍼 대기시간을 W_d 라고 하자. 데이터버퍼의 평균대기시간은 SP서비스가 가지는 고유의 특성으로부터 아래와 같이 정의되는 네 가지 요소에 의해서 결정된다.

- 첫째, 현재 서비스중인 패킷(음성과 데이터 패킷 모두 포함)의 평균 잔여 서비스 시간에 의한 지연시간

- 둘째, 관측중인 데이터 패킷이 데이터버퍼에 도착한 순간에 이미 음성버퍼에 있는 패킷을 모두 서비스할 동안 기다려야 하는 대기시간
- 셋째, 관측중인 데이터 패킷이 시스템에 도착할 때 그 이전에 데이터버퍼에 이미 도착하여 서비스를 받으려고 기다리는 데이터 패킷들이 모두 서비스 받을 때까지 기다려야 하는 대기시간
- 넷째, 관측중인 데이터 패킷이 데이터버퍼에 도착 한 후 자신보다 먼저 도착한 데이터패킷이 모두 서비스를 받기를 기다리고 있는 동안에 음성버퍼에 새로이 도착한 패킷을 모두 서비스할 때 까지 기다려야 하는 대기시간

위의 네 가지 요소를 고려한 대기시간을 다음과 같이 나타낸다.

$$W_d = R + \frac{X_1}{\mu_1} + \frac{X_2}{\mu_2} + \frac{Z_1}{\mu_1}$$

이 때 X_1 및 X_2는 각각 음성버퍼와 데이터버퍼에 있는 각 크래스의 패킷의 평균 수이며, Z_1은 데이터 패킷이 자신의 버퍼에서 기다리고 있는 동안 음성버퍼에 도착하는 음성패킷의 평균 수이다.

한편, 리틀의 공식으로부터 $Z_1 = \lambda_v W_d$, $X_1 = \lambda_v W_v$, $X_2 = \lambda_d W_d$ 이므로 다음과 같은 결과를 얻을 수 있다.

$$W_d = \frac{R}{(1-\rho_1)(1-\rho_1-\rho_2)},$$

단, R은 앞에서 정의하였는데 다시 표현하면 다음과 같다.

$$R = \frac{\lambda_v(\sigma_v^2 + 1/\mu_v^2) + \lambda_d(\sigma_d^2 + 1/\mu_d^2)}{2}$$

위의 결과로부터 음성패킷 및 데이터패킷이 가지는 고유의 트래픽 특성인 평균 패킷길이 $(1/\mu_k)$, $k = 1,2$, 및 길이의 변이(σ_k^2)를 알 수 있다면 음성 및 데이터버퍼에서 음성 및 데이디 페킷이 각각 시스템 내에서 겪을 지연시간을 추정할 수 있다.

한편, 서비스 크래스가 3가지 이상인 경우에도 위와 같은 해석방법에 의하여 엄격한 우선순위로 서비스되는 각 크래스의 패킷의 평균 지연시간을 구할 수 있으며, 크래스 i, 단, $i=1,2,\cdots,n$, 의 패킷의 평균 대기시간은 다음과 같다. 단, 여기서 서비스우선 순위는 크래스의 값이 작을수록 우선순위가 높다고 가정을 한다.

$$W_i = \frac{R}{(1-\sum_{j=1}^{i}\rho_j)(1-\sum_{j=1}^{i-1}\rho_j)},\ i=1,2,\cdots$$

단, $R=\frac{1}{2}\sum_{j=1}^{n}\lambda_j\left(\sigma_j^2+1/\mu_j^2\right)$

4 일량 보존의 법칙 (Work conservation law)

하나의 서버를 여러 명의 고객이 공유하는 대기행렬시스템에서는 보통 앞에서 기술한 바와 같이 임의의 스케줄링 방법을 통하여 고객에 대하여 서비스를 실시한다. 이 때 고객이 시스템 내에 한 명이라도 존재하는 경우에는 보통 서비스의 효율을 높이기 위하여 서버는 계속 서비스를 실시한다. 이와 같은 방법을 작업보존 스케쥴링(Work-conserving scheduler) 정책이라고 하며 이와 같은 정책을 쓰는 대기행렬시스템에서는 일량보존의 법칙(Conservation law of work)이 성립한다.

일량보존의 법칙은 다음과 같이 정의된다. 우선, 몇 가지 변수를 정의한다.

- λ_i : i 번째 크래스에 속하는 패킷의 도착률, $i=1,2,\&,N$, 단, 총 크래스의 수는 N
- W_i : i 번째 크래스에 속하는 패킷의 평균 대기시간(큐잉지연)
- 총 패킷 도착률: $\lambda=\sum_{i=1}^{N}\lambda_i$
- W_{ag} : FIFO큐에 가해지는 중첩된 패킷의 평균 대기시간
- Q_{ag} : FIFO큐에 존재하는 패킷의 평균 수

일량보존의 법칙: $\sum_{i=1}^{N} \lambda_i W_i = \lambda W_{ag} = Q_{ag}$

일량보존의 법칙을 구체적으로 관찰하기 위하여 서비스 크래스의 수가 2인 경우를 예로 들자. 시스템은 패킷의 평균 도착률과 평균 서비스율이 각각 λ_i 및 μ_i (단, $i=1$ 혹은 2) 이고, 서비스시간의 표준편차가 σ_i 인 2크래스 M/G/1큐라고 가정을 하면 i 번째 크래스에 속하는 패킷의 평균 대기시간은 다음과 같다.

$$W_1 = \frac{R}{1-\rho_1},\ \text{단, } \rho_1 = \frac{\lambda_1}{\mu_1}$$
$$W_2 = \frac{R}{(1-\rho_1)(1-\rho)},\ \text{단 } \rho = \rho_1 + \rho_2 \text{이고, } \rho_2 = \frac{\lambda_2}{\mu_2}.$$

한편, 중첩트래픽을 수용하는 FIFO 큐에 대해서 패킷의 평균 대기시간은 다음과 같다.

$$W_{ag} = \frac{1}{\lambda}\left(\frac{\rho^2}{1-\rho} \times \frac{1+C_S^2}{2}\right), \text{단,} \lambda = \lambda_1 + \lambda_2 \text{이고, } C_S^2 = \sigma^2 \mu^2,$$

단 μ 는 중첩 트래픽의 평균 서비스율이며 σ^2는 중첩 트래픽의 분산임.

위의 식에서 C_S^2 는 중첩된 패킷에 대한 서비스시간의 변화계수 (Coefficient of variation)이며 R은 다음과 같이 정의된다.

$$R = \sum_{i=1}^{2} \frac{\lambda_i}{2}\left(\sigma_i^2 + \frac{1}{\mu_i^2}\right).$$

따라서, 다음의 관계식을 얻을 수 있다.

$$\lambda_1 W_1 + \lambda_2 W_2 = \lambda W_{ag}$$
$$\leftrightarrow \frac{\lambda_1 R}{1-\rho_1} + \frac{\lambda_2 R}{(1-\rho_1)(1-\rho)} = \frac{\rho^2}{1-\rho} \times \frac{1+C_S^2}{2}$$

위의 식을 이용하면 서비스 크래스의 수가 2인 경우 각 크래스의 부하를 어느 정도로 제한하여야 시스템 전체의 성능을 일정 수준 이하로 유지할 수 있을지 등의 시스템 성능평가를 수행할 수 있다.

대기행렬 네트워크

07 Chapter

요약

제 7장에서는 여러 개의 큐가 상호 연결되어서 네트워크를 이룰 때 발생하는 현상을 알아본다. 대기행렬네트워크(Queuing network)는 큐와 서버가 여러 개 연결되는 구조를 취하며 모양은 수 없이 많은 유형을 취하고 있다. 크게는 한 방향으로 대기행렬이 직렬로 계속 연결되는 경우와 같은 개방형 네트워크(Open queuing network)와 대기행렬이 다시 맨 처음 혹은 도중의 대기행렬로 되돌아오는 폐쇄형 네트워크(Closed queuing network)로 나눌 수 있다. 그리고 개방형네트워크나 폐쇄형 네트워크에서 내부의 구조가 직렬로만 되는 경우, 그리고 병렬로 연결된 대기행렬이 직렬로 연결되면서 합류하거나 분기되는 경우, 그리고 직렬과 병렬연결이 임의로 혼합된 경우 등 시스템의 구조에 따라 수도 없이 다양한 구조를 취할 수 있다. 그러나, 시스템 전체적으로 보면 언제나 개방형 혹은 폐쇄형으로 나눌 수 있고 그리고 지역적으로 보면 직렬 및 병렬 구조로 볼 수 있기 때문에 여기서는 이들 주요구조에 대하여 두 가지로 구분하여 개방형 대기행렬네트워크와 피드백 대기행렬로 나누어서 각각에 대하여 일반적인 성질을 알아보기로 한다.

1 대기행렬 네트워크의 정의

대기행렬 네트워크란 두 개 이상의 대기행렬이 상호 연결되어 네트워크와 같은 모양을 하고 있는 것을 말한다. 사실, 우리주변에는 어떠한 현상이나 사건이 단독으로 일어나는 경우는 거의 없고 대부분이 일련의 사건이 시간을 따라 연속적으로 이어져있음을 쉽게 알 수 있다. 예를 들어서 자동차가 만들어지는 과정을 예로 들어서 보면 내부가 아주 넓은 공장의 한쪽에서 시작된 자동차 조립라인은 시간이 지나면서 점점 이동하여 맨 마지막에 한 대의 완성된 자동차가 된다. 이와 비슷한 모습은 주스공장의 컨베이어벨트, 신문사의 신문 만드는 과정 등 다양한 곳에서 볼 수 있다. 이와 같은 일련의 공정으로 이루어진 시스템을 Manufacturing system(MS)이라고 하며 대기행렬공학은 바로 MS를 모형화하기 위한 하나의 수단이다.

가령, 정보통신공학을 전공하는 길동이의 하루를 다음과 같은 순서로 이루어져있다고 생각해보자. 길동이는 아침에 집을 나서서 학교에 간다. 학교에서 수업을 듣고 학교 앞의 은행으로 가서 돈을 찾는다. 그리고 학교 앞 식당에서 친구들과 점심을 먹고 서점에 들렀다가 친구와 영화를 볼 약속을 한다. 친구를 만난 길동이는 친구와 영화를 보았다. 그 다음에는 길동이가 어디로 갔는지 모르겠다. 이를 그림으로 나타내면 다음과 같다.

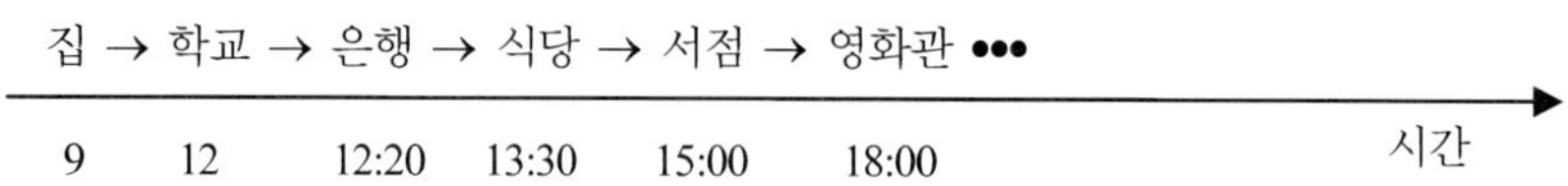

그림 7-1 길동이의 하루

위의 그림에서 시간축에서의 시간은 길동이가 한 장소에서 다음 장소로 옮기는 시간을 나타내었다. 그림을 보면 길동이는 아침 9시에 집을 나서서 저녁 6시에 영화관으로 향할 때까지 한 곳에서 시작하여 다른 곳으로 여러 곳을 거쳤음을 알 수 있다. 그리고 길동이는 한 번 들른 곳은 다시 들르지 않고 있다. 물론 길동이가 맨 마지막에 결국은 집으로 돌아갈 것이므로 개방형이 아니라고 우길 수 있지만, 길동이가 집에서 잠을 자야 하기 때문에 이는 할 수 없는 일이다. 이는 마치 컴퓨터의 리셋과 같은 상황이다. 하여간 길동이가 하룻동안 돌아다닌 과정을 모형화 해보면 일련의 새로운 사건이 직렬적으로 일어나고 있다. 이와 같은 경우를 개방형 대기행렬 네트워크(Open queuing network)라고 한다.

한편 학교와 집밖에 모르는 모범생 정순이의 하루를 그린 아래의 그림을 보자.

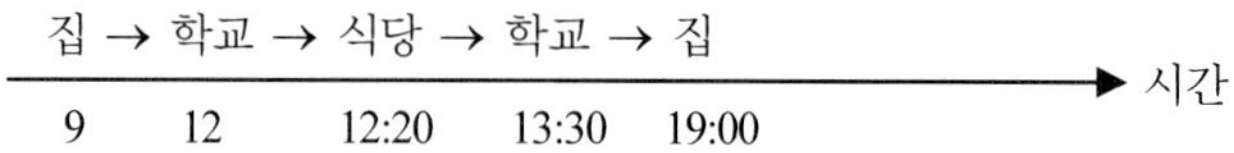

그림 7-2 정순이의 하루

이번에는 정순이가 아침 9시에 집을 나선 후 계속 학교에 있다가 잠시 식사를 하러 학교 밖에 있는 식당에 갔다가 다시 학교로 들어가서 계속 공부를 하다가 집으로 향한 것을 알 수 있다. 따라서 이와 같은 경우에는 정순이가 학교로 갔다가 잠시 학교를 나왔다가 다시 학교로 돌아가는 과정에서 대기행렬이 피드백 루프를 형성하였기 때문에 폐쇄형 대기행렬 네트워크(Closed queuing network)이 된다.

2 개방형 대기행렬 네트워크

개방형 대기행렬 네트워크는 여러 개의 대기행렬이 직렬로 연결되어서 한쪽의 입력단에서 다른 쪽의 출력단으로 고객이 이동하는 구조를 가진 대기행렬로서 발명자인 J.R. Jackson의 이름을 따서 Open Jackson Network(이하, OJN)이라고도 부른다. 개방형 대기행렬 네트워크는 크게 단순 직렬 대기행렬 네트워크와 합류 혹은 분기 대기행렬 네트워크로 나눌 수 있다. 아래에 각 유형에 대하여 알아본다.

1 직렬 대기행렬 네트워크

직렬 대기행렬 네트워크는 2개 이상의 대기행렬이 직렬로 연결된 네트워크를 말한다.

한편, 제 5장 1절에서는 M/M/c 큐의 출력과정이 모든 c의 값에 대하여 푸아송과정임을 증명한 바 있다. 이 사실을 이용하면 직렬 대기행렬 네트워크의 해석이 편해지는데 지금부터는 M/M/1 큐가 직렬로 여러 개가 연결된 다단 직렬 대기행렬네트워크를 해석하자. 이 때 큐의 개수는 2개 이상이라고 가정을 하자. 그리고 우선 이해를 쉽게 하기 위하여 큐가 2개가 연결된 2단 직렬대기행렬을 가정한다.

여기서, 고객은 무수히 큰 고객집단으로부터 푸아송과정을 따라서 첫번 째 큐(이를 큐1이라고 하자)으로 유입된다. 그리고 각 큐에서의 서비스 시간은 지수함수분포를 따른다고 하자. 이 가정은 현 단계에서는 반드시 필요하지는 않지만 일단은 이렇게 가정을 한다.

한편, 큐1을 출발한 고객은 서버에서 서비스를 받은 후 모두 큐2로 들어가며 외부로부터 새로운 고객은 유입되지 않는다고 가정한다. 각 큐의 버퍼는 충분히 큰 공간을 가지고 있어서 고객이 입장 거부되는 일은 없다고 가정을 한다.

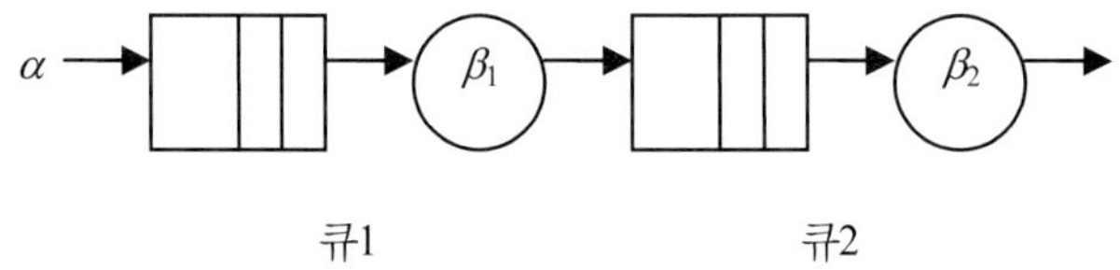

그림 7-3 2단 직렬 대기행렬

여기서, 큐1의 고객의 평균도착률은 α 이며, 서버의 평균서비스율은 β_1 이라고 가정한다. 그리고, 큐2의 고객의 평균도착률은 큐1의 고객이 큐1에서 서비스를 받은 후 큐2로 들어오므로 만약 큐1의 고객의 도착률이 큐1의 서비스율보다 작다면 큐1의 평균서비스율은 큐1의 고객의 도착률인 α 가 되고 그렇지 않다면 큐1의 서버의 평균서비스율인 β_1 과 같으므로 결국 큐2의 평균입력률은 β_1 이 되며 큐2의 평균서비스율은 β_2 라고 가정한다. 그리고, 각 큐의 부하를 ρ_1, ρ_2 라고 두면, ρ_1, ρ_2 는 다음의 식을 만족한다.

$$\rho_1 = \frac{\alpha}{\beta_1},$$
$$\rho_2 = \frac{\beta_1}{\beta_2} = \frac{\alpha}{\beta_2}.$$

이와 같은 환경에서 시스템이 안정적으로 동작할 조건은 $\alpha < \beta_1 < \beta_2$ 임은 자명하다.

한편, N_1, N_2 를 각각 큐1 및 큐2에 존재하는 고객의 수라고 하고, $p(n_1, n_2)$ 를 정상상태에서 큐1에 n_1 명의 고객이 있고 큐2에 n_2 명의 고객이 있을 확률이라고 정의하자. 그러면, $p(n_1, n_2)$ 를 다음과 같이 나타낼 수 있다.

$$\begin{aligned} p(n_1, n_2) &= P\{N_1 = n_1, N_2 = n_2\} \\ &= P\{N_1 = n_1\}P\{N_2 = n_2\} \\ &= (1-\rho_1)\rho_1^{n_1}(1-\rho_2)\rho_2^{n_2}, n_1, n_2 \geq 0. \end{aligned}$$

위의 식으로부터 알 수 있는 사실은 어느 한 큐에 존재하는 고객의 수의 확률 및 평균고객의 수를 구하는 방법은 다른 한 쪽의 큐의 조건을 해제하면 된다. 즉, 큐1에 존재하는 고객의 수의 확률 및 평균고객 수는 큐2의 조건을 해제하여 구할 수 있다. 먼저, 큐1에 n_1 명의 고객이 있을 확률은 큐2에 존재할 모든 고객의 수의 확률을 더하면 1이 된다는 조건으로부터 다음의 결과를 얻는다.

$$\begin{aligned} p(n_1) &= P\{N_1 = n_1\} \\ &= (1-\rho_1)\rho_1^{n_1}\sum_{n_2=0}^{\infty}(1-\rho_2)\rho_2^{n_2}, n_1, n_2 \geq 0, \\ &= (1-\rho_1)\rho_1^{n_1}. \end{aligned}$$

같은 원리로 큐2에 n_2 명의 고객이 있을 확률도 다음과 같다.

$$\begin{aligned} p(n_2) &= P\{N_2 = n_2\} \\ &= (1-\rho_2)\rho_2^{n_2}\sum_{n_1=0}^{\infty}(1-\rho_1)\rho_1^{n_1}, n_1, n_2 \geq 0, \\ &= (1-\rho_2)\rho_2^{n_2}. \end{aligned}$$

위의 결과로부터 우리는 직렬로 연결된 다단대기행렬시스템에 대하여 어느 한 큐에 대한 상태방정식은 다른 큐의 상태와는 독립적으로 생각할 수 있음을 알 수 있다.

한편, 각 큐에 존재하는 고객의 수의 평균은 위에서 유도한 두 식으로부터 다음과 같다.

$$E[N_1] = \frac{\rho_1}{1-\rho_1},$$

$$E[N_2] = \frac{\rho_2}{1-\rho_2}.$$

문제 7-1 위의 대기행렬모형에 대하여 부과된 트래픽의 변화 (0.1부터 0.9까지 0.1씩 증가)에 대하여 각 노드에서의 평균 지연시간을 계산하라.

한편, 대기행렬시스템 내에서 각 큐에 N_1 및 N_2 명의 고객이 존재하여 결과적으로 총 N_1+N_2 명의 고객이 있을 확률도 구할 수 있는데 다음과 같다.

$$\begin{aligned}E[N_1+N_2] &= \sum_{n_1}\sum_{n_2}(n_1+n_2)(1-\rho_1)\rho_1^{n_1}(1-\rho_2)\rho_2^{n_2} \\ &= \sum_{n_1} n_1(1-\rho_1)\rho_1^{n_1}\sum_{n_2}(1-\rho_2)\rho_2^{n_2} + \sum_{n_2}(1-\rho_2)\rho_2^{n_2}\sum_{n_1} n_1(1-\rho_1)\rho_1^{n_1} \\ &= \frac{\rho_1}{1-\rho_1}+\frac{\rho_2}{1-\rho_2} \\ &= E[N_1]+E[N_2]\end{aligned}$$

문제 7-2 위의 식의 맨 마지막 관계식이 의미하는 물리적인 의미를 논하라.

주 1 위의 식은 M/M/1큐뿐만 아니라 M/M/c큐가 직렬로 연결된 네트워크에서도 성립하고 M/M/∞큐가 직렬로 연결된 경우에도 성립하며, 이들 서로 다른 종류의 큐가 섞여있는 경우에도 성립한다.

고찰 위의 [주1]의 주장이 맞음을 직관적으로 설명하라.

한편, 큐의 개수가 n 개가 직렬로 연결된 네트워크를 생각하자. 여기서, 큐1을 출발한 고객은 모두 큐2로 들어가며 이렇게 큐n까지 대기행렬이 이어진다고 하고, 외부로부터 새로운 고객은 유입되지 않는다고 가정한다.

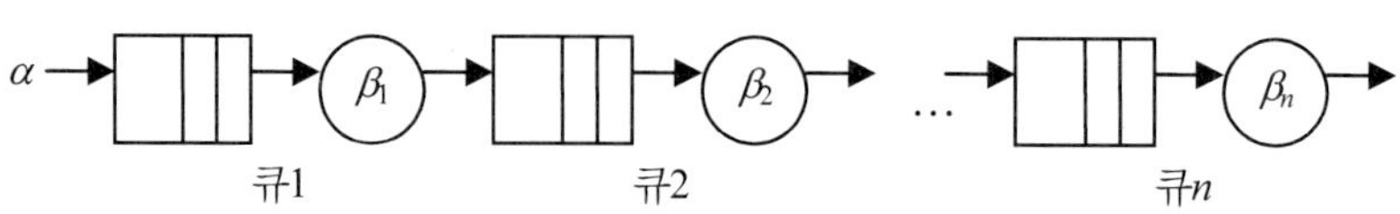

그림 7-4 n단 직렬 대기행렬 네트워크

여기서 몇 가지 중요한 가정을 하여야 한다. 첫 번째 중요한 가정은 큐1으로 들어 오는 고객의 수는 충분히(무한히) 크고 푸아송과정을 따르며, 일단 큐1으로 들어오는 고객은 순차적으로 오른쪽으로 진행하여 큐n으로 나간다는 것이다. 그리고, 두 번째 중요한 가정은 각 큐에서의 서비스시간은 지수분포함수를 따른다는 것이다. 마지막으로 큐의 크기가 무한대라는 것이다. 그렇지 않으면 어떤 큐에서는 큐가 유한하여 버퍼 오버플로우로 인하여 고객이 입장이 거부되고 어떤 큐에서는 버퍼가 충분히 커서 고객이 받아들여지는 등 복잡한 일이 발생하기 때문이다. 따라서, 모든 큐의 크기가 무한대로 커서 고객의 손실이 일어나지 않는다고 가정을 하여야 한다.

이와 같은 가정에서는 앞에서 두 개의 큐에 대하여 이미 증명한 바와 같이 각 큐에서의 시스템 상태확률이 다른 큐의 상태에 관계없이 기하분포를 따르는데 그렇지 않을 경우, 즉, 특히 각 큐의 서비스시간이 지수함수를 따르지 않는다든지 버퍼의 오버플로우가 발생한다든지 등 큐별로 시스템의 상태가 다르게 일어날 경우, 각 큐에서의 고객의 행동에 대한 독립성을 유도하거나 근사해를 구하는데 어려움이 많기 때문이다.

해석을 위하여 앞에서와 같이 큐1의 고객의 평균도착률은 α 이며, 큐i 의 서버의 평균서비스율은 β_i 라고 가정한다. 그리고, $i+1$ 번째 큐의 고객의 평균도착률은 i 번째 큐의 고객의 평균서비스율과 같으므로 $\beta_{i+1}=\beta_i$ 이 된다. 그리고, 각 큐의 부하를 ρ_i, $i=1,2,\&,n,$ 라고 두면, ρ_i 는 다음의 식을 만족한다.

$$\rho_1=\frac{\alpha}{\beta_1},$$
$$\rho_i=\frac{\beta_{i-1}}{\beta_i}=\frac{\alpha}{\beta_i}, i=2,3,\cdots,n$$

이와 같은 환경에서 시스템이 안정적으로 동작할 조건은 $\alpha<\beta_1<\beta_2<\cdots<\beta_n$ 임은 자명하다.

여기서 인접하는 두 개의 큐를 고려하자. N_i, N_{i+1} 를 각 큐에 존재하는 고객의 수라고 하고, $p(n_i, n_{i+1})$ 를 정상상태에서 큐 i 에 n_i 명의 고객이 있고 큐 $i+1$ 에 n_{i+1} 명의 고객이 있을 확률이라고 정의하자. 그러면, $p(n_i, n_{i+1})$ 를 다음과 같이 나타낼 수 있다.

$$\begin{aligned} p(n_i, n_{i+1}) &= P\{N_i = n_i, N_{i+1} = n_{i+1}\} \\ &= P\{N_i = n_i\}P\{N_{i+1} = n_{i+1}\} \\ &= (1-\rho_i)\rho_i^{n_i}(1-\rho_{i+1})\rho_{i+1}^{n_{i+1}}, n_i, n_{i+1} \ge 0. \end{aligned}$$

위의 식으로부터 어느 한 큐에 존재하는 고객의 수의 확률 및 평균고객 수를 구하는 방법은 다른 한 쪽의 큐의 조건을 해제하면 된다. 즉, 큐 i 에 존재하는 고객의 수의 확률 및 평균고객 수는 큐 $i+1$ 의 조건을 해제하여 구할 수 있다. 즉, 큐 i 에 n_i 명의 고객이 있을 확률은 큐 $i+1$ 에 존재할 모든 고객의 수의 확률을 더하면 1이 된다는 조건으로부터 다음의 결과를 얻는다.

$$\begin{aligned} p(n_i) &= P\{N_i = n_i\} \\ &= (1-\rho_i)\rho_i^{n_i}\sum_{n_{i+1}=0}^{\infty}(1-\rho_{i+1})\rho_{i+1}^{n_{i+1}}, n_i, n_{i+1} \ge 0, \\ &= (1-\rho_i)\rho_i^{n_i}. \end{aligned}$$

이를 노드 독립(Nodal independency)의 성질이라고 부르기로 한다.

한편, 임의의 큐 i 에 존재하는 고객의 수의 평균은 위에서 유도한 두 식으로부터 다음과 같다.

$$E[N_i] = \frac{\rho_i}{1-\rho_i}$$

고찰 위에서 언급하고 있는 노드 독립의 성질이 다단으로 직렬로 연결된 M/M/c 큐에도 성립하는지 알아보자.

2 합류/분기 대기행렬 네트워크

위에서는 단순 직렬 대기행렬 네트워크의 해석을 하였다. 한편, 실제로 물리계에는 단순 직렬 대기행렬보다는 여러 개의 대기행렬이 합류하거나 분기되는 경우가 더욱 흔히 발견되는 현상이다. 즉, 고속도로를 예를 들면 경부고속도로와 호남고속도로가 만나는 대전과 같은 경우가 있다. 서울에서 남쪽으로 출발한 자동차 중 일부는 계속 경부고속도로로 주행하고 나머지 일부는 호남고속도로로 간다고 하면 이 경우는 분기(分岐)에 해당한다. 반대로 광주에서 출발하여 서울로 향하는 자동차들은 부산에서 출발하여 서울로 향하는 자동차들과 대전에서 만나서 서울방향으로 가야 할 것이고 이 경우는 합류(合流)에 해당한다. 여기서 서울과 대전간의 차선의 수는 최소한 대전-광주 혹은 대전-부산간 차선의 수보다는 많아야 함을 직관적으로 알 수 있을 것이다. 그럼 과연 얼마만큼의 차선을 확보하는 것이 가장 원활한 차량소통을 가능하게 할 것인가?

위와 같은 문제를 해결하기 위해서는 우선 대전-광주 혹은 대전-부산간의 평균 차량 소통량을 알아야 할 것이고, 그리고 대전과 서울간의 차량의 소통량을 아는 것은 중요하다.

이와 같은 문제를 모형화하기 위하여 아래의 정리를 이용할 수 있다.

정리 7-1 푸아송도착의 합의 법칙: 두 개의 독립된 푸아송 도착의 합은 역시 푸아송이다.

즉, $X(t)$를 시간 $[0,t]$간에 도착하는 평균도착률 α인 푸아송 도착의 수라고 가정하고, $Y(t)$를 시간 $[0,t]$간에 도착하는 평균도착률 β인 푸아송 도착의 수라고 가정한다. 그러면, $Z(t)=X(t)+Y(t)$는 시간 $[0,t]$간에 도착하는 평균도착률 $\alpha+\beta$인 푸아송 도착의 수이다.

증명 우선, $X(t)$ 및 $Y(t)$에 의한 도착 고객의 수의 확률밀도함수를 다음과 같이 구할 수 있다.

$$P[X(t)=x]=\frac{(\alpha t)^x e^{-\alpha t}}{x!},$$
$$P[Y(t)=y]=\frac{(\beta t)^y e^{-\beta t}}{y!}.$$

한편, $Z(t)=X(t)+Y(t)$의 확률은 다음과 같이 구할 수 있다.

$$
\begin{aligned}
P[Z(t)=z] &= \sum_{x=0}^{z} P[X(t)=x]P[Y(t)=z-x] \\
&= \sum_{x=0}^{z} \frac{(\alpha t)^x e^{-\alpha t}}{x!} \frac{(\beta t)^{(z-x)} e^{-\beta t}}{(z-x)!} \\
&= \frac{e^{-(\alpha+\beta)t}}{z!} \sum_{x=0}^{z} zCx(\alpha t)^x (\beta t)^{(z-x)} \\
&= \frac{e^{-(\alpha+\beta)t}}{z!} [(\alpha+\beta)t]^z, z=0,1,2,\cdots
\end{aligned}
$$

단, zCx 는 z Combination x 를 나타낸 것으로 z 개의 독립된 요소 중에서 순서에 관계 없이 x 개의 요소를 선택할 조합의 경우의 수이다. 위의 결과로부터 두 개의 독립된 푸아송 도착의 합은 역시 푸아송임을 알 수 있다.

문제 7-3 위의 식의 결과가 나타내는 물리적 의미를 논하라.

이번에는 합류/분기형 네트워크의 예를 들기로 한다. 아래의 그림은 전형적인 합류/분기형 네트워크에서 인접하는 두 노드를 나타내고 있다. 큐 i 로는 평균 도착률 λ_i 로 고객이 도착한다. 도착하는 고객은 큐 i 에서 먼저 도착한 고객이 서비스를 받는 동안 기다린 후 자신의 차례가 되면 평균 서비스율 μ_i 로 서비스를 받는다. 그리고 고객의 도착과 서비스시간 사이에는 상호 연관이 없다.

한편, 큐 i 를 나가는 고객은 계속해서 큐 $i+1$ 로 진행을 하거나 아니면 서비스가 종료되어서 시스템을 빠져 나가게 되는데 각 사건이 일어날 확률이 각각 $p_{i,o}$ 및 $p_{i,i+1}$ 이다. 따라서, 큐 i 를 나서는 고객 중 $p_{i,o}$ *100%의 고객은 시스템을 빠져 나가고 나머지 $p_{i,i+1}$ *100%의 고객은 큐 $i+1$ 로 진행을 하게 된다.

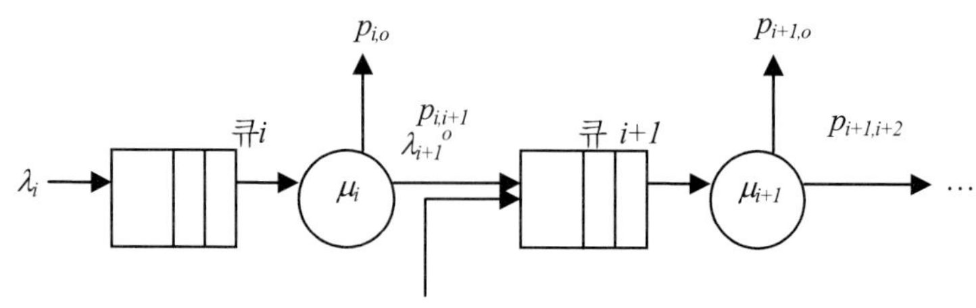

그림 7-5 분기/합류 대기행렬

분기형 네트워크의 해석을 위하여 몇 가지 변수를 정의하자. 먼저, 맨 앞의 노드(노드는 큐와 서버를 통틀어서 말한다)로 고객이 유입하여 점차적으로 노드를 통과하는 네트워크에서 임의의 노드 i에 대하여 고객의 도착은 두 가지로 구성된다. 한가지는 외부에서 새로이 유입되는 고객의 도착이고 다른 하나는 앞의 큐로부터 전달되어 오는 고객의 도착이다. 여기서, 노드 i에 대하여 외부로부터의 고객의 평균도착률을 λ_i^o 이라고 하자. 그리고, 앞의 큐로부터 전달되어 오는 고객의 도착에 의한 평균 도착률은 $\sum_{j=1}^{K} p_{ji}\lambda_j$ 이다. 따라서, 결과적으로, 노드 i로 유입되는 고객의 평균 총 도착률은 다음과 같이 선형 방정식으로 나타낼 수 있다.

$$\lambda_i = \lambda_i^o + \sum_{j=1}^{K} p_{ji}\lambda_j, \text{ 단}, K < i.$$

그리고 벡터 $n = (n_1, n_2, \cdots, n_K)$ 라고 하자. 그리고, $\pi(n)$을 시스템의 상태가 n일 확률이라고 하자. 그러면, Burke의 정리[2]로부터 모든 $i = 1, 2, \cdots, K$에 대하여 $\lambda_i < \mu_i$ 라면 시스템 전체의 상태확률은 각 큐의 상태의 확률의 곱으로 나타낼 수가 있기 때문에 결국 전체 시스템의 상태확률은 다음과 같이 나타낼 수 있다.

$$\pi(n) = \prod_{i=1}^{K} (1 - \frac{\lambda_i}{\mu_i})(\frac{\lambda_i}{\mu_i})^{n_i}$$

위의 식에서 트래픽 로드를 다음과 같이 나타내자.

$$\rho_i = \frac{\lambda_i}{\mu_i}$$

그러면, 전체 시스템의 상태확률은 다음과 같이 나타낼 수 있다.

---

[2] Burke의 정리는 M/M/1 큐에서 평균 고객 도착률과 서비스율이 각각 λ과 μ일 때 $\lambda < \mu$가 성립한다면 정상상태에서 큐의 출력률은 평균율 λ인 푸아송분포를 따름을 말한다.

$$\pi(n) = \prod_{i=1}^{K} (1-\rho_i)\rho_i^{n_i}$$

한편, 여기서 주목하여야 할 사실은 정상상태에서의 상태확률이 모든 노드로 유입되는 고객의 도착이 마치 푸아송분포처럼 보이지만 실제로는 푸아송이 아니다. 단, $p_{i,i+1} = 1$ 이고 $p_{K,0} = 0$ 이라면 푸아송분포를 따른다.

위와 같은 대기행렬의 예를 들기 위하여 우리가 흔히 사용하는 메일시스템을 생각해 본다. 여러분은 집이나 회사에서 메일서버에 접속하여 메일을 체크하는 경우가 많을 것이다. 이 때 상대방에서 보낸 메일은 상대방이 접속하고 있는 네트워크와 백본에 해당하는 전달망을 통하여 대부분 여러분이 속한 장소(개인의 경우에는 자신의 메일계정이 있는 포털사이트, 그리고 회사의 LAN에 접속해 있는 경우에는 회사내)에 있는 메일서버시스템으로 들어와서 각 사용자에 대하여 할당된 사용자 스풀러(User spooler)에 저장이 되어있다가 여러분이 메일을 체크할 때마다 사용자 스풀러로부터 메일이 다운로드되는 방식을 따르고 있다. 아래의 그림은 이와 같은 상황을 나타내고 있다.

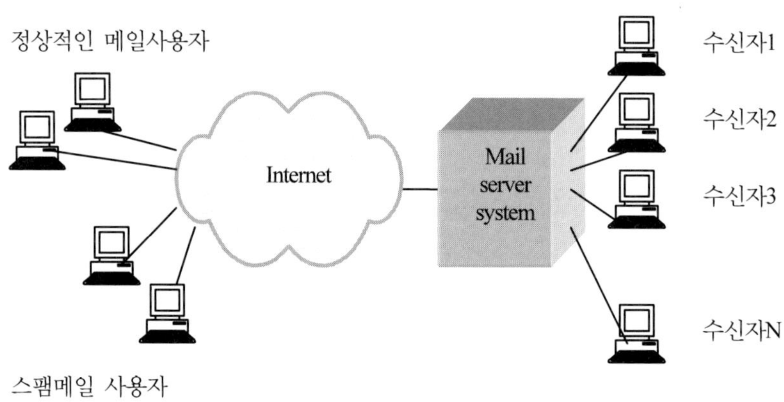

그림 7-6 메일 서비스전달 구성도

한편 위의 그림에서 메일서버시스템(Mail server system)은 더욱 자세하게 나타내기 위하여 아래와 같이 상자로 처리하여 이해를 쉽게 하였다.

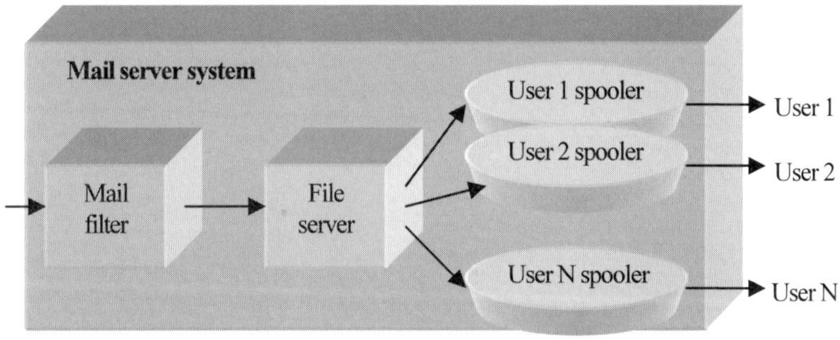

그림 7-7 메일서버시스템 세부 구성도

그림에서 보는 바와 같이 메일은 정상적인 메일과 스팸메일로 구분할 수 있고, 정상 메일가운데는 수신지 주소가 정확한 정상적인 메일과 수신지가 불분명한 정상적인 메일로 나뉘어진다. 이들 메일은 송신자가 속해있는 지역네트워크로 유입된 뒤 공중인터넷망을 거친 후 수신자 주소가 정확한 메일만 메일필터를 통과하고 다음 단계로 파일서버로 이동한다. 한편 수신지 주소가 불분명한 메일은 메일필터에서 걸러진다. 그리고 수신자가 분명한 메일중에서도 스팸메일이 확실하다고 판단된 메일은 메일필터를 통과하면서 걸러지고 파일서버로는 들어가지 않는다.

한편 파일서버로 전송된 메일(여기에는 아주 정상적인 메일뿐만 아니라 확실히 스팸메일로 처리되지 않은 스팸메일이 함께 들어있다)은 수신자의 주소에 근거하여 각 사용자 스풀러로 전달되고 각 사용자 스풀러로 전달된 메일은 메일사용자가 메일을 체크함으로써 수신자에게 전달이 된다.

위와 같은 메일서버시스템을 추상화하면 다음 그림과 같이 나타낼 수 있다.

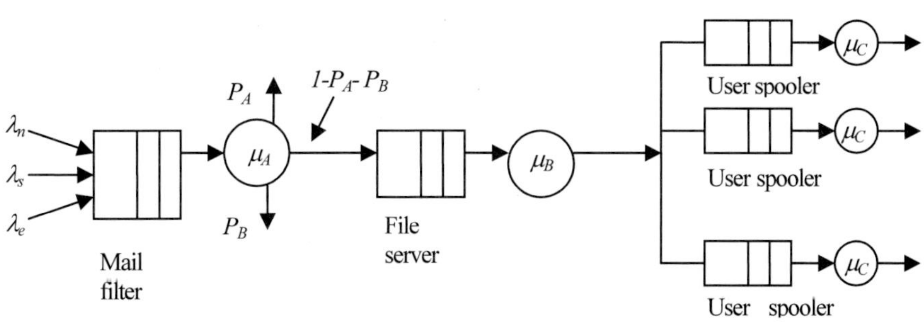

그림 7-8 메일서버 시스템 추상도

그림에서 사용된 파라미터는 다음과 같이 정의된다.

λ_n : 정상메일의 평균도착률

λ_s : 스팸메일의 평균도착률

λ_e : 송신지 오류메일의 평균도착률

μ_i : 노드 i 의 서비스율, 단 $i = A, B, C$

p_A : 송신지 불명(*Destination_unknown*)으로 판정을 받아서 걸러진 메시지의 비율

p_B : 확실히 스팸메일로 판정을 받아서 걸러진 메일의 비율

우리는 위의 모형으로부터 메일서버시스템이 분기형 대기행렬임을 쉽게 알 수 있다. 그리고 이 시스템에 대하여 가입자와 메일 서버에 대하여 정의된 파라미터들에 대하여 시스템이 가지는 값에 대하여 적절히 가정을 하면 위의 시스템의 성능을 해석할 수 있다.

3 피드백 대기행렬 네트워크

1 단순 피드백 대기행렬 네트워크

단순피드백 대기행렬 네트워크는 그림 7-9에서 나타내는 것과 같이 서버로부터 서비스를 받은 후 일부의 고객이 다시 큐로 되돌아와서 서비스를 받는 대기행렬 네트워크이다.

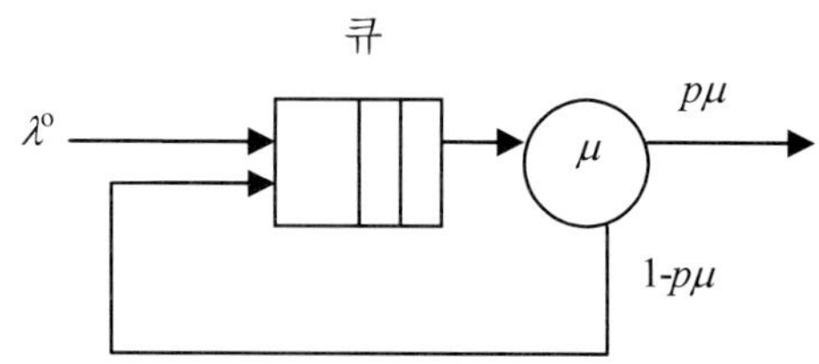

그림 7-9 단일 노드 피드백 대기행렬의 한 예

그림에서 맨 처음 시스템이 작동하기 시작하면 외부로부터 고객이

평균 도착률 λ° 로 큐로 들어간다. 그 고객들은 먼저 오는 순서대로(FIFO) 서비스를 받는데 여기서 한가지 발견할 수 있는 사실은 고객이 서버로부터 서비스를 받은 후 하는 행동이 두 가지로 나뉜다는 사실이다. 즉, 고객이 서버로부터 서비스를 받은 후 일부는 확률 p 로 시스템을 떠나고 나머지는 확률 $1-p$ 로 다시 큐로 되돌아와서 서비스를 받는다.

고찰	위와 같은 시스템의 예를 주변에서 찾아보자.

한편, 위의 모델에서 만약 p 가 1이라면 모든 고객은 서비스를 받고 시스템을 떠나므로 단일 대기행렬 모형이 된다. 그러나, 만약 p 가 0이라면 모든 고객은 일단 시스템으로 들어온 뒤 서비스가 끝이 나도 계속 큐로 되돌아 가서 무한히 서비스를 받게 된다. 그런데 이럴 경우에 외부에서 계속 새로운 고객이 유입된다면 얼마 지나지 않아서 큐에는 고객들로 넘쳐 날 것이다. 결국 가장 현실적인 모형은 p 의 값이 0에서 1사이의 임의의 값을 가지는 피드백(Feedback)모형이 될 것이다.

위와 같은 특징을 가지는 시스템으로 데이터통신망에서 널리 사용되는 수신확인(ACK: Acknowledgement) 기반의 패킷전송망을 들 수가 있다. 다시 말하면 라우터가 송수신단간에 패킷을 전달하면서 수신확인 메시지를 보낼 때 패킷이 제대로 전송되지 않은 경우에 한하여 NACK(Negative ACK)메시지를 보내서 송신자에게 재전송을 요구한다고 하면 만약 패킷이 제대로 전송될 확률을 p 라고 한다면 패킷이 제대로 전송되지 않을 확률이 $1-p$ 가 되므로 이 경우에 패킷을 재전송해달라고 요구를 할 것이다. 이와 같은 경우가 바로 위의 대기행렬시스템으로 모형화된다.

여기서 고객을 메시지라고 가정을 하고 큐로 들어오는 메시지의 전송시간 및 재전송요구 메시지의 전송시간이 모두 평균 서비스율 μ 인 지수분포함수를 따른다고 가정을 하자. 그리고 새로운 메시지는 푸아송분포를 따라서 도착하고 그의 평균 도착률을 λ° 로 가정을 하자. 그리고 메시지가 서비스를 받고 시스템을 나가는 확률 p 를 $0<p\leq 1$

이라고 가정을 하자.

이 때 우리는 위의 시스템이 서버가 하나이고 노드가 하나뿐인 개방형 네트워크임을 알 수 있다. 따라서 정상상태에서 시스템의 상태방정식을 구하기 위하여 우선 시스템의 부하를 정의하자. 위의 시스템을 관찰해보면 큐로 들어오는 입력은 외부에서 처음으로 들어오는 메시지와 서버를 통해 서비스를 받은 후 피드백되어서 다시 들어오는 메시지로 구성되어있다. 따라서 메시지의 평균 총 입력률을 λ 라고 둔다면 λ 는 그 값이 서버의 서비스율인 μ 보다 작다는 조건 하에서 다음과 같다.

$$\lambda = \lambda^o + (1-p)\lambda$$

위의 식을 정리하면 λ 는 다음과 같은 식으로 표현할 수 있다.

$$\lambda = \frac{\lambda^o}{p}$$

시스템의 안정화 조건으로부터 다음의 결과를 얻는다.

$$\lambda = \frac{\lambda^o}{p} < \mu$$
$$\leftrightarrow \lambda^o < p\mu$$

한편 정상상태에서 시스템의 상태방정식은 노드가 하나뿐인 개방형 네트워크의 상태확률이라는 점으로부터 다음과 같다.

$$\pi(n) = (1-\rho)\rho^n, n \geq 0$$
$$= (1-\frac{\lambda^o}{p\mu})\frac{\lambda^o}{p\mu}^n, n \geq 0$$

통신시스템의 성능을 평가하는 측도(Measure)로서 위에서 구한 것과 같이 정상상태에서 시스템 내에 존재하는 메시지의 수가 임의의 값을 가질 확률을 계산하는 것도 중요한 관심사이지만 또 다른 관점에서 본다면 시스템 내에 존재하는 메시지의 수가 평균 얼마인지를 아는 것도 중요하다. 이 문제는 확률변수에 대한 기대치의 정의로부터 구할 수가 있다. 즉, 메시지의 수를 나타내는 확률변수를 X 라고 하고 그의 평균치를 $E[X]$라고 한다면 다음의 식으로부터 구할 수 있다.

$$E[X] = \sum_{n=1}^{\infty} n\pi(n)$$
$$= \sum_{n=1}^{\infty} n(1 - \frac{\lambda^o}{p\mu})\frac{\lambda^o}{p\mu}^n = \frac{\lambda^o}{p\mu - \lambda^o}$$

한편, 메시지가 시스템 내에서 기다려야 하는 평균 시간을 W 라고 한면 그 값은 리틀의 공식으로부터 다음과 같이 구할 수 있다.

$$W = \frac{1}{p\mu - \lambda^o}$$

문제 7-4 어느 도시에 무수히 많은 사람들이 오가는 길 모퉁이에 고객이 푸아송분포를 따라서 시간당 평균입력률 30명으로 들어오는 어느 아이스크림 가게가 있다. 그리고 이 가게에는 아이스크림 하나당 평균 서비스 시간이 1분30초인 점원이 한 명 있다. 그리고 아이스크림을 한 번 사먹은 고객 중 30%의 사람은 다시 아이스크림을 주문한다고 한다. 그렇다면 이 아이스크림가게에서 아이스크림을 사려고 줄을 서서 기다리는 사람이 기다려야 할 시간은 평균 몇 분일까?

2 다단 피드백 대기행렬 네트워크

이번에는 단일 노드에 대한 피드백 대기행렬 네트워크의 확장모델로서 K 단 직렬노드의 피드백 네트워크에 대하여 알아보자. 아래의 그림과 같이 K 개의 노드가 직렬로 연결되어 있는데 맨 마지막 큐에서 서비스를 마친 메시지 중에서 일부가 다시 맨 처음 큐로 되돌아가서 시스템으로 유입되는 경우를 나타낸다.

여기서 각 노드는 M/M/1 큐로 모델화되어있다고 가정을 하자. 그리고 각 노드에서의 평균 서비스율은 모두 같이 μ라고 가정을 한다.

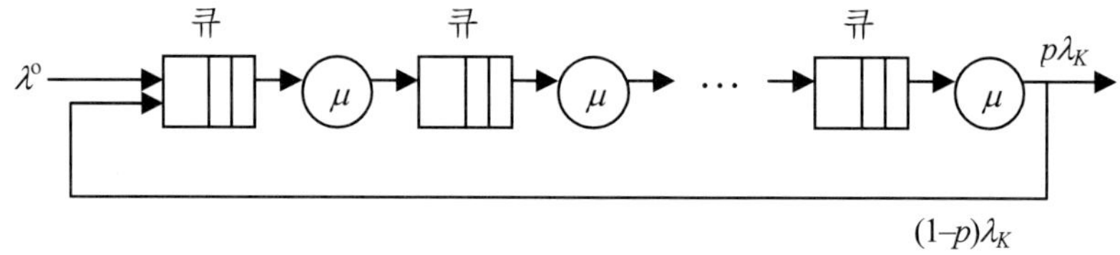

그림 7-10 K단 단순피드백 대기행렬시스템

위의 모형을 앞에서 공부한 OJN와 비교해보면 첫번째 노드로 들어가는 외부로부터의 도착 메시지의 평균율이 λ° 이고 나머지 노드 i, 단, $i = 2,3,\&,K,$ 에 대하여 $\lambda_i^{\circ} = 0$ 이다. 그리고 $i = K$ 를 제외한 모든 노드 i 에 대하여 $p_{i,i+1} = 1$ 이며 $p_{K,1} = 1 - p$ 이고 시스템 바깥으로 나가는 확률은 $p_{K,o} = p$ 이다. 결국, 시스템의 맨 앞단으로 들어오는 메시지의 평균 도착률을 λ_1 이라고 나타내면 λ_1 은 다음과 같이 나타낼 수 있다.

$$\lambda_1 = \lambda^{\circ} + (1 - p)\lambda_K$$

한편 두 번째 노드부터 K 번째 노드까지의 메시지의 평균 도착률을 λ_i 이라고 나타내면 λ_i 는 다음과 같이 나타낼 수 있다.

$$\lambda_i = \lambda_{i-1}, i = 2,3,\cdots,K$$

위의 두 식으로부터 모든 i 에 대하여 노드로의 평균 도착률 λ_i 를 얻을 수 있는데 그 결과는 다음과 같이 나타낼 수 있다.

$$\lambda_i = \frac{\lambda^{\circ}}{p}, i = 2,3,\cdots,K$$

앞에서 구한 OJN의 정상상태에서의 시스템 내 고객의 수에 대한 결합확률밀도함수 $\pi(n)$ 을 이용하여 위의 모형에 대한 정상상태에서의 시스템 내 고객의 수에 대한 결합확률밀도함수 $\pi(n)$ 을 다음과 같이 구할 수 있다.

$$\pi(n) = (1 - \frac{\lambda^o}{p\mu})^K (\frac{\lambda^o}{p\mu})^{\sum_{i=1}^{K} n_i}, \forall n = (n_1, n_2, \cdots, n_K)$$

$$\text{단, } \lambda^o < p\mu.$$

이제 위의 시스템에서 시스템 내 평균 고객의 수 및 임의의 한 메시지가 경험할 시스템 내에서의 평균 체재시간에 대하여 알아보자. 먼저 시스템내의 평균 고객의 수를 계산한다. 이를 위하여 시스템의 기본적인 성질을 이용한다. 즉, 위의 시스템을 잘 관찰해 보면 임의의 큐 i에 대하여 큐의 평균 입력률과 출력률이 앞에서 기술한 바와 같이 각각 λ^o/p 및 μ 인 M/M/1큐인 점을 상기할 필요가 있다. 따라서 시스템 내 평균 메시지의 수는 모든 i에 대하여 다음과 같다.

$$E[X_i] = \frac{\lambda^o}{p\mu - \lambda^o}$$

위의 식을 보면 시스템 내에 있는 평균 메시지의 수는 노드의 번호에 관계 없이 모든 i에 대하여 같은 값을 가지므로 네트워크 내에 존재하는 평균 메시지의 수는 하나의 노드에서의 평균 메시지의 수에 노드의 수를 곱한 것과 같음을 알 수 있다. 아래의 식은 이 사실을 수식화 한 것이다.

$$\sum_{i=1}^{K} E[X_i] = K \frac{\lambda^o}{p\mu - \lambda^o}$$

그리고 위의 결과로부터 우리는 하나의 고객이 네트워크 전체에서 경험할 평균 네트워크 체재시간 W를 리틀의 공식을 이용하여 다음과 같이 계산할 수 있다.

$$W = \frac{1}{\lambda^o} \sum_{i=1}^{K} E[X_i] = K \frac{1}{p\mu - \lambda^o}$$

고찰 위와 같은 경우에 해당되는 적절한 예를 주변에서 찾아보자.

문제 7-5 길동이는 어느 날 골프를 치러 갔다. 골프는 전부 9홀의 코스로 되어 있는데 그 날이 마침 휴일이라서 그런지 각 홀마다 자신의 차례를 기다리는 사람들로 줄이 길게 늘어서 있었다. 어떤 사람은 9홀의 코스를 단 한 바퀴만 돌고 골프장을 빠져나가는 사람도 있었고 또 어떤 사람은 몇 바퀴를 도는지 모른다고 하자(실제로 이것이 가능한지는 별개의 문제로 하고…). 단, 매 바퀴에 대하여 골프를 계속 칠지 아닐지를 결정하는 것은 독립이라고 하자. 그리고 어떤 사람이 9홀을 돌고 나면 골프장을 빠져나갈 확률이 90%라고 하자. 그리고 새로이 골프장으로 들어오는 사람은 시간당 평균 30명이고 한 홀에서 공을 치고 나가는 사람은 시간당 평균 40명이라고 한다. 그럼, 길동이가 9홀을 한 바퀴 돌기까지 경험할 골프장 체재시간은 평균 얼마인가?

3 단순노드 큐처리 피드백 네트워크

이번에는 단순노드 피드백 네트워크에서 피드백을 하는 도중에 다른 하나의 큐를 거치는 시스템에 대하여 알아보자. 이와 같은 시스템의 예로서 Web browsing을 들 수 있다. 즉, 고객이 어떤 Web site에 접속하여 페이지를 요구하면 웹 서버는 요구하는 페이지를 고객에게 보내주고 그 고객은 이번에는 그 사이트내의 또 다른 페이지를 열어보고 이와 같이 몇 번 반복이 될 수 있는데 이 때 고객으로부터 웹 서버로 가는 방향이 왼쪽에서 오른쪽으로 가는 방향이고 웹 서버에서 고객으로의 방향은 그 반대 방향이다.

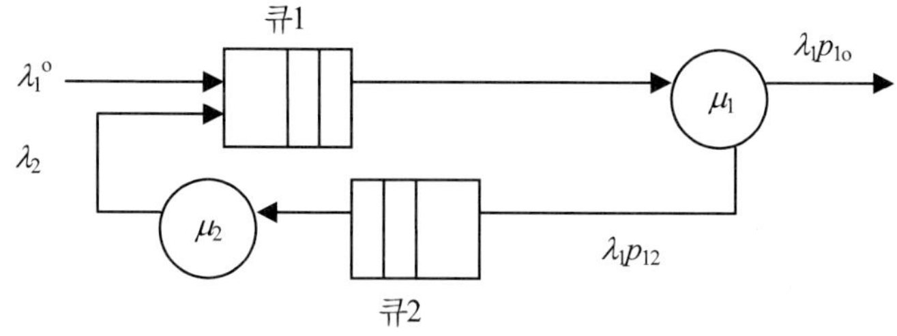

그림 7-11 피드백을 하면서 서비스를 받는 단순노드 피드백 시스템

위의 그림으로부터 각각의 큐에 대하여 큐의 서비스율보다 입력률이 더 작아야 시스템이 안정적으로 동작을 한다는 사실로부터 다음의

식을 얻을 수 있다.

$$\lambda_1 = \lambda_1^o + \lambda_2,$$
$$\lambda_2 = \lambda_1 p_{12}$$

위의 식으로부터 $p_{1o} + p_{12} = 1$ 인 사실을 가지고 각 큐로의 평균 입력률을 구할 수 있는데 다음과 같다.

$$\lambda_1 = \frac{\lambda_1^o}{p_{1o}}$$
$$\lambda_2 = \frac{\lambda_1^o p_{12}}{p_{1o}}$$

OJN의 정상상태에서의 상태확률에 대한 결과로부터 위의 시스템이 정상상태에서 각 노드에 고객이 각각 (n_1, n_2) 명이 있을 확률을 다음과 같이 구할 수 있다.

$$\pi(n) = (1 - \frac{\lambda_1^o}{p_{1o}\mu_1})(\frac{\lambda_1^o}{p_{1o}\mu_1})^{n_1}(1 - \frac{\lambda_1^o p_{12}}{p_{1o}\mu_2})(\frac{\lambda_1^o p_{12}}{p_{1o}\mu_2})^{n_2}$$

위의 식을 다음과 같이 나타내자.

$$\pi(n) = \pi_1 \cdot \pi_2$$

$$\text{단, } \pi_1 = (1 - \frac{\lambda_1^o}{p_{1o}\mu_1})(\frac{\lambda_1^o}{p_{1o}\mu_1})^{n_1},$$

$$\pi_2 = (1 - \frac{\lambda_1^o p_{12}}{p_{1o}\mu_2})(\frac{\lambda_1^o p_{12}}{p_{1o}\mu_2})^{n_2}.$$

한편, 정상상태에서 시스템 내에 존재하는 고객의 평균 수를 구하기 위하여 먼저 위의 노드에 대한 고객의 평균 수를 구하기로 하자. $E[N_1]$ 을 위의 노드에 대한 고객의 평균 수라고 정의하면 확률변수의 기대치에 대한 다음의 정의로부터 다음과 같이 구할 수 있다.

$$E[N_1] = \sum_{n_1=0}^{\infty} n_1 \mu_1 = \sum_{n_1=1}^{\infty} n_1 (1-\rho_1)\rho_1^{\,n_1} = (1-\rho_1)\sum_{n_1=1}^{\infty} n_1 \rho_1^{\,n_1}$$
$$= (1-\rho_1)(\rho_1 + 2\rho_1^{\,2} + 3\rho_1^{\,3} + \cdots)$$
$$= \frac{\rho_1}{1-\rho_1}$$

단, 위의 식에서 ρ_1을 다음과 같이 정의하였다.

$$\rho_1 = \frac{\lambda_1^{\,o}}{p_{1o}\mu_1}$$

한편 그림 7-11에서 아래 쪽의 피드백루트에 존재하는 노드에 대한 고객의 평균 수를 구하기로 하자. $E[N_2]$을 아래쪽의 노드에 대한 고객의 평균 수라고 정의하면 확률변수의 기대치에 대한 다음의 정의로부터 다음과 같이 구할 수 있다.

$$E[N_2] = \sum_{n_2=0}^{\infty} n_2 \mu_{n_2} = \sum_{n_2=1}^{\infty} n_2 (1-\rho_2)\rho_2^{\,n_2} = (1-\rho_2)\sum_{n_2=1}^{\infty} n_2 \rho_2^{\,n_2}$$
$$= (1-\rho_2)(\rho_2 + 2\rho_2^{\,2} + 3\rho_2^{\,3} + \cdots)$$
$$= \frac{\rho_2}{1-\rho_2}$$

단, 위의 식에서 ρ_2를 다음과 같이 정의하였다.

$$\rho_2 = \frac{\lambda_1^{\,o} p_{12}}{p_{1o}\mu_2}$$

마지막으로 시스템 전체에 존재하는 고객의 평균 수는 각 노드에 존재하는 고객의 평균 수를 더한 것 과 같다. 시스템 전체에 존재하는 고객의 평균 수를 N이라고 하고 그의 평균치를 $E[N]$이라고 한다면 결국 다음의 결과를 얻는다.

$$E[N] = E[N_1] + E[N_2]$$
$$= \frac{\rho_1}{1-\rho_1} + \frac{\rho_2}{1-\rho_2}$$

위에서 구한 바와 같이 각 노드에서의 고객의 평균 수를 알면 마지막으로 리틀의 공식으로부터 각 노드에서 머무른 평균 체재시간과 시스템 전체에서의 평균 체재시간도 알 수가 있다.

부록 A 표준정규분포 조견표

$$\Phi^{H}(x) = P\{0 < Z < x\}\ ,\ \ \Phi(x) = P\{Z < x\} = 0.5 + \Phi^{H}(x)$$

X	0.00	0.01	0.02	0.03	0.04	0.05	0.06	0.07	0.08	0.09
0.0	0.00000	0.00399	0.00798	0.01197	0.01595	0.01994	0.02392	0.02790	0.03188	0.03586
0.1	0.03983	0.04380	0.04776	0.05172	0.05567	0.05962	0.06356	0.06749	0.07142	0.07535
0.2	0.07926	0.08317	0.08706	0.09095	0.09483	0.09871	0.10257	0.10642	0.11026	0.11409
0.3	0.11791	0.12172	0.12552	0.12930	0.13307	0.13683	0.14058	0.14431	0.14803	0.15173
0.4	0.15542	0.15910	0.16276	0.16640	0.17003	0.17364	0.17724	0.18082	0.18439	0.18793
0.5	0.19146	0.19497	0.19847	0.20194	0.20540	0.20884	0.21226	0.21566	0.21904	0.22240
0.6	0.22575	0.22907	0.23237	0.23565	0.23891	0.24215	0.24537	0.24857	0.25175	0.25490
0.7	0.25804	0.26115	0.26424	0.26730	0.27035	0.27337	0.27637	0.27935	0.28230	0.28524
0.8	0.28814	0.29103	0.29389	0.29673	0.29955	0.30234	0.30511	0.30785	0.31057	0.31327
0.9	0.31594	0.31859	0.32121	0.32381	0.32639	0.32894	0.33147	0.33398	0.33646	0.33891
1.0	0.34134	0.34375	0.34614	0.34849	0.35083	0.35314	0.35543	0.35769	0.35993	0.36214
1.1	0.36433	0.36650	0.36864	0.37076	0.37286	0.37493	0.37698	0.37900	0.38100	0.38298
1.2	0.38493	0.38686	0.38877	0.39065	0.39251	0.39435	0.39617	0.39796	0.39973	0.40147
1.3	0.40320	0.40490	0.40658	0.40824	0.40988	0.41149	0.41308	0.41466	0.41621	0.41774
1.4	0.41924	0.42073	0.42220	0.42364	0.42507	0.42647	0.42785	0.42922	0.43056	0.43189
1.5	0.43319	0.43448	0.43574	0.43699	0.43822	0.43943	0.44062	0.44179	0.44295	0.44408
1.6	0.44520	0.44630	0.44738	0.44845	0.44950	0.45053	0.45154	0.45254	0.45352	0.45449
1.7	0.45543	0.45637	0.45728	0.45818	0.45907	0.45994	0.46080	0.46164	0.46246	0.46327
1.8	0.46407	0.46485	0.46562	0.46638	0.46712	0.46784	0.46856	0.46926	0.46995	0.47062
1.9	0.47128	0.47193	0.47257	0.47320	0.47381	0.47441	0.47500	0.47558	0.47615	0.47670
2.0	0.47725	0.47778	0.47831	0.47882	0.47932	0.47982	0.48030	0.48077	0.48124	0.48169
2.1	0.48214	0.48257	0.48300	0.48341	0.48382	0.48422	0.48461	0.48500	0.48537	0.48574
2.2	0.48610	0.48645	0.48679	0.48713	0.48745	0.48778	0.48809	0.48840	0.48870	0.48899
2.3	0.48928	0.48956	0.48983	0.49010	0.49036	0.49061	0.49086	0.49111	0.49134	0.49158
2.4	0.49180	0.49202	0.49224	0.49245	0.49266	0.49286	0.49305	0.49324	0.49343	0.49361
2.5	0.49379	0.49396	0.49413	0.49430	0.49446	0.49461	0.49477	0.49492	0.49506	0.49520
2.6	0.49534	0.49547	0.49560	0.49573	0.49585	0.49598	0.49609	0.49621	0.49632	0.49643
2.7	0.49653	0.49664	0.49674	0.49683	0.49693	0.49702	0.49711	0.49720	0.49728	0.49736
2.8	0.49744	0.49752	0.49760	0.49767	0.49774	0.49781	0.49788	0.49795	0.49801	0.49807
2.9	0.49813	0.49819	0.49825	0.49831	0.49836	0.49841	0.49846	0.49851	0.49856	0.49861
3.0	0.49865	0.49869	0.49874	0.49878	0.49882	0.49886	0.49889	0.49893	0.49896	0.49900
3.1	0.49903	0.49906	0.49910	0.49913	0.49916	0.49918	0.49921	0.49924	0.49926	0.49929
3.2	0.49931	0.49934	0.49936	0.49938	0.49940	0.49942	0.49944	0.49946	0.49948	0.49950
3.3	0.49952	0.49953	0.49955	0.49957	0.49958	0.49960	0.49961	0.49962	0.49964	0.49965
3.4	0.49966	0.49968	0.49969	0.49970	0.49971	0.49972	0.49973	0.49974	0.49975	0.49976
3.5	0.49977	0.49978	0.49978	0.49979	0.49980	0.49981	0.49981	0.49982	0.49983	0.49983
3.6	0.49984	0.49985	0.49985	0.49986	0.49986	0.49987	0.49987	0.49988	0.49988	0.49989
3.7	0.49989	0.49990	0.49990	0.49990	0.49991	0.49991	0.49992	0.49992	0.49992	0.49992
3.8	0.49993	0.49993	0.49993	0.49994	0.49994	0.49994	0.49994	0.49995	0.49995	0.49995
3.9	0.49995	0.49995	0.49996	0.49996	0.49996	0.49996	0.49996	0.49996	0.49997	0.49997
4.0	0.49997	0.49997	0.49997	0.49997	0.49997	0.49997	0.49998	0.49998	0.49998	0.49998

부록 B-1. Erlang B Table(회선수: 1~100, 브러킹확률: 0.01%~40%, 상세설계용)

N : 회선수, B : Blocking probability (단위: %)

N/B	0.01	0.05	0.1	0.5	1.0	2	5	10	15	20	30	40
1	.0001	.0005	.0010	.0050	.0101	.0204	.0526	.1111	.1765	.2500	.4286	.6667
2	.0142	.0321	.0458	.1054	.1526	.2235	.3813	.5954	.7962	1.000	1.449	2.000
3	.0868	.1517	.1938	.3490	.4555	.6022	.8994	1.271	1.603	1.930	2.633	3.480
4	.2347	.3624	.4393	.7012	.8694	1.092	1.525	2.045	2.501	2.945	3.891	5.021
5	.4520	.6486	.7621	1.132	1.361	1.657	2.219	2.881	3.454	4.010	5.189	6.596
6	.7282	.9957	1.146	1.622	1.909	2.276	2.960	3.758	4.445	5.109	6.514	8.191
7	1.054	1.392	1.579	2.158	2.501	2.935	3.738	4.666	5.461	6.230	7.856	9.800
8	1.422	1.830	2.051	2.730	3.128	3.627	4.543	5.597	6.498	7.369	9.213	11.42
9	1.826	2.302	2.558	3.333	3.783	4.345	5.370	6.546	7.551	8.522	10.58	13.05
10	2.260	2.803	3.092	3.961	4.461	5.084	6.216	7.511	8.616	9.685	11.95	14.68
11	2.722	3.329	3.651	4.610	5.160	5.842	7.076	8.487	9.691	10.86	13.33	16.31
12	3.207	3.878	4.231	5.279	5.876	6.615	7.950	9.474	10.78	12.04	14.72	17.95
13	3.713	4.447	4.831	5.964	6.607	7.402	8.835	10.47	11.87	13.22	16.11	19.60
14	4.239	5.032	5.446	6.663	7.352	8.200	9.730	11.47	12.97	14.41	17.50	21.24
15	4.781	5.634	6.077	7.376	8.108	9.010	10.63	12.48	14.07	15.61	18.90	22.89
16	5.339	6.250	6.722	8.100	8.875	9.828	11.54	13.50	15.18	16.81	20.30	24.54
17	5.911	6.878	7.378	8.834	9.652	10.66	12.46	14.52	16.29	18.01	21.70	26.19
18	6.496	7.519	8.046	9.578	10.44	11.49	13.39	15.55	17.41	19.22	23.10	27.84
19	7.093	8.170	8.724	10.33	11.23	12.33	14.32	16.58	18.53	20.42	24.51	29.50
20	7.701	8.831	9.412	11.09	12.03	13.18	15.25	17.61	19.65	21.64	25.92	31.15
21	8.319	9.501	10.11	11.86	12.84	14.04	16.19	18.65	20.77	22.85	27.33	32.81
22	8.946	10.18	10.81	12.64	13.65	14.90	17.13	19.69	21.90	24.06	28.74	34.46
23	9.583	10.87	11.52	13.42	14.47	15.76	18.08	20.74	23.03	25.28	30.15	36.12
24	10.23	11.56	12.24	14.20	15.30	16.63	19.03	21.78	24.16	26.50	31.56	37.78
25	10.88	12.26	12.97	15.00	16.13	17.51	19.99	22.83	25.30	27.72	32.97	39.44
26	11.54	12.97	13.70	15.80	16.96	18.38	20.94	23.89	26.43	28.94	34.39	41.10
27	12.21	13.69	14.44	16.60	17.80	19.27	21.90	24.94	27.57	30.16	35.80	42.76
28	12.88	14.41	15.18	17.41	18.64	20.15	22.87	26.00	28.71	31.39	37.21	44.41
29	13.56	15.13	15.93	18.22	19.49	21.04	23.83	27.05	29.85	32.61	38.63	46.07
30	14.25	15.86	16.68	19.03	20.34	21.93	24.80	28.11	31.00	33.84	40.05	47.74
31	14.94	16.60	17.44	19.85	21.19	22.83	25.77	29.17	32.14	35.07	41.46	49.40
32	15.63	17.34	18.21	20.68	22.05	23.73	26.75	30.24	33.28	36.30	42.88	51.06
33	16.34	18.09	18.97	21.51	22.91	24.63	27.72	31.30	34.43	37.52	44.30	52.72
34	17.04	18.84	19.74	22.34	23.77	25.53	28.70	32.37	35.58	38.75	45.72	54.38
35	17.75	19.59	20.52	23.17	24.64	26.44	29.68	33.43	36.72	39.99	47.14	56.04
36	18.47	20.35	21.30	24.01	25.51	27.34	30.66	34.50	37.87	41.22	48.56	57.70
37	19.19	21.11	22.08	24.85	26.38	28.25	31.64	35.57	39.02	42.45	49.98	59.37
38	19.91	21.87	22.86	25.69	27.25	29.17	32.62	36.64	40.17	43.68	51.40	61.03
39	20.64	22.64	23.65	26.53	28.13	30.08	33.61	37.72	41.32	44.91	52.82	62.69
40	21.37	23.41	24.44	27.38	29.01	31.00	34.60	38.79	42.48	46.15	54.24	64.35
41	22.11	24.19	25.24	28.23	29.89	31.92	35.58	39.86	43.63	47.38	55.66	66.02
42	22.85	24.97	26.04	29.09	30.77	32.84	36.57	40.94	44.78	48.62	57.08	67.68
43	23.59	25.75	26.84	29.94	31.66	33.76	37.57	42.01	45.94	49.85	58.50	69.34
44	24.33	26.53	27.64	30.80	32.54	34.68	38.56	43.09	47.09	51.09	59.92	71.01
45	25.08	27.32	28.45	31.66	33.43	35.61	39.55	44.17	48.25	52.32	61.35	72.67
46	25.83	28.11	29.26	32.52	34.32	36.53	40.55	45.24	49.40	53.56	62.77	74.33
47	26.59	28.90	30.07	33.38	35.22	37.46	41.54	46.32	50.56	54.80	64.19	76.00
48	27.34	29.70	30.88	34.25	36.11	38.39	42.54	47.40	51.71	56.03	65.61	77.66
49	28.10	30.49	31.69	35.11	37.00	39.32	43.53	48.48	52.87	57.27	67.04	79.32
50	28.87	31.29	32.51	35.98	37.90	40.26	44.53	49.56	54.03	58.51	68.46	80.99

N/B	0.01	0.05	0.1	0.5	1.0	2	5	10	15	20	30	40
51	29.63	32.09	33.33	36.85	38.80	41.19	45.53	50.64	55.19	59.75	69.88	82.65
52	30.40	32.90	34.15	37.72	39.70	42.12	46.53	51.73	56.35	60.99	71.31	84.32
53	31.17	33.70	34.98	38.60	40.60	43.06	47.53	52.81	57.50	62.22	72.73	85.98
54	31.94	34.51	35.80	39.47	41.51	44.00	48.54	53.89	58.66	63.46	74.15	87.65
55	32.72	35.32	36.63	40.35	42.41	44.94	49.54	54.98	59.82	64.70	75.58	89.31
56	33.49	36.13	37.46	41.23	43.32	45.88	50.54	56.06	60.98	65.94	77.00	90.97
57	34.27	36.95	38.29	42.11	44.22	46.82	51.55	57.14	62.14	67.18	78.43	92.64
58	35.05	37.76	39.12	42.99	45.13	47.76	52.55	58.23	63.31	68.42	79.85	94.30
59	35.84	38.58	39.96	43.87	46.04	48.70	53.56	59.32	64.47	69.66	81.27	95.97
60	36.62	39.40	40.80	44.76	46.95	49.64	54.57	60.40	65.63	70.90	82.70	97.63
61	37.41	40.22	41.63	45.64	47.86	50.59	55.57	61.49	66.79	72.14	84.12	99.30
62	38.20	41.05	42.47	46.53	48.77	51.53	56.58	62.58	67.95	73.38	85.55	101.0
63	38.99	41.87	43.31	47.42	49.69	52.48	57.59	63.66	69.11	74.63	86.97	102.6
64	39.78	42.70	44.16	48.31	50.60	53.43	58.60	64.75	70.28	75.87	88.40	104.3
65	40.58	43.52	45.00	49.20	51.52	54.38	59.61	65.84	71.44	77.11	89.82	106.0
66	41.38	44.35	45.85	50.09	52.44	55.33	60.62	66.93	72.60	78.35	91.25	107.6
67	42.17	45.18	46.69	50.98	53.35	56.28	61.63	68.02	73.77	79.59	92.67	109.3
68	42.97	46.02	47.54	51.87	54.27	57.23	62.64	69.11	74.93	80.83	94.10	111.0
69	43.77	46.85	48.39	52.77	55.19	58.18	63.65	70.20	76.09	82.08	95.52	112.6
70	44.58	47.68	49.24	53.66	56.11	59.13	64.67	71.29	77.26	83.32	96.95	114.3
71	45.38	48.52	50.09	54.56	57.03	60.08	65.68	72.38	78.42	84.56	98.37	116.0
72	46.19	49.36	50.94	55.46	57.96	61.04	66.69	73.47	79.59	85.80	99.80	117.6
73	47.00	50.20	51.80	56.35	58.88	61.99	67.71	74.56	80.75	87.05	101.2	119.3
74	47.81	51.04	52.65	57.25	59.80	62.95	68.72	75.65	81.92	88.29	102.7	120.9
75	48.62	51.88	53.51	58.15	60.73	63.90	69.74	76.74	83.08	89.53	104.1	122.6
76	49.43	52.72	54.37	59.05	61.65	64.86	70.75	77.83	84.25	90.78	105.5	124.3
77	50.24	53.56	55.23	59.96	62.58	65.81	71.77	78.93	85.41	92.02	106.9	125.9
78	51.05	54.41	56.09	60.86	63.51	66.77	72.79	80.02	86.58	93.26	108.4	127.6
79	51.87	55.25	56.95	61.76	64.43	67.73	73.80	81.11	87.74	94.51	109.8	129.3
80	52.69	56.10	57.81	62.67	65.36	68.69	74.82	82.20	88.91	95.75	111.2	130.9
81	53.51	56.95	58.67	63.57	66.29	69.65	75.84	83.30	90.08	96.99	112.6	132.6
82	54.33	57.80	59.54	64.48	67.22	70.61	76.86	84.39	91.24	98.24	114.1	134.3
83	55.15	58.65	60.40	65.39	68.15	71.57	77.87	85.48	92.41	99.48	1155	135.9
84	55.97	59.50	61.27	66.29	69.08	72.53	78.89	86.58	93.58	100.7	116.9	137.6
85	56.79	60.35	62.14	67.20	70.02	73.49	79.91	87.67	94.74	102.0	118.3	139.3
86	57.62	61.21	63.00	68.11	70.95	74.45	80.93	88.77	95.91	103.2	119.8	140.9
87	58.44	62.06	63.87	69.02	71.88	75.42	81.95	89.86	97.08	104.5	121.2	142.6
88	59.27	62.92	64.74	69.93	72.82	76.38	82.97	90.96	98.25	105.7	122.6	144.3
89	60.10	63.77	65.61	70.84	73.75	77.34	83.99	92.05	99.41	107.0	124.0	145.9
90	60.92	64.63	66.48	71.76	74.68	78.31	85.01	93.15	100.6	108.2	125.5	147.6
91	61.75	65.49	67.36	72.67	75.62	79.27	86.04	94.24	101.8	109.4	126.9	149.3
92	62.58	66.35	68.23	73.58	76.56	80.24	87.06	95.34	102.9	110.7	128.3	150.9
93	63.42	67.21	69.10	74.50	77.49	81.20	88.08	96.43	104.1	111.9	129.8	152.6
94	64.25	68.07	69.98	75.41	78.43	82.17	89.10	97.53	105.3	113.2	131.2	154.3
95	65.08	68.93	70.85	76.33	79.37	83.13	90.12	98.63	106.4	114.4	132.6	155.9
96	65.92	69.79	71.73	77.24	80.31	84.10	91.15	99.72	107.6	115.7	134.0	157.6
97	66.75	70.65	72.61	78.16	81.25	85.07	92.17	100.8	108.8	116.9	135.5	159.3
98	67.59	71.52	73.48	79.07	82.18	86.04	93.19	101.9	109.9	118.2	136.9	160.9
99	68.43	72.38	74.36	79.99	83.12	87.00	94.22	103.0	111.1	119.4	138.3	162.6
100	69.27	73.25	75.24	80.91	84.06	87.97	95.24	104.1	112.3	120.6	139.7	164.3

부록 B-2. Erlang B Table(회선수: 150~10,000,000,브러킹확률: 1,10,40%, 근사설계용)

N: 회선수, B: Blocking probability

N	B=1%	B=10%	B=50%
150	131.576	159.122	298.026
200	179.738	214.323	398.019
250	228.297	269.622	498.016
300	277.126	324.983	598.013
350	326.153	380.384	698.011
400	375.333	435.813	798.010
450	424.635	491.264	898.009
500	474.036	546.730	998.008
550	524	602	1,098
600	573	658	1,198
650	623	713	1,298
700	672	769	1,398
750	722	824	1,498
800	772	880	1,598
850	822	935	1,698
900	871	991	1,798
950	921	1,046	1,898
1,000	971	1,102	1,998
1,500	1,471	1,657	2,998
2,000	1,972	2,213	3,998
2,500	2,475	2,768	4,998
3,000	2,977	3,324	5,998
3,500	3,480	3,879	6,998
4,000	3,983	4,435	7,998
4,500	4,487	4,990	8,998
5,000	4,990	5,546	9,998
5,500	5,494	6,101	10,998
6,000	5,998	6,657	11,998
6,500	6,502	7,212	12,998
7,000	7,006	7,768	13,998
7,500	7,510	8,323	14,998
8,000	8,014	8,879	15,998
8,500	8,518	9,435	16,998
9,000	9,023	9,990	17,998
9,500	9,527	10,546	18,998
10,000	10,031	11,101	19,998
15,000	15,077	16,657	29,998
20,000	20,124	22,212	39,998
25,000	25,172	27,768	49,998
30,000	30,220	33,323	59,998
35,000	35,269	38,879	69,998
40,000	40,318	44,434	79,998
45,000	45,368	49,990	89,998
50,000	50,417	55,546	99,998
55,000	55,467	61,101	109,998

N	B=1%	B=10%	B=50%
60,000	60,517	66,657	119,998
65,000	65,567	72,212	129,998
70,000	70,617	77,768	139,998
75,000	75,667	83,323	149,998
80,000	80,717	88,879	159,998
85,000	85,767	94,434	169,998
90,000	90,817	99,990	179,998
95,000	95,867	105,546	189,998
100,000	100,918	111,101	199,998
150,000	151,420	166,656	299,998
200,000	201,924	222,212	399,998
250,000	252,428	277,767	499,998
300,000	302,933	333,323	599,998
350,000	353,437	388,878	699,998
400,000	403,942	444,434	799,998
450,000	454,447	499,990	899,998
500,000	504,952	555,545	999,998
550,000	555,457	611,101	1,099,998
600,000	605,962	666,656	1,199,998
650,000	656,467	722,212	1,299,998
700,000	706,972	777,767	1,399,998
750,000	757,477	833,323	1,499,998
800,000	807,981	888,878	1,599,998
850,000	858,486	944,434	1,699,998
900,000	908,991	999,990	1,799,998
950,000	959,496	1,055,545	1,899,998
1,000,000	1,010,001	1,111,101	1,999,998
1,500,000	1,515,052	1,666,656	2,999,998
2,000,000	2,020,102	2,222,212	3,999,998
2,500,000	2,525,152	2,777,767	4,999,998
3,000,000	3,030,203	3,333,323	5,999,998
3,500,000	3,535,253	3,888,878	6,999,998
4,000,000	4,040,304	4,444,434	7,999,998
4,500,000	4,545,354	4,999,990	8,999,998
5,000,000	5,050,405	5,555,545	9,999,998
5,500,000	5,555,455	6,111,101	10,999,998
6,000,000	6,060,506	6,666,656	11,999,998
6,500,000	6,565,556	7,222,212	12,999,998
7,000,000	7,070,607	7,777,767	13,999,998
7,500,000	7,575,657	8,333,323	14,999,998
8,000,000	8,080,708	8,888,878	15,999,998
8,500,000	8,585,758	9,444,434	16,999,998
9,000,000	9,090,809	9,999,990	17,999,998
9,500,000	9,595,859	10,555,545	18,999,998
10,000,000	10,100,910	11,111,101	19,999,998

부록 C Erlang C Table

N	B=1%	B=10%	B=50%
1	0.010	0.100	0.500
2	0.147	0.500	1.281
3	0.429	1.040	2.116
4	0.810	1.653	2.977
5	1.259	2.313	3.856
6	1.758	3.007	4.747
7	2.296	3.725	5.647
8	2.866	4.463	6.553
9	3.460	5.218	7.466
10	4.077	5.986	8.383
15	7.394	9.970	13.021
20	10.973	14.116	17.717
25	14.721	18.364	22.449
30	18.588	22.684	27.207
35	22.546	27.059	31.984
40	26.577	31.478	36.777
45	30.666	35.932	41.583
50	34.804	40.416	46.399
55	38.985	44.925	51.224
60	43.202	49.456	56.057
65	47.450	54.006	60.897
70	51.728	58.574	65.743
75	56.030	63.156	70.594
80	60.356	67.752	75.450
85	64.702	72.361	80.311
90	69.067	76.981	85.175
95	73.450	81.612	90.044
100	77.849	86.252	94.915
150	122.511	133.058	143.777
200	168.012	180.366	192.818
250	214.047	227.994	241.973
300	260.463	275.850	291.209
350	307.167	323.879	340.507
400	354.100	372.044	389.853
450	401.218	420.321	439.239
500	448.493	468.691	488.658
550	495.901	517.141	538.106
600	543.425	565.659	587.578
650	591.049	614.239	637.072

N	B=1%	B=10%	B=50%
700	638.764	662.872	686.585
750	686.558	711.553	736.115
800	734.425	760.277	785.660
850	782.358	809.041	835.220
900	830.351	857.840	884.792
950	878.398	906.673	934.376
1,000	926.497	955.535	983.971
1,500	1,410	1,445	1,480
2,000	1,895	1,937	1,977
2,500	2,383	2,429	2,475
3,000	2,872	2,923	2,972
3,500	3,361	3,416	3,470
4,000	3,851	3,911	3,968
4,500	4,342	4,405	4,466
5,000	4,834	4,900	4,964
5,500	5,325	5,395	5,462
6,000	5,818	5,890	5,961
6,500	6,310	6,386	6,459
7,000	6,803	6,882	6,958
7,500	7,296	7,377	7,456
8,000	7,789	7,873	7,955
8,500	8,283	8,370	8,453
9,000	8,776	8,866	8,952
9,500	9,270	9,362	9,451
10,000	9,764	9,858	9,949
15,000	14,711	14,827	14,938
20,000	19,666	19,800	19,928
25,000	24,626	24,776	24,920
30,000	29,590	29,754	29,912
35,000	34,557	34,735	34,905
40,000	39,527	39,716	39,899
45,000	44,498	44,699	44,893
50,000	49,471	49,683	49,887
55,000	54,445	54,667	54,881
60,000	59,420	59,653	59,876
65,000	64,396	64,638	64,871
70,000	69,373	69,625	69,866
75,000	74,351	74,612	74,861
80,000	79,330	79,599	79,857

N	B=1%	B=10%	B=50%
85,000	84,309	84,586	84,852
90,000	89,289	89,574	89,848
95,000	94,270	94,563	94,844
100,000	99,251	99,551	99,840
150,000	149,081	149,450	149,803
200,000	198,939	199,365	199,773
250,000	248,814	249,290	249,746
300,000	298,700	299,222	299,722
350,000	348,596	349,160	349,700
400,000	398,499	399,102	399,679
450,000	448,408	449,047	449,660
500,000	498,322	498,996	499,642
550,000	548,240	548,947	549,624
600,000	598,162	598,900	599,607
650,000	648,086	648,855	649,591
700,000	698,014	698,812	699,576
750,000	747,944	748,770	749,561
800,000	797,877	798,730	799,547
850,000	847,812	848,691	849,533
900,000	897,748	898,653	899,519
950,000	947,686	948,616	949,506
1,000,000	997,626	998,580	999,493
1,500,000	1,497,092	1,498,261	1,499,380
2,000,000	1,996,642	1,997,991	1,999,284
2,500,000	2,496,246	2,497,754	2,499,199
3,000,000	2,995,888	2,997,540	2,999,123
3,500,000	3,495,558	3,497,343	3,499,053
4,000,000	3,995,251	3,997,160	3,998,987
4,500,000	4,494,963	4,496,987	4,498,926
5,000,000	4,994,691	4,996,824	4,998,868
5,500,000	5,494,431	5,496,669	5,498,813
6,000,000	5,994,184	5,996,521	5,998,760
6,500,000	6,493,946	6,496,379	6,498,709
7,000,000	6,993,718	6,996,242	6,998,661
7,500,000	7,493,497	7,496,111	7,498,614
8,000,000	7,993,284	7,995,983	7,998,568
8,500,000	8,493,077	8,495,859	8,498,524
9,000,000	8,992,876	8,995,739	8,998,481
9,500,000	9,492,681	9,495,623	9,498,440
10,000,000	9,992,491	9,995,509	9,998,399

참고문헌

1. I. Angus, An introduction to Eralng B and Erlang C, Telemanagement #187, Jul-Aug.2001.
2. S.C. Borst et al., The equivalence between processor sharing and service in random order, Operations Research Letters 31 (2003) 254-262.
3. Brian D. Bunday, An introduction to Queueing Theory, Arnold, 1996.
4. W.C. Chan and Y.-B. Lin, Waiting time distribution for the M/M/m queue, IEE Proceedings - Communications. Vol.150, No.3, June 2003.
5. J.-C. Chen and W.-S.E. Chen, Call blocking probability and bandwidth utilization of OFDM subcarrier allocation in next-generation wireless networks, IEEE Communications Letters, Vol.10, No.2, February 2006.
6. N. Chen and S. Jordan, Average rate in a M/M/1 processor sharing queue, 2005 American Control Conference, June 8-10, 2005, Portland, OR, USA.
7. Keiichi Kawaji, et al., A queueing network approach to (the) design of (an) email service system, Technical Report of IEICE, NS2007-97(2007-11).
8. D.G. Kendall, Some problems in the theory of queues, J. Royal Statistics Society, B 13 (1951).
9. A.Y. Khinchine, Mathematical methods in the theory of queueing, London: Charles Griffen, 1960.
10. Yoonkee Kim, Hoon Lee, Kwanghui Lee, Dimensioning Next Generation Networks for Guaranteed Voice Services, 대한전자공학회 논문지, Vol.40, TC-No.12, December 2003.
11. Yoonkee Kim, Hoon Lee, Kwanghui Lee, Dimensioning links for NGN VoIP networks, 한국통신학회 논문지, Vol. 28, No.8, August 2003.
12. L. Kleinrock, Queueing systems, Vol.1, Theory, John Wiley & Sons, 1975.
13. L. Kleinrock, Queueing systems, Vol.2, Computer Applications, John Wiley & Sons, 1976.
14. Hoon Lee, Delay performance of multi-service network with strict priority scheduling scheme, 한국통신학회 논문지, Vol. 30, No.2, February 2005.
15. Hoon Lee, Anatomy of delay performance for the strict priority scheduling scheme in multi-service Internet, Computer Communications, Vol.29, Issue 1, December 1, 2005.

16. Hoon Lee, Delay performance of high-priority service in prioritized-service IP networks, Computer Communications, 2006.

17. Hoon Lee and Mintae Hwang, Link Dimensioning Rules for Videophone Service, Journal of the Research Institute of Industrial Technology - Changwon National University, Vol.19, May 2005.

18. Hoon Lee and Dong-Gyu Park, Delay Performance of Non-Real-Time Services for the Strict Priority Scheduling Scheme, Journal of the Research Institute of Industrial Technology - Changwon National University, Vol.18, May 2004.

19. J.D.C. Little, A proof of the queueing formula L=λW, Operation Research, 9, pp.383-387, 1961.

20. N. Prabhu, Foundations of queueing theory, Kluwer Academic Publishers, 1997.

21. S.M. Ross, Introduction to probability models, Academic Press, 1972.

22. Bart Sinclair, Priority M/G/1 queue with and without preemption, http://cnx.rice.edu/

23. Hamdy A. Taha, Operations Research An Introduction, The Macmillan Company New York, 1971.

24. Howard M. Taylor and Samuel Karlin, An introduction to stochastic modeling, Academic Press, Inc., 1984.

25. Wikipedia, http://www.wikipedia.org

26. K. Yamauchi et al., Performance evaluation of a hardware router with QoS control capabilities, Technical Report of IEICE, NS2001-258 (2002-03).

27. M/G/1 Processor sharing queue, http://www-net.cs.umass.edu/pe2002/notes/

찾아보기

[아]

[자]

저자소개

안나푸르나 마차푸차레를 배경으로, 2004년 2월

초등학생 때는 수학자가 되는 것이 꿈이었다. 그러나, 고등학교를 졸업할 때는 현실적인 문제로 전자공학도가 되기로 결심을 하고 경북대학교 공과대학 전자공학과와 동 대학원 통신공학전공을 졸업한 후 ㈜ KT 연구개발본부의 연구원으로 입사하여 트래픽공학 및 네트워크 설계와 관련된 일에 종사하였다.

입사 후 5년 뒤 회사의 파견유학생으로 일본 토호쿠대학(東北大學)에 유학을 가서 동 대학원 공학연구과 전기 및 통신 전공에서 "초고속통신망의 서비스 품질보장에 관한 연구"로 공학박사 학위를 받았다. 학위를 받고 난 뒤 다시 ㈜ KT 연구개발본부에서 네트워크의 설계와 관련된 연구에 종사하다가 21세기를 맞이하였다.

남은 인생을 '내가 진정으로 하고 싶은 일을 하고 싶다'는 생각에 회사를 그만 두고 창원대학교 공과대학 정보통신공학과로 옮긴 후 '기술이 사람을 자유롭게 하리라'는 신념으로 인터넷 트래픽 공학 및 네트워크 설계, 서비스품질 보장 등의 연구에 종사하고 있으며 최근 10년간 약 80여 편의 논문을 국내외의 저널과 학회에 발표하였다.

이 책 이외에도 2007년에는 '정보통신공학 개론(도서출판 한산)'을 펴냈으며, 2008년 여름에는 '공학도를 위한 확률론(홍릉과학출판사)'을 펴냈다.

정가 19,000원

공학도를 위한 대기행렬 시스템

2008년 7월 12일 초판 인쇄
2008년 7월 22일 초판 발행
저 자 : 이 훈
발행자 : 우명찬·송 준
발행처 : 홍릉과학출판사
주 소 : 서울시 강북구 수유5동 455-60
142-885
등 록 : 1976년 10월 21일 제5-66호
전 화 : (02) 999-2274, 996-8341, 903-7037
팩 스 : (02) 905-6729
e-mail: hongpub@hongpub.co.kr
http://www.hongpub.co.kr

저자와의
협의하에
인지생략